我就为这心浑身不自在，又很平庸地在她对面坐着，看着她穿白底双布鞋。那时干部子女都特别喜欢穿这样的鞋。我心里有一些，发现她也在看我，我立刻移开目光。后来她告诉我，那时她已看出我那心惊慌自尊地闪开眼睛，使她想起她小时候，她流周围，就不敢先对人表示友好。

以前有人在唱"这下的大雁"。那是一首民歌，尤其歌词写的真是令人别有一种忧伤和失落，像一个人遥望着那心模糊而又那心美好的心，也不知道怎么走。女生们都喜欢这支歌，上宣口吼手瞪着所不让唱。

那心仿来了一个和弦贝司，我路气决，她的脸在暗处亲切地向移开目光。她打开机箱扣，轻心拉出一句"冰霜覆盖着伏尔加河"，觉得脸在一阵心红上来，红上加红，我也轻心搂动自己怀里的继续下去："小伙子你为什么忧愁，为什么低着你的头……"重心的低语，和前台热火朝天的"要学那泰山顶上一青松"的地里，我们俩一起拉起那支俄罗斯歌曲。在那时，这歌有某一种友谊，它像一只手抚摸那个年代人心都有的一份隐伤心。"孩"自立校和一种背景，那半一支美好的歌。

老师突起在台口探出脸来叫："中三的同学上场。"

下一个石加地卷1自头发的那个漂亮女院懒洋心地掩着得意，不

陈丹燕

永不拓宽的街道

南京大学出版社

图书在版编目(CIP)数据

永不拓宽的街道 / 陈丹燕著. —南京：南京大学出版社，2014.8
ISBN 978-7-305-13486-9

Ⅰ.①永… Ⅱ.①陈… Ⅲ.①城市道路—保护—上海市
Ⅳ.①K925.1

中国版本图书馆 CIP 数据核字(2014)第 137847 号

图片使用授权：上海华萃艺术有限公司

出版发行	南京大学出版社
社　　址	南京市汉口路 22 号　　邮　编 210093
出 版 人	金鑫荣
书　　名	永不拓宽的街道
著　　者	陈丹燕
责任编辑	沈卫娟
装帧设计	莫小若
责任监制	郭　欣
照　　排	南京紫藤制版印务中心
印　　刷	上海雅昌彩色印刷有限公司
开　　本	889×1194　1/24　印张 11.5　字数 272 千
版　　次	2014 年 8 月第 1 版　2014 年 8 月第 1 次印刷
ISBN	978-7-305-13486-9
定　　价	50.00 元

网　　址：http://www.njupco.com
官方微博：http://weibo.com/njupco
官方微信：njupress
销售咨询热线：(025)83594756

* 版权所有，侵权必究
* 凡购买南大版图书，如有印装质量问题，请与所购
　图书销售部门联系调换

目录

外滩漫游者	001
旧影斑驳	015
四品官与电机教授	023
花园	039
红房子西餐馆的家宴	049
和平饭店	073
街心花园的舞蹈者	085
万国公墓墓地	089
摩登与物质	095
戴西一生中最长的一天	103
雪	111
尼可	119
大窗,王元化先生的人生地图	123
亡者遗痕	127
幸存者	141
我的手风琴伙伴	149
裘小龙	157
永不拓宽的街道	177
颜永京	187
一束菊花的重量	203
附录:64条永不拓宽的街道钩沉	223
跋	269

殷雄　中山东一路外滩的风景　100×120 cm

外滩漫游者

"也许,你在到达上海的第一个早晨会去外滩散步,为了认识一下这个大都市。"既像导游,又像上帝,还像知己,豪塞在书里就这样开始,带领读者去认识外滩。他一直认为外滩是上海的心脏,外滩的历史便是上海的历史。认识外滩,就是认识上海。我少年时代,也是在这一章的指引下来侦察外滩。现在,我再次伴随他的书重访外滩,让外滩在岁月自然形成的比较中呈现自己的面貌。这一次,我带着的译本仍旧是越裔的译本,但是新版书,仍旧是那种海派的翻译风格,敢于将字典里查不到的词连句子一起忽略不译。

从 1936 年,到 1976 年,再到 2005 年,它那混血孤儿的面容到底还是令人挂念。我也和"你"在一起,但我的"你"不是豪塞的"你","你"不是乘坐亚洲皇后号来上海的白人,"你"是个中国人。"你"对这个在中国其他地方口碑不佳的城市实际上只有似是而非的了解,因为对它的传闻实在太多了,对它的感情也太复杂了。"你"对它很好奇。这种排斥又猎奇的感情,其实与当年豪塞的"你"真有几分相似。而我和豪塞一样,已经不知在外滩走了多少次,看过多少遍了。如今我与"你"一起重走豪塞当年的路线,的确有向他致敬的意思。

从外滩的最南端开始,那里与法租界交界。从南向北走,一排雄伟的大楼便庄严地迎向你。在爱德华七世大街转角上的亚细亚火油公司大楼,是这排大楼的第一幢。这是 1936 年豪塞笔下的情形。到 1976 年,亚细亚火油大楼已成了多家上海大单位的联合办公大楼,在它某一个灰白色坚固阴沉的窗台上,晾着一条蓝白条相间的"三友"牌毛巾,那是 70 年代的上海人手一条的毛巾。想必,它是某间办公室的女职员午间洗脸后挂上去晾干的。想必,她是个勤快但未见过什么世面的小家碧玉。它如今仍飘扬在我的记忆里。

现在,你可以看到这栋 1906 年建造的大楼再次体面起来。在年末加班的晚上,大楼到处灯火通明,有时能看到在恒温的办公室窗前,穿衬衣的职员忙碌的身影。能看到他们袖子上熨斗留下的笔直的皱褶。

在它对面,竖立着从海关门前堤岸上平移过来的外滩信号塔,那是1907年建造的一件简约洛可式建筑物。当时它是远东最高的气象信号塔,曾经为无数进出黄浦江的船只提供每日海洋气象。现在,它则更像一座纪念碑,好看而无实用价值。它的一楼有一个小型的外滩历史陈列室,二楼有一家名叫1865的咖啡馆。咖啡馆的客人可以在等咖啡时,爬到塔顶上去看整条外滩。胜利女神雕像被日本人拆毁以后,这里就是外滩南端堤岸的最高点了。

1884年,法国神父在洋泾浜上竖立气象信号杆,从旧照片上看,那就是一根木头旗杆,上面挂着信号旗和风向标。1907年,掌管上海天文台的法国神父在海关门口建造砖木结构的信号塔,代替早年洋泾浜外滩的旗杆。1993年10月,信号塔被搬回到1884年的原处。这间清静的咖啡馆的名字,却越过了1907年和1884年,指向1865年,纪念第一个上海水文天象台在董家渡的诞生。你不要惊奇,这就是上海人在混乱历史面前锻炼出来的逻辑能力,如同埃舍尔的画。

如果你今天走进信号塔,仍可以在室内的空气中隐约闻到阴凉潮湿的气味,那是泥滩特有的气味。

1989年开始,外滩被改造过一次,那是1940年最后一栋外滩大楼竣工以后,第一次在外滩大兴土木。上海市政府拓宽车道,建造纪念碑,整修绿化带,修建地下过街通道,加高防波堤。原先堤岸上那条灰白色灰泥矮墙——因为十年中成千上万对情人衣襟和手指的摩挲已变得异常光滑细密——就消失在这次改造中。据说因为一位参加改造工程的建筑师竭力争取,外滩信号塔才逃脱本来被炸毁的命运。上海市政府为它额外支付了540万人民币,将它平移22.4米,至昔日的洋泾浜外滩处,保留了下来。它是上海第一个被成功保护下来的外滩纪念建筑。

现在,它夹在黄浦江两岸的高楼大厦间,像一座洛可可式的纪念碑,纪念上海人奋力保护租界建筑的成功,纪念他们对外滩的了解与认同,纪念他们终于表达出了对自己城市历史的爱。所以,你不要小看了这座信号塔。

你在某个天气晴朗的傍晚登上信号塔顶,向北眺望,你便看到外滩北端,外白渡桥旁边的堤岸上,有座高过信号塔的上海人民英雄纪念塔。三条细长的花岗岩倚靠在一起,像三支靠在一起的来复枪。那个纪念碑也诞生在气象信号塔平移的那次外滩改造中，比信号塔晚几个月竣工，正赶上上海解放的纪念日。它是新外滩的重要标志：在当年不允许中国人进入的外滩公园里，建立一座上海人一百年革命不懈的纪念碑，纪念中国人最终的胜利。据说，1950年上海市政府曾设想要将这个纪念碑放在原先华尔纪念碑的地方：外滩公园大门前。这是最典型的纪念碑思维：当年洋枪队镇压了中国人的太平军，现在中国人将所有洋人赶出了中国。胜利者的纪念碑压在失败者的纪念碑之上。

  19世纪华尔纪念碑是英国式的小方尖碑；1950年的纪念碑草图，是个稳重而雄壮的意大利式纪念圆柱；现在你看到的，是靠在一起的休息了的武器。1950年的计划中，还有一组表现上海人民一百年来前赴后继的雕塑，由张充仁设计。这些草图和张充仁本人终于因西化的背景和联想而被否定，最后，连纪念塔的计划也搁浅。如今，你眺望到的这座1994年建成的纪念碑，使用当年的碑文，甚至延续了碑文上计算年代上的错误，但还是完全否定当年张充仁的草图。现在的它，更强势，更带有斯拉夫艺术的色彩。

  设想一下，要是当年张充仁的草图真付诸实现，两端，由两个圆柱的高塔夹住外滩，它们的楼下，都陈列着外滩的历史照片，空气中都浮动着阴冷潮湿的泥滩气味，倒是真的和谐。但如今的现实则更符合外滩的本质，那就是无所不在的冲突。

  你看这一南一北相对的矛盾，一边努力证明自己在外滩压倒一切的独立地位，一边努力保护法国神父留下的遗迹，这便是上海后殖民时代的外滩。它们这两个塔，一个在外滩的最北面，一个在外滩的最南面，遥遥相对，像一对书夹，将整条外滩夹起来，使它成为一个整体，一个细节丰富的大纪念碑。

  大多数上海人都不喜欢那个新纪念塔，他们刻薄地找到上海出产的"三枪"牌内衣商标与它的一致性，将它也叫作"三枪"。但他们也并不喜欢现在这个重新装修过的信号塔，觉得它倒被打扮得越来越像个赝品。他们更蔑视那时建造的，用釉面砖贴面的地下通道，他们称其为"厕所"。其实，他们是不满对外滩的改动。即使是回到租界时代，上海人还是有话可说，他们为进入外滩公园吵闹了60年，为华懋饭店门口将中国人和"绅士"分成不同的入口大光其火。他们从来不是单纯的人，他们眼界既开阔又闭塞，对变化既有强大的承受能力，又挑剔一切变化，他们心中层层堆积着骄傲、自卑和被排斥的苦恼与不甘，对奇迹的渴望与投机的本能。这便是我们的人们，在

50年代以后朴素乡村生活方式的碱水里被狠狠洗刷过后,却仍带有经历了最痛苦的磨炼后形成的市民风格。他们是这大纪念碑中最画龙点睛的细节。

接下来,就是上海总会,它是栋古板而造作的建筑,带着些英国皇家建筑的风格,里面有世界上最长的酒吧。它后面出现的楼房,依次是日清汽船公司大楼,大英皮欧银行大楼,中国通商银行和轮船招商局,这两栋房子是属于中国人的。接着,汇丰银行大厦出现了,它有着威严的正面,还有一个庞大的白色圆顶,充满力量。两只伟岸的青铜狮子坐镇在大门两边,它们的爪子和尾巴都闪闪发光:有太多的中国人在经过时去摸狮子的爪子和尾巴,期待从狮子身上汲取力量。

是的,这是从1936年到2005年外滩一个神奇的传统,现在,人们路过那两个青铜狮子时,仍忍不住伸手去摸它们的爪子和尾巴,它们现在仍旧是狮子全身最光亮的地方。尽管那对铜狮子早已不是原物。1941年时,日本人割下这对狮子,准备送进化铁炉造炮弹壳。但不知为什么,最终,这对狮子又在战后被发现,被上海历史博物馆收藏。现在外滩的狮子,是后来的浦东发展银行翻铸的。甚至他们也翻铸了狮子身上的割痕。你要是仔细看的话,现在还可以看到那些割痕。

你路过时,也应该将手覆在狮子的爪子上,感受一下青铜异常细腻的微凉。物非人非,但传统犹在的感受,会复杂地触动你的心。这就是外滩的历史感。中国是历史悠久的国家,上海从不敢在这种悠久面前声称自己的历史感。但如果你换个角度,从殖民时代引发的全球化历史一边看上海,你就会发现这个城市是全球化历史中经典的老城,它比纽约典型,比香港完好,比加尔各答丰富。在四海一家的世界史中,可以说是个充满历史感的大城。

当然,现在外滩大楼都已物是人非,1936年的洋行们早已不复存在。世界上最长的酒吧也不复存在。1960年代以后,入夜后,大楼内黑洞洞的,如同一座座大山。江风横扫,被人遗弃的塑料袋贴着地面飞舞起伏,索索有声。但是,到了重要的庆祝日,外滩大楼上的外墙上会被上万只连通电线的20瓦的灯泡装饰起来。晚上七点一过,便灯火大作。外滩开灯,是上海的另一个传统,是全城欢庆的保留节目,可以追溯到英租界庆祝女王生日的年代。灯光在夜色中勾勒出洋行大楼在外滩完美的天际线,并照亮它们那些终年紧闭的巴洛克式长窗和装饰艺术的浮雕,以及安妮女王式立面和奥尼克立柱。即使在物质匮乏的70年代,节日的灯光也没有停止。那时,全城的电灯都因为电力不足而发红，与家庭收入相比，电费非常昂贵，大多数人家都在厕所和走廊用发出蓝光的3瓦的节能灯，黯淡灯光下，脸上阴影连成一片，几乎不能辨认表情。外滩灯火通明的晚上，便像一个不真实的梦境。

　　人山人海梦游般缓缓掠过大楼前面的大道，人们心中涌起失而复得的感情，鞋子很容易被后面的人踩掉，因为你走得太慢，后面的人正注意灯光里的大楼，没注意你的鞋。常常在人群中，前后左右，有什么人，就说到了那些大楼的从前。从前何等的"四海"，从前何等的西装革履，从前何等的与纽约比肩，让欧洲小地方来的人都惊吓不已。搭了日清汽船公司的轮船出洋，到英国银行里炒欧洲股票和期货，上海总会里的报纸都是仆欧用熨斗烫过，才拿在手里看的。"从前"的窃窃私语也是这样随着人山人海，掠过外滩大道。"来叫come去叫go，"听到过这首童谣吧？从前上海的。上海那个伟大的时代，也是come了，然后go了。要是你那时正挤在人群里，要是你转过头去寻找说话的人，你看到的，只有被千万只20瓦灯泡照亮的陌生的脸，私语声马上就停了，说话的人不会让你发现他的，而且当他发现有人在找，就再也不会说了。所以，你最好细细听着，什么也别做。这样的话，即使你没读过豪塞的书，也能大致了解那些被灯光隆重照亮的大楼的过去。

　　那是多年前禁锢时代的往事。现在你晚上来外滩，七点以后，整条外滩灯火通明的，已经不是从前的那种20瓦的老式灯泡了。外滩不再那么诡秘和寒酸，外滩的灯那么亮，简直就像个水晶宫，你也许都可以对那夸张的灯光反感，因为它将大楼的沧桑驱散在炫耀里，暴发户的浊气重又再现。现在，外滩已不再有被炸毁的危险，它已是上海的名片，每天晚上七点到十点，照明灯都准时照亮外滩。但是，要是你与你的上海朋友说到去外滩，也许他会建议你十点以后再去，他建议你先去和平饭店底楼听一阵子老年爵士乐队的演出，然后再出来。那时没有灯光的打扰，你也许能看到一点上海人自己的外滩，那种敝帚自珍的情怀更有可把玩之处。

　　"那才够怀旧呀。"你的朋友这样说的时候，你是不是也会想起豪塞描绘过的，在上海总会窗前望天上落下炸弹的大班们？"这时，一切都涌上心头，像一个临终的人回忆起自己的一生——与清朝政府穿裹着丝绸的官员的第一次过招，太平军时代的希望和恐惧，泥城之战，到苏州河上游去打野鸭，拳匪作乱时的骚动，中国人纷纷剪去了发辫，一个被打死苦力的葬礼，一场在人行道上留下二十五个受伤学生的暴乱，一个红军军官的到来,风尘仆仆的士兵的壮丽抵抗,沮丧的时代和失望的时代,伟大的时代和荣耀的时代。"这是1936年时上海的怀旧。也许你的朋友能继续说下去,这对上海人来说不困难,"汉奸报纸在头版登出《上海解放矣》时心中的反感,战后的美国风潮,静静睡在人行道上的军队,广播电台停止西方音乐广播的那个上午内心的绝望,淮海路旧货店里堆积成片的钢琴,街头哭泣着走回家的被完全摧毁的妇女:她的窄腿裤子被剪开了,她的飞机头被剃光了,她仍旧将双肘紧夹在身体两侧走路,这是那个时代女人遗留的教养,蓝罩衣的海洋,中美《上海公报》,二十岁的上海青年'李明'在死囚游街时被尼龙绳勒得发紫的脸,美国领事馆前彻夜排队等待签证的年轻人,一比九的美元兑人民币黑市牌价,沮丧的时代和绝望的时代,苏醒的时代和投机的时代。"你不要反感他的怀旧,也许你能将这种众说纷纭的感情看成某种模糊的文化孤独感和认同感,这个城市独有的感情。

与汇丰银行比肩的,是高大的海关大厦。海关大厦如今已经完全失去了它早年独特的中国寺庙般的样子。

你现在路过海关大厦,它还是当年豪塞看到的样子。但要是你正好是在正点的时候路过,则情形有所不同,海关大钟报时了。你听到的不是豪塞记录的西敏寺报时曲,而是1966年8月28日以后的报时曲:《东方红》。此刻,在中国其他地方难以听到的红色乐曲从1920年代亚洲最大钟楼里飘洒下来,你不要诧异,这便是后殖民时代的外滩。你心里正想到英国人赫德的故事,他为中国海关掌管了48年金库,他有一个秘密的中国情人,她为他生了孩子,而他将孩子们送回英国去了。他当年制定的海关规则使用至今。他去世后,工部局和上海道台感念他的贡献,联合为他在海关前的堤岸上竖立青铜雕像。雕像被日本人作为帝国主义在华遗迹销毁,那是发生在1941年夏天的事。2000年,另一个上海作家为他写了传记。《东方红》正在你耳边回荡着,笨拙和洪亮,有些走调,但仍旧庄严。现在已经是2005年。不知为什么,前几年恢复海关钟声的时候,没有恢复原先的西敏寺报时曲,而恢复了《东方红》报时曲。按说,这举动很不符合上海人对外滩的态度,倒像一个先锋艺术家的创作。钟声回荡的几分钟里,你心中充满了艺术家的感觉,你的鼻子从一个过路人身上闻到法国香水十分性感的微酸的气味。

你被这些彼此冲突的细节搞糊涂了。但你不要否定自己所感到的糊涂,外滩就是一个让人糊涂的地方,1936年时的豪塞,和他的"你",也被弄糊涂过。不过,你今天的糊涂,被岁月再次叠加,远比当年乘亚洲皇后号来的人要丰富。因为他的"你"和我的"你"之间,隔着一个全球性的"殖民后"的时代。当年殖民者落过脚,现在又离开了的地方,处处都有这样的矛盾景象。当年的外滩漫步者,在华洋杂处中体会到世界大同。现在,你则可以在海关大厦门前,再次感到这矛盾景象四海之内的相同。要是你有广阔的视野,便可知道在非洲、亚洲、南美洲、澳大利亚,处处都有你如今感到的冲突,处处都有外滩精神上的血缘姐妹。

然后,你就看到了面目严肃的中国中央银行和交通银行的老式大楼,它与旁边的台湾银行精美的大理石立面的大楼形成了奇异的对比。接着,你就来到一栋像文件柜般窄长的大楼前,它被称为"外滩的老妇人",是被称为大班们的卓越喉舌的《字林西报》的办公地址。随后你就看到大英渣打银行大楼,它在外滩的势力仅次于汇丰银行。

你在渣打银行门前停下,看打扮入时的男女们鱼贯而入,你在他们身上认出了美国牌子的皮包,意大利牌子的皮鞋和丝巾,法国牌子的上装,其实,这些牌子都是跨国生产的,你可以在世界各地买到,包括上海、香港和东京,还有新加坡和汉城。海关大楼前那个一身法国香水气味的女人,此刻也拐进楼里去了。那里现在叫Bund 18,是外滩新兴的高级娱乐场所,里面有欧洲顶级奢侈品的旗舰店,米其林三星的西餐店,以及外滩最好的秀场。和纽约、巴黎、米兰、柏林和维也纳等地的做法一样,外滩也将原先的老房子整修成高级消费场所,挂着全世界一样的新款衣裙,提供全世界一样口味的法国餐,接受全世界都接受的信用卡,说着全世界一致的标准英语,一种没有美国口音,也没有英国口音的标准英语。你一时感到恍惚,这个情形,也可以在世界其他地方的都会一角看到。然后你看到一个告示牌立在大门旁边,原来,这里有一场欧洲奢侈品展览开幕。这一年,全世界的奢侈品都将眼光转向中国,寄希望于中国富人的虚荣与心虚。

外滩此刻再次站到了中国与世界相汇的前沿,这次不是洋行,是跨国公司的产品。

接下来,在南京路外滩的拐角上,你便看见了非常眼熟的欧洲老家的建筑:皇家饭店。现在,你就已经站在上海最重要的十字路口上了,这里是外滩伟大楼群中的一个休止符:南京路。你混在马路上一打黄包车和数辆往返的电车中,左奔右突,过了马路。于是,你的眼睛就跟着高耸入云的沙逊大厦一路向上望去。这是全上海最高的建筑。你绕着它看,看到这式样摩登的建筑,看到大厦门楣上写着"华懋饭店"的大字招牌,你还能在窗外看到里面精致的店铺。

当然,现在你看不到1936年那些精致的店铺了。现在你也许要抱怨和平饭店底楼店铺的杂乱,货物质量的可疑,衣服式样的粗俗,"外滩就这个水平。"你冷笑一声。

华懋饭店早已改名为和平饭店,当时上海最豪华的饭店现在只有房子还在原处,里面的一切都已变化,地毯换了,因为大多数地毯已经在1944年就毁了,当时中国员工为了抵制使用饭店的日本海军部办公室,常常在地毯上小便,使腥臭的气味弥漫在整栋大厦。家具换了,1983年饭店内部大修,更换了全部客房家具。将华懋饭店时代的家具成批卖给南汇的一家招待所。当然,浴缸换了,水喉换了,电梯换了,餐具换了。现在你要是走进去细细查看,心情也许不得不在物是人非,或者物非人非两者之间摇摆。

但你能看到无数的猎犬图案,在铸铁窗架上,在建筑顶端,在从前留下来的台灯柱上,那是沙逊的标志。你能看到装饰艺术风格的彩色玻璃,看到青铜灯具上曲卷的线条,看到大堂里华丽的遗响,那是1920年代末风行一时的风格,那是爱赶时髦的维克多·沙逊的遗迹。他在外滩建造与孟买的 TAJ MAHAL、加尔格达的 GRANT EASTERN 以及新加坡的 RAFFLES 同样豪华的饭店,为外滩奠定了花哨而混杂的浮华基调。你在这里,不得不想起沙逊来,想起他的祖先如何靠鸦片贸易起家,暴富,他如何在租界末年时将三代积累的上海财富从印度带来上海,将沙逊家的事业在上海推向顶峰。

这外滩最高的建筑真是为他挣足了面子,那些不认同他是英国人,也不想在上海的社交圈子里给他一席之地的英国侨民们,不得不以参加华懋饭店顶楼舞会为夜生活高潮,以到华懋饭店底楼咖啡店会朋友为时髦,以在华懋饭店的裁缝店订制礼服为荣。维克多·沙逊借此将自己镶在上海最起眼的衣襟上,像一颗最大的钻石。如今你想着这音讯杳无的犹太人,不禁要同意某些人的说法:这座无人舍得炸毁的华丽摩天楼,就是沙逊家族在外滩的纪念碑,纪念他们四代人在上海滩的功绩,也纪念海外英国人在在泥滩上创造了豪华都市的伟大创造。大厦顶端,是一个绿色的金字塔。

他本人的套间，就在金字塔覆盖下的顶楼，那里可以看见四面风景。不禁要赞叹这犹太人尖锐的聪明，他用这大厦做成了多少事！

在金字塔下的沙逊套间里，有一间用印度出产的黑亮如镜的大理石贴面的私人盥洗间，他从不与人合用它。1936年时，从他盥洗间的窗口望下去，能看到英国领事阿利国的铜像。现在你要是有机会进入这间盥洗间，就能看到1989年在大理石墙上加钉的铜牌，标明这间维克多·沙逊的盥洗间已作为文物，受到法律保护。而从盥洗间的窗口望下去，阿利国铜像已经不见了，现在的铜像，是1949年的第一任共产党上海市长陈毅。在外滩盛传，当年有人向陈毅建议将外滩大楼全部炸毁，彻底消灭租界遗迹，但陈毅没有采纳。

沙逊大厦在陈毅时代成为和平饭店。多年以后，我去那里，见到了总经理，当然，他早已不是沙逊时代忠心耿耿的经理奥瓦迪亚（Ovadia）了。这个总经理出身于和平饭店时代的服务生，年轻时代就进入和平饭店工作。他曾指着一处族徽问我："你知道这是什么意思吗？"我小心地看看他，然后发现这不是句反问句，他是真的不知道那两条犬和一块盾牌象征着什么。但我认为维克多·沙逊不会对此十分失望，70年里，中国沧桑巨变，而他的大厦仍旧存在原地，并使用着，他家的族徽仍旧在大厦里到处可见。他远比其他大班幸运。甚至他当年禁止别人进入的盥洗间，现在也立了一块黄铜片的牌子，作为文物保存。时间流逝，沙逊大厦原来那种暴发户的生硬已渐渐被岁月沧桑磨平，这里已成世界各地怀旧者的天堂。人们来这里重温20年代的建筑，追忆20年代的浮华，温习20年代的音乐，遥想20年代的人生，寻找20年代成熟欲滴的殖民地风情，他的名字也因此永远被留在了外滩，他的故事也因此而永生。

外滩的纪念碑一百多年来此起彼伏，从阿利国到陈毅，从常胜军到人民英雄，从英国人赫德到以顾正红为蓝本的上海工人，但沙逊大厦却永远无法抹去。伏在满是灰尘的窗台上往下看，你也许会再次赞叹维克多·沙逊那洞悉了整个殖民时代的聪明。

豪塞在书中假设"你"经过沙逊大厦，向上海的纵深走去。"你"经过惠罗公司和中美图书公司，然后来到永安公司一段。他描写了沿途中国食物的气味，中国人发出的声浪，中国人缓慢的方步，上海小姐的苗条和时髦，药店里的干田鸡奇怪的形状和人参与小孩身体的相似，金店里用银子铸成的宝塔，还有弄堂口代人写信的小摊，以及对无所不在的黄包车以及黄包车夫的惊叹。当然他也写到了苦力发出的声音,他也用了一个"唱"字来形容苦力在搬运时发出的"吭呦"声,与其他外国人在工部局近90年的记录里不断表达的对号子声的厌烦所用的词一样。我试图寻找一个更合乎中国苦力号子中的"苦吟"的词,竟然难以找到一个完全对应的英文词。但他显然是理解号子的上海性和中国色彩,所以他将它算进上海的亚洲特色里。然后,他断言,"上海无疑是一座中国城市。这些街上的嘈杂,景物和气味完全是亚洲式的。在8.66平方公里的公共租界里,一百万中国人过着亚洲式的生活。"

60年以后,在上海出版了一本由一群年轻的上海史专家编写的大型图片册,介绍上海历史沿革。他们将南京路称为"世界主义的大马路"。他们都太年轻,没有亲身考察过37年前的南京路,但他们有照片和历史记载为证。还有作为上海土生的知识分子,自幼在家庭聚会和私人的旧照相本以及老人闲谈里承接的城市民间记忆,给他们的方向感。他们提到中美图书公司里的欧美新书以及那些书对上海文化的影响,四大百货公司出售的最新世界各地百货和那些货物对上海人世界观的影响,他们提到白俄的小西餐馆,犹太人杂货店,带有模糊的德国色彩的德大咖啡馆,西伯利亚皮草行,芭蕾舞学校,以及中国人自己开设的西式照相店,他们将这种斑驳杂陈统一在上海的世界主义情怀之中。他们心目中的世界主义是一种从旧帝国的禁锢截然相反的状态,他们继承了那时每星期都要去中美图书公司逛一逛的文化人对现代性的敏感和热衷。与从美国来的豪塞不同,他们由衷地看到了上海的环球性。而这种对环球性的指认,与他们对上海被禁锢和被迫在几十年里与内陆趋同的现代史耿耿于怀的心情,有深刻的联系。

也有说得很公允中肯的,如H.瑟金特描写的上海:"在二三十年代的上海,华洋面貌势均力敌。这地方,就像一个历史学家所形容的那样:两种文化交汇,但是谁也没占到优势。在建筑方面,上海让人想起北欧或者美国。新古典主义的摩天楼和百货公司在商业中心排成了行,仿造的都铎王朝式样的房子和西班牙式的庄园在郊外到处都是。上海的天气加强了印象,它那冬凛夏酷的天气让从纽约来的人好像回到了老家。上海见证了中国共产党的诞生和影响了中国前途的政治斗争。如上海的外国居民一样,大多数中国人也来自别处。这个城市给了中国人一个从内部与西方联系的机会,也给了他们机会从一个严酷的社会系统里逃开。他们通过从服装到政治的大大小小新式的、时髦的和大胆创新的事物与上海联系在一起。中国人相信上海象征了中国的未来,他们看见它用20世纪闪闪发光的现代化感染了整个中国。"读着她的句子,才体会得到那些带有各自真实的立场的指认之有趣。

对上海身份的不同看法,如同人们对一个欧亚混血儿的看法相似。欧洲人看他,一眼看出更多的亚洲人的细节。而亚洲人看他,活生生就是一个欧洲人。各自都是不错的,只是因为混血带来的模糊性,让人有可能如此地为他的身份争论不休。也正如欧亚混血儿通常会遇到的身份危机那样,上海的内心也充满了对于归宿的冲突与不甘。他常常不知道自己到底属于谁,应该属于谁,感情上又倾向于属于谁。这个含混的身份意识在被西方征服过的愤怒中国的背景上简直触目惊心,它是上海的原罪:一个在东方文明古国血统不纯的原罪。

你也许因此想起上海人多年以来闪烁躲藏的眼神。

再过去,就是宋子文的中国银行了,它设在德国总会的原址上。

是的,你当然也想起了外滩著名的爱国主义故事,这是每个在1970年以前出生的孩子都熟知的。当年中国银行在沙逊大厦旁边建造大楼,正是中国建筑师在上海兴起中国文艺复兴的年代,中国建筑师在现代建筑中运用中国元素,中国银行正是一个代表作品。中国银行预计要建造成外滩最高的大厦。但由于维克多·沙逊的阻挠,最终中国银行只能削减楼层,比旁边的沙逊大厦矮去60厘米。从50年代到80年代,每个学龄的上海孩子都被老师带到这里来,接受爱国主义教育,每个孩子都拼命仰头,想看清那60厘米的差距。你在经过时,再次仰头看了看,实际上,从楼下,什么也看不清。只看到两栋大楼外滩的装饰线的不同,一边是装饰艺术的曲线,另一边是中国式的云头。华洋冲突在外滩实在不能避免,这是你从不追究大楼高度传说的真实与否的原因,你就将它当成一种象征,接受下来。是的,你应该相信华洋冲突的真实和必然,也不必害怕,其实,它是一种生机勃勃的双边关系,是上海式的实用主义世界观的基础。要是中国人真的强势了,就可以直接超过沙逊大厦呀,没有实力,就再努力吧。上海人常常这样想。

后面的大楼,是日本正金银行,意大利劳埃德商船协会,再往后,你就看到了一栋著名的建筑,里面有老而弥坚的怡和洋行和加拿大太平洋轮船公司,再向北去,就是扬子保险公司、汇理银行和日本邮船会社。最后,在外滩最古老的奢侈地面上,一直向北,直至苏州河岸边,英国领事馆坐落在那里。

现在,你看了一眼从前怡和洋行的大门,看到门楣上被砸平的花岗岩,那上面曾经雕刻了怡和洋行的标志,你又看到门前的花岗岩上加钉的铜牌,1996年,上海市政府为外滩申报了国家文物保护地区,为外滩每栋大楼加钉了铜牌,一一说明大楼的历史和名称沿革。你真是被外滩累死了,懒得再走几步,去看最后一块铜牌,那是外滩最古老的建筑,一栋完好保存下来的东印度公司式建筑,那就是豪塞提到的旧英国领事馆。上海人称它为"外滩源"。

你看到北京东路口上一块遍布碎石的地面,那是友谊商店被拆除后留下的空地,这里是旧英国领事馆著名的草坪。上海要按照1940年代的面貌恢复"外滩源",已经在全国的报纸上吵得沸沸扬扬,上海人辩解自己的行为,是尊重历史原貌,连同城市的文脉。北京人则视此为殖民主义遗风,丧失民族自尊心和立场。果然,1958年的友谊商店被拆除了。为了保护附近一棵旧英国领事馆时代的樟树,和不远处的旧建筑,大楼用人工拆除的方法。你知道,这块地面在规划中要建造一家超五星级的酒店,但本地人更希望恢复当年远东最大的草坪。而规划中将外滩公园与这片草地连接起来,这是当年英国领事不敢设想的美景。这就是反对"外滩源"的声音说的,这个规划做了当年殖民者想做而不敢做的事。

你探头望了望那片狼藉的街区,那里一派人去楼空,等待改造的寂静和肮脏,能看到建筑物上用大红油漆标明的巨大"拆"字,能看到堆积的垃圾。透过乱石地,你看到远处的旧英国领事馆后院,《孽海花》里曾描写过19世纪那里的一场赏花会,你看到后花园尽头的协和教堂,那里曾是达温特教士研究洋泾浜英语的地方。现在,那个总是出现在旧照片里的哥特式钟楼已经不见了,剩下一个用黑柏油草草封上的顶。能看到教堂屋顶上晾着一床蓝色小花的棉被,还有白色的机织棉袜子。里面居然还住着人。你想,也许是钉子户?

此时,你已经走到了外滩的尽头,人民英雄纪念碑在你的右侧,看起来更高大了。外滩源在你的左侧,你能预见到那些大楼、草地和街道,在清除了1940年以后的所有痕迹以后,将会恢复怎样的面貌,会是何等浮华的世界主义狂欢地。你站在两者的中间,想:上海人当真想回到外滩源,再名正言顺地向世界出发吗?他们竟然是当年英国人精神上的传人吗?不善言辞的上海人拥有外滩大楼几十年,一直都小心使用,不动手改变。这第一个动作,就是清除自己这几十年来小心加在草地和犹太会堂上,无伤外滩大楼筋骨的建筑,仿佛他们早就准备好这认祖归宗的一天。上海人似乎都是外滩一草一木的保护者,外滩源的居民搬迁过程中,一户人家离开前,将自己家墙里嵌入的旧洋行保险箱卖给旧货商人。邻居们纷纷揭发,有人打电话给同济大学的老师请求制止,有人记下旧货商人开来的卡车牌号,提供给记者,以便追回。大家都认为破坏外滩源的一砖一石,是犯罪行为。他们竟是这样肯定自己与一只美制保险箱之间的继承关系吗?更有上海人赵丽宏郑重提议政府,为外滩申报联合国的世界文化遗产。

外滩的事情总是按照一种古怪的逻辑令人吃惊地发展着。细细走了一遍,你已经不再那么容易吃惊了,你有点思想准备了,你知道这是块始终不会平静的地方。但你还是好奇,它到底想怎样呢?这是个问题。

永不拓宽的街道钩沉*:
中山东一路/p.225,广东路/p.231,江西中路/p.232,九江路/p.233,福州路/p.229,南京东路/p.227,北京东路/p.228

---

* 可对照所标页码查阅本书附录。

应海海　虎丘路热街　100×80 cm

旧影斑驳

最初的模样

我在一本书里见到这张图,图下注明:这是上海的英国领事馆——它最原始的样子。如今,它是外滩保留下来的最早的东印度公司式样的洋房。

那房子,两层楼高,有宽大的外廊,有坡顶,栏杆在阳光下泛出新鲜的白色。要过许多年,中国青年到欧洲去学了建筑,才发现外滩的房子并不是欧洲的式样,而是来东方做贸易的东印度公司商人发明的式样。

想起来看过的另一张照片,是在马来亚的槟城拍摄的,19世纪中叶。照片里有一对英国商人夫妻坐在阴凉的外廊上,渡过南亚炎热的午后,男人将一双脚搁在漆成白色的栏杆上,将亚麻裤子高高卷起。槟城现在还到处都能见到这样摇摇欲坠的旧洋房,当地人远远点给我看一栋几乎被高大芭蕉树掩埋的白漆斑驳的房子,告诉我,那是当年第一个在槟城登岸的英国船长的家,那所房子里也留下了一个类似蝴蝶夫人式的爱情故事,只不过普奇尼没有听到这个故事。

是的,如今东方航线上仍有一些典型的东印度公司式建筑,仿佛是历史的纪念碑。

那样的房子曾经在18世纪很流行。当地人没见过这样的房子,就将它们称为洋房。

英国领事馆的房子也是这样。

这栋房子,可以引出半部远东航线上生成的殖民史。

租界与殖民地

上海是租界,不是殖民地。有些时机,使它尽可以成为货真价实的殖民地,但英国人却从心里害怕匍匐在上海身后那个巨大的中国。他们从印度吸取了将一个巨大的东方古国弄成殖民地的教训：他们需要花极大的精力，才管理得了这个国家。在印度，他们深深领教了在国家制度和文明上改造一个东方古国的困难，他们怕极了管理一个缓慢的，充满了文化的东方国家，他们觉得自己简直陷入了印度泥沼。他们只想在中国赚钱，不负其他责任。英国政府的主张，在华传教士的心得，到了丁韪良教士那里，就是在协和教堂里发表的"以华制华"演说。

这一点其实与上海道台当时的想法殊途同归。

上海已走到了开埠这一步，北京将上海道台推向洋人，当挡箭牌和替罪羊，自己却掉头躲起来。上海道台是个学而优则仕的进士，懂得非礼勿视。他最怕洋人与中国人混居，在思想和行为上带坏中国人。他也深知自己管不了洋大人那些事。他抵挡的办法，就是设法把洋人和华人隔离开来，让洋人自己去管理自己住的地方和自己的人。这便是英国领事与上海道台共同为租界制订的《洋泾浜租地章程》的思想基础。

这种形态，曾被列宁称为"半殖民地"。

领　事

领事爱尔考克在上海做成的大事，就是逼迫上海道台同意修改《洋泾浜租地章程》，合并英美租界，使英国人的工部局得到管理公共租界的绝对权力，促成上海完全自治。从此，上海脱离了中国时局的干扰，也不受中国和英国政府的控制，成为一个世上罕见的，大班自治的独立王国。

因此，他被世界公认为奠定英国在远东强大经济势力的英雄，因此得到爵士勋位。他的肖像画被挂在伦敦的国家肖像馆里，离常胜军统帅戈登的肖像不远。

美国记者惊奇地在他画像前发现，原来这个传说中擅长巧取豪夺的铁腕人物，蓄着深色的微蜷长发和长长的鬓角，他的眼神里有种梦幻的神情，看上去更像个诗人。

其实，端详爱尔考克的画像，使我对在那时管辖上海的道台的面容产生了更大的兴趣。那个英国领事的中国对手，英国人心目中的清廷代表，他长得像个武夫呢，还是比他更像诗人？道台的眼神里，是像李鸿章那样充满忧愤狡诈，还是更像一只被逼急了的兔子？也许他也会含有诗意的。他从小读诗书长大，应该自己都会作诗。只是大约不会诗意盎然。

我总觉得自己在这个英国领事的面容后面，处处能看到那个中国道台的脸。他从"非礼勿视"的古训出发，自己发明出上海租界的隔离策略，他擅自与英国领事签订租界条约。没有中国道台的节节后退，也就没有历年英驻上海领事们的加官晋爵。难道不是这样吗？

可惜我怎么努力，只找到他的名字，他叫宫慕久，是个举人。

地　图

这是一张曾经收藏在旧英国领事馆资料部门的上海地图，还是上海处女新嫁时的样子，所谓SHANGHAI，还是小小的沿江的一条，与龙华村、高昌乡并存。想想以后的上海地图，上海像洪水一样地泛滥开来。

我想象过一届届的上海领事们，看着这张古旧地图，内心的成就感。他们的确与商人们不同，他们心中有建立大英帝国伟业的志向，他们更喜欢看到地图上的变化。

我在伦敦诺丁山旧货市场上，看到过各种版本的英制旧版世界地图，在沿着东方航道那一路，点点滴滴都是粉红色的城市，一直到香港。但到了上海，颜色变成了中国的颜色。正如英国的作家写的那样，英国人在上海并不是像他们在香港那样行事。上海的夜总会午夜并不按照英国国歌里唱的那样关门休息。城市里既没有女王在中国的全权大使管理，也没有给予皇家海军在中国的特权。但英国人还是从苏州河与黄浦江交汇处这一地图上的小点出发，"上海"出了一个世界大都市。

这大概就是英国人离开上海时，仍为自己在东方的作为深感自豪的原因吧。

后花园

2004年冬天的某个中午，我靠在旧协和教堂的门上等人。

然后，我等的人来了，我们大力拍门。

引来教堂的看门人，他披了一件粗布的蓝色棉大衣。乍一看，他的模样好像从社

黄发祥　圆明园路　90×120 cm

会主义现实主义的工厂题材小说里走出来的落后工人,他悻然不快地看着我们,然后,放我们进门去。

19世纪末,在柔和的晚上,聚会在后花园的人们,大概没想过这地方有怎样的将来吧。夜色里的栅栏和门,便是曾朴描写过的后门。那里站着四个巡捕。那个年代能来这里聚会,应该说他们是些阅历丰富的人,但他们大概无法想象,这个后花园比他们更见多识广。

友谊商店的蓝色玻璃幕墙在从前的草坪上闪烁着自暴自弃的反光,它就要被拆除,门口贴着搬迁大减价的告示,店堂里等待清仓的货物堆得到处都是。后花园在阳光下显得那么荒芜和宁静,房屋的阴影里躺着一缕缕玻璃的反光。这后花园仿佛是一具在黎明杂乱睡梦中的身体,虽然它没有动静,但它即将苏醒,被再次打扮起来,成为21世纪世界奢侈品的中国中心。

但是,我还想象不出这个"奢华"的模样。我很习惯在凋敝的景物中翻检出它过去的影子,却很不习惯在十全十美的景物中体会它的过去。对我来说,十全十美是一块猪油,一口下去,腻住了所有的感官。

海事时代的地标

2003年秋天,我第一次走过那片一百年前远东最大的草地,去探访旧英国领事馆。草地已经没有了传说中的大和美,周围的房屋渐渐蚕食着草坡。与20世纪初的照片相比,它小了,也突然低矮了。领事馆和领事官邸都在原处,它们也突然变矮。那是因为树长高了。从前苗条的小树现在已经长得粗大,恣肆,就像将整个房子淹没的岁月,而原先的房子仿佛正在一点点沉入历史的泥沼,眼看就要没顶。

那些老树,银杏树、玉兰树、樟树、梧桐树,看上去它们都有200年以上。因为树杆又老又脏,所以树叶显得格外的绿。成群的蚊子从树下陈年腐叶里浮起,然后扑面而来,草地上能看到开花的车前子。这原是一片极老的滩地,英国人没来以前,这里曾是李家庄的乱坟岗,我感觉那些大树和蚊子大概可以回溯到李家墓园的时代。

在院子被大树深埋的一角,还真找到一尊清兵的大炮。它坐落在一个水泥墩上,炮筒仍旧对着吴淞口的方向。只是此刻站在大炮后面,看到的是150年的银杏树,然后,在缝隙里能看到外白渡桥隐约的钢架。再后面,就应该是旧礼查饭店的红砖楼了。在那里,中国的第一场交谊舞会,以向慈禧皇太后祝寿的名义举行。英国军舰从吴淞口进入上海,上海从此开埠。大炮从此失去作用,那是1843年的事。当英国领事征下这片土地做领事馆,清兵都没将自己的大炮搬走,就将哨卡撤走了。

就这么离开了。

接着,李家庄的百姓们也陆续离开。他们虽然与英国人签订了永租的合同,阖家搬走了,却仍旧保留从前的地契,等待有一天外国人回家了,他们就回家来,认回自家的土地。他们也没迁出自家的祖坟,就将祖坟留在外国人的院落里,年年清明回来祭扫。清兵们将大炮放在原处离开,大概也准备有一天会回来。

领事馆、领事官邸、草坪,最终将李家庄和李家场覆盖。沧海桑田后,这里再次人去楼空。这次留下的是回廊和爱奥尼克柱,铸铁楼梯和木头的百叶长窗,带有南洋风格的地砖。

四周寂静无声。

在那空荡荡的房子里,我想起香港的美利楼,它也是一栋19世纪建立在中国人坟场上的东印度公司式建筑。是上海旧英国领事馆的姐妹楼。我想起传遍香港的美利楼闹鬼的事。这房子里也会有姓李的古老鬼魂仍旧耿耿于怀吗?这房子,已经压在他们身上将近150年了。四周寂静无声,我想起香港人提到的美利楼里敲打老式打字机的嗒嗒声。

我侧耳听,那老式打字机的嗒嗒声,要是出现在这里,会不会正在誊清英文的文件,准备给上海道台送去?或者向英国的海外殖民部汇报情况。现在,当年远东殖民地的官方文件大都已经公开,去英国外交部档案馆就能借到。

模 型

这个外滩两河交汇之处,被1847年来上海上任的英国领事R.爱尔考克看中。他不像他的前任,还期望住在中国城里。他是一个独立扩张主义者,一个没有"礼拜五"梦想的鲁滨逊,从一上任,就决定在外滩扎根,远离中国城。他圈下了地皮,将当年清兵沿河的炮台也圈了进去,包括清兵用过的一尊大炮。

光阴流逝,爱尔考克时代那个平缓的外滩草坡和高踞草坡之上的领事馆,已旧影斑驳。

　　倒真的不如看一个2004年的外滩源地块整修模型来得清晰。

　　在模型上,有带有塔楼的协和教堂,领事官邸,领事馆,草坪,河流,草坡一路向下,再向下,就是黄埔公园了。1860年时,英国领事站在官邸楼上的外廊里,望着前面的河岸。那里生出一丛丛杂芜的野芦苇,遮挡了江面的风光。将那块涨滩也改造成领事馆草坪的想法浮上心头。但他什么也没说,什么也没做,他知道那不是自己可以打主意的土地,修改定稿后的《洋泾浜租地章程》里已明确规定涨滩属于中国。那是他的前任R.爱尔考克与上海道台的杰作,已成上海的法律。140年以后,在上海市政府的外滩源改造规划上,外滩公园终将与旧英国领事馆的草坪合二为一。模型上它们已然连成一片。

　　模型上小小的木头房子,就是旧影斑驳的外滩33号将来的面貌。这栋旧英国领事馆以它古怪的逻辑,转身跃回从前,如一个青蛙纵身跃入长满青苔的古井之中。它在殖民时代的传奇色彩因此而带上了多愁善感的痕迹。它多年来寂静地偏安于一隅的时代就要结束了,希望租用它的商人纷至沓来,它将成为外滩闪亮的明星。

永不拓宽的街道钩沉:
圆明园路/p.234,虎丘路—乍浦路/p.235

胡振宇　衡山路上的酒吧街区　60×80 cm

四品官与电机教授

　　他是清朝的四品官,他官服胸前的补子上绣的是云雁,他外袍上绣的是四爪八蟒,他顶戴上的那粒珠子是用青金石做的,在旧帝国那个等级社会里,一眼就能看清他的身份。他的袖子宽宽地挽着一道边,下跪的时候,双手撑地,顺下袖子来,看上去像一双马蹄。他的衣服没有肩膀,没有领子,一路从脖子上顺下来,像个稻草人。我不明白为什么他的衣服上看不出一丁点身体的线条和身体移动留下的皱褶。他被严实地裹在宽大而僵直的衣服里,就像一个旧式热水瓶的瓶胆被套在一个竹套子里。热水瓶胆总是在竹套子里晃动,好像随时会从里面掉出来,摔个粉碎。他的肩膀在官服里拧着,后背犟着,四肢在宽大的袖笼和裤腿里不由得想努力撑起衣服样子来,但也不得不顺着衣服对身体的控制,摆成稻草人摊手摊脚的样子。他僵板,他迂腐,他还有一种行将就木的脆弱,这就是上海道台。

　　在旧照片里,像一堆背阴的墙角里正在缓慢融化并塌陷的隔年雪人,让人不知如何下手才能捉住他。他以那种隔年雪人的崩溃姿态,呆呆地从照片里望过来。那个时代的人,在照片里多少都有些呆板,但有些呆板传达了那个时代的静止,他却在呆滞里呈现出带有成千上万条裂纹的脆弱。我和他,隔着一百多年前的旧照片的门槛,还是可以听到他从照片里发出的碎裂声,像推倒多米诺骨牌时那种细碎而密集的声音,他正在我面前变成一摊水,或者一堆碎片。他和颜永京的不同之处也在这里,他和他的衣服之间类似热水瓶胆和套子的那种晃动,他的脆弱,让我觉得更难以琢磨。

　　1862年,英国领事馆对面的江滩上出现了一块涨滩,这是一块江水给予的土地。工部局的董事们这时才发现,原来上海竟然不是印度,按照《土地章程》中规定的,外滩的土地是租界,但外滩河岸外的涨滩仍旧是中国领土。"中国当局对从黄浦江开拓出来的土地提出要求是极端危险的,因为这样一来,如果答应了他们的话,则租界的整个沿江土地都将会退还给原先的业主和公众。归还给由一个不审慎的官员管理的中国当局的那些土地会被拿去拍卖,一条中国的管辖线将在黄浦江和外滩之间建立起来。"工部局的董事们充分想象了那种情形的危险和混乱。他们绝不能让那一小块土地再次落到上海道手里。在与历任上海道台的交道中,他们已认定上海道台和他的政府是热爱贿赂的,徇私的,毫无原则也没有责任感的,而且是愚笨拙劣的。当时的总董是个叫金能亨的英国商人,他十分钟爱黄浦江的堤岸,他说:"外滩是居民在黄昏漫步时能从黄浦江中吸取清新空气的唯一场所,亦是租界内具有开阔景色的唯一地方。随着岁月的流逝,外滩将变得更加美丽。外滩很有可能在某一天能挽回上海是东方最没有引诱力地方的臭名声。……英租界的外滩是上海的眼睛和心脏……使中国政府掌握这一块滩地,则任何令人厌恶的事物均可能产生。……只有依靠外侨社会的良知才能挽救它。"

上海道台在英国人那里是令人厌恶的小人,他既代表着中国人的狡诈、脏乱和不怀好意,又代表了期期艾艾但就是不肯袖手旁观的中国政府,他们恨不得可以将他像一团污渍一样抹去,但他们不能。这使他们的厌恶里更添加了恼怒和不耐烦。这些总是将上海与孟买混淆起来的英国商人,能摆正与颜永京的关系,即使他与他们有共同的信仰,说同一种语言,但他们从没有对他的身份有任何迟疑。但他们始终拿不准与道台的关系。在上海生活的一百年里,前赴后继地,他们始终不敢相信,道台这种小人也配与他们争主权。

在中国人看来,他至少是个窝囊废。

当上海成为条约口岸,道台穿天青色官服的身影中一成不变的稳重和权威便一去不复返,他得学着与外国强人打交道,学着在条约制度下工作。通商以后,中央政府根本就不露面,朝廷像鸵鸟一样避开洋人,装作没看见,道台必须自己决定怎么对付那些外国人,怎么保护自己的人民,怎么保全自己的尊严,以及揣摩朝廷的旨意,执行朝廷的意图。朝廷毫无意图,喜怒无常,所以在条约口岸当道台,实在是很难。于是,一个牢记"非礼勿视"的道台,就发明了租界,避免华人和洋人杂居。一个在自己的买办家族里已经学会一口洋泾浜英语的道台,就一切从商业利益出发,努力放宽外国人和中国商人之间贸易的限制。一个牢记"以夷治夷"的道台,则为了让出地盘来让外国人自己打架,最终造成了上海不得不再三再四出租土地,形成多国租界的格局。这穿着统一朝服的四品官全凭自己的个性做官,有时惊愕,有时害怕,有时猜忌,有时贪婪,有时因为被伤害了自尊心而恼怒,有时因为不知所措而不成体统。他不得不表现出自己的本色。

但这种本色很少能让中国人同情。小刀会起义,不光杀洋人,更要杀道台。上海出了什么岔子,举国愤怒,道台就是朝廷现成的替罪羊和出气筒。上海道台是全体中国人面前责无旁贷的"狗官"。从他成为口岸道台以后,就能看到他像走马灯一样地换,20年里面,换了17个道台,没有一个做得长久。

彼此对立的英国人和中国人,在道台身上找到了共同的感情基础,他们都不喜欢他。也许这就是他对我来说,终于变得难以琢磨,无从下手的原因。他太易碎,任何试探性的碰触,都可能毁灭这个本来已很模糊的形象。

1865年,外侨运动事业基金会看中那块涨滩,想在那里造公园,英国领事正式向上海道台提出在属于中国官地的涨滩上建立公园的交换条件:由工部局出资,帮上海道疏通苏州河浅滩处的淤泥,保证河道安全畅通,而上海道允许他们将疏浚出来的淤泥填实江岸边的滩地,将它辟为 Public Park。

三年以后,土地被填实了,公园动工了。上海道台为此写信给英国领事,这次终于我听到他自己的声音,在他1840年代起草了《土地章程》以后,他再一次为上海的土地发言:"其地虽为工部局所填屯,仍系中国官有,论理须征钱粮,惟该地位于英领署前,填高以为娱乐之所,设亭建阁,不属营利性质,故即以洋商不得或租或贷,造屋牟利为条件,准其豁免钱粮,如不遵守,地即充公,此纸作废,衡情行事。"古旧文雅的词句里,轻轻荡漾着一股生米已被煮成熟饭的无奈;一股为保全面子不得不打起精神的捉襟见肘;一股怎么避让,也回避不了的自惭形秽;一股茫然以对新世界的懵懂和自以为是;整个外滩都已经在《土地章程》里被确定永租了,认真去争那一小块涨滩,又能怎样。但如果不争,又怎么可以。鸦片战争以后,这样曲折的感情,是上海道台心中挥之不去的。但其中还能看出江南举人款款的自尊,那便是对人的礼貌和体谅。

透过向花园敞开的大玻璃窗,我看到他被几个星空电视台的年轻人围着,即使是在那些时髦的年轻人中,他还是高大挺拔,有形有款。我猜想那应该是从小很好的教养和充足的营养带给他的。他穿着一件粗呢西装,在敞开的衬衣领子里结了一条颜色鲜艳的丝绸围巾。他的眼睛仍旧有神,依稀能见到年轻时代的仪表堂堂。在40年代度过青春的人,身上常常保留着这种过时但周正的,一表人才式的美。他脸上带着一点客气的笑,微微侧着头,在听记者的问题。"他是上海道台聂缉规的外孙,曾国藩的女儿是他外婆,张爱玲和他家沾亲带故,盛宣怀家是他家的表亲,他父亲是庚子赔款的留美生,中国第一代科学家,他母亲是宋家姐妹在中西女塾的先后同学,他父母结婚时,宋美龄做的女傧相。"

花园的主人站在我身边,一板一眼地告诉我,好像在读一部简明上海名人史。研究和收集旧家族和人物,一直是他的爱好。他的外公也是40年代上海有名的买办,他刚刚记事,上海就解放了,过去的生活只给他留下一个模糊的影子,在他的一生中吊足了他的胃口。他常邀遗老遗少们来家里跳舞,大家凑份子,由他去买些咖啡和茶点来,他有心要慢慢在家里办成一个沙龙。

此刻,老人们大多被邀请到花园里去采访了,留在室内的人大多是比较年轻的,算是旧上海的余韵。舞曲一支接一支地放着,只有寥寥几对在客厅中间跳老式探戈,其余的人都在注意花园里的采访。

花园里的情形,在90年代末富有上海地方特色。城市的记忆突然苏醒,旧时代的遗老遗少们带着他们各自与过去历史的联系,从各自默默无声的角落里显身,出现在全国各地大小报纸杂志的各种上海怀旧风潮的专题里。圣约翰大学毕业生的形象出现在电视里,40年代崇美少年的声音出现在广播电台的音乐频道里,旧上海小姐的照片和回忆是编辑部的抢手货,年轻的编辑记者们,提到这样的老人就说:"我淘到了一个真正的老上海。"老人们突然成了上海最时髦的人,他们身上遗留着声光电化的爆炸性魅力。

花园里,电视小组的外围,站着些报纸和杂志的撰稿人,他们手里拿着小型的数码相机,准备稍后的采访。对于那些年轻人来说,他们好像是旧上海的证人,证明从前那个传说中的奇迹城市的确存在过。历史书是那样不可靠,他们这一代人,更相信个人的口述历史,而且宁可被个人记忆中的情绪左右,也不再愿意被历史书欺骗。四下里散落着的年轻人都向他们鼓励地微笑着,期待他们给出的回忆大可以颠覆从前的教育,小可以圆满自己的幻想,至少也要像砖头之间的水泥那样,有效地弥合幻想的裂缝。

他身边站着一对面容仍旧与盛宣怀十分相似的兄妹,他们是盛宣怀的外孙和外孙女,他的远房表亲。从他们两家的族谱里,可以找到李鸿章手下大半洋务重臣的姓氏,以及他们第二代纵情于声色犬马的名字。那对兄妹在谈他们怎么在50年代后成功地隐姓埋名,度过大半生。他们曾是各自单位里不起眼的小职员,无党无派,没有朋友,因为他们都没有继承那个著名的姓,他们都小心掩盖着自己家的历史,履历表上填得清清白白。几十年下来,同一个单位的人竟都不知道他们的来历。是那个下午以后,他们一举成了小报副刊和电视城市专题片争相访问的人物,真相方才大白。

"那你们跳舞?"记者问。

"我们几十年没有跳舞,后来浦江饭店舞厅开放,我们才开始再恢复跳舞。"他们说。

稍远处,站着一个舅舅在40年代开舞厅的上海小开,他热爱跳从当时舞厅里学来的带有阿飞习气的交谊舞,并引以为荣。那天他特意穿来了当年跳舞穿的黑白两色的镶拼皮鞋。夸奖从前皮鞋质量的好,几十年了都没有走形。他们客气而冷淡地与上海小开保持着距离,他也不卑不亢地与他们保持着距离,那应该是从前留下来的阶级鸿沟吧。

更远的地方,在镜头可以扫到的朽败篮球架下,站着荣毅仁圣约翰大学的同班同学,《字林西报》1949年到1951年的实习记者。他刚刚为年轻人背诵过《字林西报》休刊的休刊词。他的头发保持得很好,仍旧能撑起飞机头的造型,那是40年代好莱坞电影的遗风。他仍旧保持着美国口音,谈到美国文化对他年轻时代的影响,他对塑料的热爱,对《战地钟声》的迷恋,以及他作为中学代课英文老师的一生。

他带来了自己的相册,里面保存着世界桥牌比赛时他做亚洲区裁判长时的照片,他仔细地在照片的背面写了说明。即使是用钢笔写的,他的笔迹里仍旧保留着毛笔的运笔方式,能看到一丝不苟的一撇,一捺。他精通桥牌,他写的关于桥牌的文章得到过世界桥牌征文的最高奖。"80年代我移民到美国的时候,美国的桥牌报纸上曾经说,这一年美国桥牌界最大的收获,是我移民到了美国。"他说,"嘿"地笑了一下,好像感到很讽刺似的。"但是我已经老了。没有机会了。美国对年轻人来说真是充满了希望和前途,"他说。他抬起脸来,似乎想再多说些美国,但似乎是千言万语的样子:"我对我孩子说,你做了美国公民,就要忠实于这个国家,而不再应该忠实于你的民族了。如果发生战争,你应该站在美国一边,因为你发过誓,要效忠这个你住的国家。我没有申请成为美国公民,因为我已经老了,年轻时没有在美国交过税,现在我也不想用它的老人福利。"

"你打桥牌,是当时上海青年的时髦吧?"记者努力将他拉回到采访提纲上来。

"老先生跑题了。"花园主人轻轻指出,"几十年了,终于拿到一个说话的机会,反正是拿了绿卡的,终于也不怕此地的舆论了,一肚子的话啊。你当那些报纸真的是对我们心里想什么有兴趣,他们这些小孩,只是想到我们这里来领从前的世面罢了。"

"因为它是有智力的游戏。我的脑筋一直很好,喜欢各种复杂的游戏。"他回答说,"我一直到老,脑筋都还不错。我虽然是教授,但还是到美国以后才接触到电脑。我去了一家成人学校,想要学电脑。他们看我是老人,可以上日班的课,给我的学费打了五五折。我跟着学,也做程序,后来我可以用我自己的方法,与老师不同的方法做程序了,老师开始还看不懂我的方法,将我的作业带回家去看,第二次上课,他对我翘大拇指。他说,要是我再年轻些,可以大有作为。在中国我一生都不能接触到最高的技术,因为我不是党员。我不能做党员的原因,是因为我不想填党员的履历表,普通教授只要填直系亲属就可以了,像他们一样,"他点了点站在一旁的表亲,"要是入党,就要填明三代亲属,我不能告诉他们我的三代亲属。我也是直到退休,学校里都不知道我真正的家庭背景。我们这样的人,要像一条蚯蚓一样,在烂泥洞里无声无息,才能活下来。"他又"嘿"地笑了声,"我其实一直知道我的脑筋好。当年在西南联大物理系,我比杨振宁、李政道低了几班。太平洋战争结束后,美国的科技飞跃,发明了塑料,中国政府组织代表团去美国考察,政府说要将年轻人也放在代表团里,让他们去见世面,杨振宁他们就是这样到了美国。代表团到了美国,觉得应该把年轻人留在美国学习,他们就这样留了下来。他们的发现拿诺贝尔奖的时候,我正在为履历表绞尽脑汁。"

他仍然沉浸在自己回忆是不能跨过去的那些沟壑中。

慢慢踱过来一个人,他1958年高中毕业后没大学可上,跟着那个《字林西报》的记者学过英文,现在他也是个壮年人了,在英文夜校里做老师。他站到我们旁边,远远地望着花园,说:"难得看到老先生这样激动。刚刚他们准备的时候,我听到那个小记者让他说他默写的300多首英文歌的事情的,不是还要你老兄给他们准备相应的音乐。"

花园主人摊摊手:"我倒是准备好了那些曲子。现在看他们怎么办吧。记者总是有办法,他们移花接木的本事世界一流。"

"我第一次见到他的时候,他对我说过,要看饭吃菜。怎么自己倒忘记了。"他说。

"真的听说你有很好的记性,所以你曾经默写过300多首40年代在上海流行的英文歌?"记者的问题传过来,屋里的人大多松了口气,局面终于转过来了。

"那是。"他恍然大悟,"那是。不过歌本在美国。"

"你怎么会学这么多英文歌呢?是在什么情况下学的呢?"记者问。

"太平洋战争后,上海是美国人的天下,什么都是美国的,学生正是喜欢唱歌的年龄,自然会学不少美国歌。我欣赏的,倒都是些词句具佳的,有内涵的。"他说。

花园主人松了口气,移动了一下身体,说:"我要去帮他们准备曲子了。等一歇他们要过来拍跳舞,要用那些曲子。我想想,自己也是了不起的,老先生学那些歌是什么条件?美军电台24小时在上海播音。我收集这些歌是什么条件?文化大革命抄家以后,听美国歌要当反革命的。"他怜惜地轻捶自己胸口,"这个人,真正爱音乐啊,就是生错了时辰。"

"你外公在上海近代史上,是很有名的洋务派上海道台,差不多就是现在的洋务派上海市长。我们想象里,他一定是很西化的。我们在资料里看到一个美国记者曾到道台家做客,他形容说,道台家的客厅里放着全套巴洛克式的意大利家具,道台家的女眷能用很流利的英文交流,他简直不能相信这是一个中国家庭。"记者继续说,"你觉得他形容的会是你外公的家吗?"

"我不知道。我从未见过他。"他淡淡地接口,忽略了记者对他外公家客厅陈设的兴趣,"他大概是很洋派的人,特意请傅兰雅夫妇亲自教自己儿子女儿的英文,而且将女儿全送到教会学校受教育,所以我妈妈、阿姨、舅舅,即使没有放过洋,也都个个能说一口好英文,学问见识都不古板。学好英文倒是我们家的传统,后来终于学以致用。"

在英国侨民心里,不管道台怎么说,那块滩地天生就是属于租界的。他们为这个30亩地的小公园专门建立了公园管理委员会,从英国招募了有经验的园艺师,订购了伦敦公园铸铁的围栏,以及与肯辛顿公园一模一样的靠椅,不用说各种玫瑰树,连灌木都是从英国订来的树种,在公园里安装煤气照明灯,在临江的斜坡上铺上坚实的

陈宏庆　衡山路上的华盛顿公寓　80×60 cm

花岗岩碎石。他们决心要将它建成一个标准的英国小公园。工部局一次次拨给公园建设所需的经费。董事们常常为拨款的问题吵架,但从来一致同意对公园的各项拨款。在它身上,寄托了他们在上海重建英国式生活的理想。

在公园开放的最初十年里,华人未对公园的规定发出任何不同的声音。中国人并不知道,公园的这个"公",到底意味着什么,和自己又有什么关系。中国富人的花园不能随便进去,外国人盖的花园也不能随便进去,这在中国人看来,似乎理所当然。但道台心里明白,他实际上失去了对这块土地的主权。那十年里,他也一直随着中国人,对此保持沉默。但他的沉默,就有羞愧和遮掩的意思,好像一个打破了家里贵重花瓶的小孩通常会采取的回避态度。

后来中国人和外国人都开始反对公园章程,他帮着中国人"劝说"英国人开放门禁。他的劝说是如此软弱无力,根本没人将它放在眼里。工部局每次都干脆利落地一口回绝他,像将他的劝说一把抓起,直接扔回到道台脸上一样干脆。而道台总是很符合他受气包身份地沉默下来,直到下一次好似例行公事般的劝说与拒绝。

1884年,情形终于不同了。

这一年,公园靠江的堤岸外又出现一块狭长涨滩,才一亩地之多。工部局向上海道申请填实泥滩,扩大公园面积。工部局以为,这种申请还像从前一样,不过是走走过场。所以,等道台真的派人去公园查看时,发现工部局已经在堤岸上打桩了。道台马上照会工部局,指出工部局的行为违反了公园建立之初双方的约定,也违反了上海《土地章程》中的条款,勒令其停工。

这次,这个上海道台端正了姿态,拉开了架势,他宛如京剧里的小花脸,脸上挂着一把长胡子,背后别着一排小旗,穿着也许绣有八蟒四爪的蟒袍,双手把住腰间的玉带,锣鼓声起,他嘴里大声吼着,冲向舞台中央。这个叫邵友廉的道台,与当年那个起草《土地章程》的道台,以及当年写关于公园许可的复信的道台一样,也是举人出身。但他所处的时代,却是李鸿章在上海的"自强运动"已轰轰烈烈多年的时代,跟随李鸿章自强多年的道台们,和李鸿章一样心里埋藏着光复的理想。只是他们比李鸿章要更沉默,他们只是国家机器上的螺丝钉,没有机会写那么多奏章。但他们与李鸿章一起经历了上海开埠以后见所未见的风雨,农民起义打他们,洋人要挟他们,有过广东十三行经验的中国人仗着自己英文上的优势欺诈他们,朝廷将责任和耻辱统统推到他们身上,所以,他们不得不在上海办英文学校,办翻译馆,办工厂,办官商结合的轮船公司,带兵打仗,对洋人软硬兼施,与英籍的中国海关税务司交涉,领教洋人的出尔反尔和难以琢磨的思想。他们不知所措地勉力支撑那个摇摇欲坠的帝国。李鸿章在他浩瀚的奏章里,行文总是急切,情况总是千钧一发,他很少写直抒胸臆的句子。但在一个奏章里他却忍不住说:"我恨这些外国人,就我个人而言,我厌恶的不是这些人,而是他们那种占尽优势的架势。"我相信当年的道台们也是这样想的。甚至事隔一个多世纪,当我看到李鸿章的这句话在档案里出现,也有共鸣。道台们当然会有更强烈的体会,因为他们不得不与比英国政府更蛮横无理的工部局的大班们打交道。

他们渴望一个机会。

这一亩烂泥滩,终于让邵友廉抓住了道理,抓住了证据,终于让他有机会旌旗翻飞、一招一式地舞向前台。僵持之下,双方上诉上海领事团。上海领事团出面调解,约定工部局在填实滩地之前,须经上海道许可。已开始的工程没有经过上海道的同意,即行停止。

工部局要填滩,不想让一块烂泥滩影响公园堤岸的视线和风景,但道台一口回绝租地的要求。他将工部局送来的租金悉数退回,他不要钱,也不肯租,宁可让它荒着。这次他也做得干净利落,就像从前工部局回绝他的劝说一样。

工部局过了不久,又擅自开工,接着围田筑岸,将公园的堤岸扩充出去。租界从来都是这样擅自越界来扩张租界的,上海道台从来都是睁只眼,闭只眼的,至于道台的上司,更是软弱可欺,被列强打得落花流水。整个中国都在被列强疯狂地蚕食中,中国人睁只眼闭只眼的态度,早已被外国人熟悉。整个中国都落花流水了,还在乎这一小块从江里自己涨出来,又紧贴着黄浦花园堤岸的泥滩!工部局的董事们也是这样想的,他们从来就没真的将上海道台的态度放在眼里。他们觉得他不过是在唱戏。

堤岸刚动工,道台马上就知道了。他紧锣密鼓,马上照会英国领事和上海领事团,要求执行对黄浦公园的约定。工部局在领事团败诉,黄浦公园的扩张被迫再次停工。这次,连工部局已经打下的桩都被要求立即拔起。在道台派去的官员对花园面积的测量没有完成以前,不许在堤岸外再打桩。他派往工部局工作的官员也变得态度硬朗。他们随身带去地图,一英尺一英尺地核准公园的界线。当工部局不得不小心解释自己不是为了公园的扩张,而是出于保护河口,他们才表示满意。但他们仍旧不答应出让那条涨滩,甚至不允许地图上工部局将公园的堤岸线向外弯曲,一定要他们改画成一条直线。

上海道台从开埠以来,一直挣扎在夹缝中,像京戏里的反派小花脸,在鼻子两边被画了两块白。这次他总算一展拳脚,为自己洗去那个白鼻子。领事和领袖领事不得不常常出面协调道台和工部局之间的矛盾,劝说工部局采取妥协的态度。我想起芳思将双手团成一个小圈,来形容公园之小的样子。要是她看到他们为这一亩地大动干戈,她会怎样想呢?

这场一亩滩地的纷争,一直持续了三个道台和三届工部局董事会的任期,双方都寸土不让。但工部局到底不敢再动工。

1890年,聂缉规上任,他是上海道台里最年轻的一个,35岁就当了道台。他不再只是消极地回绝,而是明确提出:公园可以在上海道的允许下使用那条滩地,但条件是要让华人也能从中得益,而且要求领事使工部局知晓,他们关于滩地的任何行动都不恰当。他甚至暗示,他们的行为也不合法。他不光是个寸土必争的道台,而且是个再三声明他的主权的道台,他逼迫外国人不得不承认他的主权,不得不在公园的问题上面对华人的要求。工部局从来不肯承认华人有使用公园的权利,他们从来以为,如果工部局拒绝承认华人的权利,他们就没有。但这个上海道台让他们明白,要是他们拒绝承认华人的权利,他们就永远无法在堤岸外打哪怕一根桩。不光这样,这个眼神很好的道台还看到了工部局在越界筑路,在偷偷修改地图,他一一将这些错误纠正过来。在一次会议上,经过长时间的讨论,工部局的董事们终于明白,他们遇到了一个在滩地权益上"竭尽全力"的道台。

终于,工部局提出一个妥协的方案:由工部局出资填平苏州河岸边的另一块滩地,并在那里为华人建立一座专用公园。在黄浦花园扩建完成的同时,也建成华人公园。

因此,道台也终于同意工部局再次使用当年疏浚苏州河的淤泥来填实那块涨滩。

早在1874年的时候,工部局的总董白敦就曾经感慨地说过,租界当局的历史就是一系列妥协方案的历史,这次,他在工部局的继任麦格雷戈终于再次体会到了这句话的含义。

出现在旧档案里那些为公园连绵不休的争夺,只是只言片语,像舞台上那身份可疑的小花脸随锣鼓声翻飞的衣摆和旗角，稍纵即逝。但那急促的锵锵声却不绝于耳。这是属于梦想着有一天能正色对外国人说到文化的上海道台的鼓点，他在蟒袍里不得不呆板而僵直，双手紧把住玉带的身影，在那只言片语里匆匆掠过，奔向他的理想。他是洋务运动在上海最得力的清朝官员，曾被称为"才大心细，精干廉明，为守兼优，局量远大"。他主持的江南制造局，翻译了大量西方科技书籍，仿制了西方的大炮和军舰，从那时起，中国自己也可以生产西洋的"坚船利炮"，这些重要的武器，是在中法之战中中国胜利的重要保证。他鼓励传教士在上海开设新式学堂，在中西女塾成立时，他去为那所专收女生的学校剪彩，并将自己的女儿们都送去读书。

华人公园开园时，聂缉规喜气洋洋地主持了开园仪式。这是一个比外滩公园还要窄小得多的西式公园，只有六亩，外滩公园那么小，却也是它的五倍。它平躺在河滩上，不过百米之长。但它也有西式的木条靠背椅，公园的中心有一个白色的大鸟石雕。但他还是亲手书写了一块"寰海联欢"的大木匾，挂在公园门楣上。这个小小的华人公园也有园规，照例有衣冠不整者不得入内，醉酒者不得入内，但没有洋人不得入内的规定。他与华人和工部局的公园管理委员会的洋人一起游览了这个小公园。我不知道公园委员会的科纳先生是不是能理解"寰海联欢"这个词，他们经过木匾下面的时候，道台是不是对他解释过它的含义，这个强硬的道台并没有记恨不让华人入内的园规，因为他的理想是世界大同。所以这个小公园的章程仿制了黄浦公园的章程，但却没有拒绝外国人入内，即使它比黄浦公园更小。

但他犯了一个类似早年同意在涨滩上造公园的前任所犯的错误。他不知道，工部局的会议上，早在同意为华人建造专用公园的同时就做了另外一个决定：当华人有了自己的公园后，就不允许任何华人再进入黄浦公园。他以为可以"寰海联欢"，但实际上却是再次对隔离的确认。这时，他的任期已近尾声，他将调任。他的身影从此消失在关于公园的记载里。

在京剧里，没有他合适的扮相，他不是大忠臣，也不是大奸臣，所以，他不得不被画成一张小花脸。他被画花了脸，又擦得更花，所以我看不清他脸上的表情，他的脸在旧档案里一晃而过，我甚至看不清他的眼睛是否痛苦。

"外公在我出生前就已经去世，我只听说他的遗训里，告诫后代不要再为官。"他说,"我家在外公以前,有三代进士,两代翰林,几代做官。到我舅舅这一辈,果然再不做官。"

"但你家还是不同凡响。"坐在沙发另一端的盛家后代说,"现在说起宋美龄来当傧相,好像是什么了不起的事。但是当时,聂家比宋家势力要大得多。"她的人生处在盛家辉煌的败家史中,她母亲吸食鸦片而亡,她父亲自杀,她的亲戚们频频进出监狱,她的姨夫邵洵美一直落魄到连一张床都没有。她的表亲在劳改营里长大,说了一口苏北话。在响彻客厅的40年代抒情而且稠重的小提琴曲里,她端正地坐在下陷的旧沙发上,像棵千年老树。

"从前,哈!"老人们不约而同地短促地笑了一声,他们笑得那么短,倒好像突然被呛到了。他们脸上掠过被人迎面踩了一脚的表情,这表情与在花园里接受采访时,顺着那班记者回忆40年代的舞会和美国流行乐时的表情大不相同。那时,他们脸上矜持地微笑着,有带些骄傲的惊奇,好像反问,这有什么值得大惊小怪的?但那些来自年轻人艳羡的惊奇到底让他们有咸鱼翻身的惊喜。所以他们从花园回到客厅里,会忍不住再提到"从前"。

他们说的那个"从前",却是1949年以后的"从前"。如果没有年轻人的羡慕,大概他们心里还没有这么强烈的荒谬感。

"从前我们系要让我当教研室主任。当教研室主任倒蛮好的,对业务很有帮助。我这个专业,要做好,必须有机会参加大的项目。当了教研室主任才有机会参加大项目。但要当教研室主任,就必须要先入共产党。入共产党其实也不是不可以的,但关键是要查三代。"他又提起这件往事。

"你也真是沉得住气。"我说。

他"嘿"地笑了声。

"我们姓彭。我们兄妹这么喜欢跳舞,但一解放,我们就再也不跳舞了,连家里的孩子都不知道我们还会跳舞。后来在浦江饭店看到我们跳舞,他们都绝倒。"那对兄妹说。

他们果然跳得好,收敛,洗练,烂熟于心。又是从小的舞伴,舞起来浑然一体。他的脸,她的脸,在音乐中流转,他们都淡淡垂着极其相似的宽厚眼帘,好像一对沉浸在自己世界里的菩萨。其他人都自动退向边缘,为他们留出地方。他们跳的,正是老先生刚刚提到的曲子。

一直在花园里的摄影师和编辑一路小跑着跟了上来。他们脸上不动声色,脚下的步子却渐渐复杂起来,直至让人眼花缭乱。

花园的主人也跟了过来,凑趣地将屋顶的一圈彩灯打开。天花板在下午的天光里出现了暗淡的彩色,他告诉摄影师,那是40年代这间客厅新装修时安装的德国灯泡,当时他母亲就喜欢在家里开舞会,这些灯泡竟然一直用到现在,电线都老化了,他母亲离家50余年了,灯泡里的钨丝竟然一条也没断。这又是个现成的传奇,我望见那亮着红灯的摄影机平稳地向那些德国灯泡转去。

花园的主人随着音乐,独自徜徉着走向中央,他浅浅地张开双臂,合着眼睛,像土耳其僧侣祷告那样侧着头,张着双臂,独自旋转。他和他们在音乐中组成了奇妙的联系,他自成一统的陶醉,衬托出了他们流利舞步里暗自的抵触与骄傲,这才是他们吸引人的地方。

他默默地望着跳舞的人们。按照记者的要求,舞曲换成了摇摆舞,那是40年代随着美军广播电台和美国水兵风行于上海的舞蹈。盛家兄妹跳得更欢了。那个穿旧舞鞋的男人,带着一个金发舞伴,更是舞得满场飞,一派美式阿飞少年的样子。但他的眼神却渐渐阴沉下来,让我想起道台在旧照片里的眼睛。这一刻,不光是他们眼睛的轮廓,连他们的眼神都是相似的,那是一种拔地而起的不甘。一个不愿意自己的后代再为官,另一个不愿意自己的后代再为中国人,那么漫长的逃亡之路。

苏州河边的华人公园如今已经消失在四川路桥边的公共绿地中。一个下雨的中午,我找到那块绿地,那是一块河边再平常不过的绿地,照片里的石雕、长椅都早已不见踪影,被小小的花园围起的小广场也不见了,"寰海联欢"的木匾当然也不见了。就是它还在,也没有地方可挂。我说起华人公园的事,还有江边的那个黄浦公园。

他听着,只管摇头,笑。不过,他脸上所有的肌肉都移动并停留在笑的位置上,但那个表情却不是笑。

"从理论上说,我是喜欢中国和中国人的。那么精致的趣味,那么忠贞的祖宗,那么好的河山。说起来,美国人太粗,到底是大鱼大肉的乡下人。但是,现实是,你要想做一个诚信的,清爽的,有担待的人,就做不得中国人。人的一生是不能有太多磨难的,磨难太多,人生就像一块厨房的抹布一样,怎么洗,都会有一股馊气。"他说。

那对兄妹舞到我们面前。摄像机已经从40年代发出的彩色灯光那里转回到他们身上,他们是客厅的中心。比他们年轻的人,没人能比他们跳得更酣畅和自信。他们手足间的淡定和颓废,使摇摆舞充满及时行乐的醉意。是这种醉意使他们与众不同。我突然想起,在一个美国纪录片里,也有一段从上海舞厅里拍到的画面,他们的兄弟在80年代上海天花板上挂着彩色皱纸的舞池里大跳摇摆舞。他们的脸和眼帘长得与盛宣怀如此相似,令我印象深刻。那个纪录片完成不久,他们的兄弟就去世了。那个纪录片用他的舞姿来象征上海旧时代生活的劫后余生。我想起在花园里接受采访时,他们兄妹曾说:"我们当盛宣怀的后代并没觉得有什么光彩,他撑下这么大的家当,看看我们败成了什么样子。"

镜头从他们身上转向他,灯光跟着明晃晃地射过来。他努力自然地迎着灯光和镜头,保持和我闲谈的状态,一面不着痕迹地整理脖子上的丝巾。他自嘲地说:"噢呦,这真叫80岁学吹打。我这次最好凑趣些。"

他说:"刚刚在花园里,记者问我现在有什么想做的事,我知道,她最好我说唱歌跳舞,再玩什么时髦的玩意,最好我说出来的话,就像和平饭店的老年爵士乐里的曲子一样,曲曲都可入戏。我其实懂得他们想要什么,不过想借我这个老头子的嘴说出来,他们哪里真的会懂我们想什么。我说,我就想开一家小面馆,清爽的小面馆,至于说,开在纽约还是开在上海倒是无妨的。我一辈子喜欢吃头汤面,研究过怎么将面条下得恰到好处。那小姑娘大概很失望,觉得我这个老头子不识时务。"

永不拓宽的街道钩沉:
北苏州路—黄浦路/p.236,中山东一路/p.225,衡山路/p.238,桃江路/p.254

王羽天　复兴西路上的别墅　80×60 cm

花　园

　　从被太阳晒得暖洋洋的平厅的屋顶望下去,我家的花园被包围在市中心的人流车流里,像在污浊的河流中的一个绿岛,爸说有半个世纪长的法国梧桐,在我的眼里就像我想象中的森林,环绕在花园的四周,将我家和外面的世界隔离开来。我看到了灌木丛那边的母兔,它还蹲在被维吉咬死的公兔遇难的老地方。在那个英国种猎兔犬维吉追杀我的兔子的时候,母兔曾逃得不知去向。后来爸把狗关到楼上去了,它就出来蹲在那里看死去的情人,我相信它们是兔情人,这种事就像歌里唱的一样,把公兔拿走了,它就天天站在那里,我想它会抑郁死去。它可是只雪白雪白、美丽柔软的兔子,站在春深的绿草里,画似的。那个情形使我难过。

　　我在公兔死的那天晚餐时,就说过要给它再买一只公兔子来,说没地方养的奶奶说:"将来的阳台连两张躺椅都放不下。什么样的高级公寓都是一样。"说着她从菜碗里用高高夹住的筷子灵巧地将一块青青的菜心送进她的嘴。像我们学校里最美的数学老师在使用圆规,不管奶奶如何恶毒,不管她怎样响亮地发出咀嚼的声音,我还是想起爸爸的话,奶奶是个举止优雅的大家闺秀。我连连看爸,爸还没听见,他那么小心地在用筷子剔清蒸鱼上的小刺,以至于那用得发棕的象牙筷都抖起来,捉不到那些小刺。爸说过他最恨的是在饭桌上把手指伸进嘴里拿鱼刺出来。大家吃饭,开着的窗前,传来了花园里的傍晚气味,花的气味,草的气味,还有春天的法国梧桐树皮的气味,它们的树身像蚕宝宝一样地蜕皮,斑斑驳驳的,像阳光下的树影。这是我们花园最美的时刻,我几乎能想象出它作为一个70年前的乡间别墅的样子,那时奶奶和我一样大吧,也许她也是因为喜欢她的爸爸把它作为嫁妆给了她?奶奶从来不说,我也不知道事实是怎样。

　　爸爸喜欢说从前的事,又常常被奶奶批评。奶奶满脸的皱纹,在那时条条皱成一个个痛恨和讥讽的笑,等爸爸高高兴兴说完,她说:"你怎么知道?1949年你三岁的时候,你就是人民中的一员了,三岁是没有记忆的。真是自作多情得很。"从小到大,语文课上的许多词,都是在这样一颗心乱跳的时刻学会的。这时我的爸爸的样子就叫无地自容。

我家又老又旧的房子里的奶奶和爸爸,在挤得汽车接龙的市中心我家的大花园里的维吉和兔子情人,这种斗争,真像小说。将来也许我能成为作家,我想这是个浪漫的职业。我是个爱爬到客厅的屋顶上,让那些方方的德国瓦暖肚子的女孩。爸看到的话,会在他的画架边叫:"当心,踩坏了德国的瓦,再也配不到了。你自己也当心一点,摔下来也再配不到了。"花园里的平厅的瓦,是爸出生之前的瓦了,那时奶奶还没有出嫁,她的爸爸是一个大买办,为德国人做事。在我看来,那都是故事了。

我看见一辆白色的大轿车摇摇晃晃挤到马路边的自行车车流里,向我家的大门开过来,然后停下来。他来了,爸的堂哥,和爸爸长得真像,那个香港人,指甲里一点灰也没有。我看到奶奶在她的窗前戴正她的假发套,她平时总是戴得有点歪,没有人敢纠正她。她穿了一件旧衣,在菜场里走来走去像扫地的人戴歪了工作帽一样。我在房顶上也为爸爸松了一口气。在屋顶上看不到爸爸,他的窗像新铅笔盒一样关得紧紧的。

堂叔叔来接我们全家去吃饭,他1975年的时候从上海去了香港,去的时候也没有什么家产拿去,靠了奶奶家的一些旧朋友,这些年也发了财,回来想买我们的花园。爸爸以为我不知道,他和奶奶说这些事,总出来进去地关上门。

奶奶住的一楼,春天一来,让院子里的大树遮得不见阳光,对面造高级公寓打地基的时候,把背面的墙也震裂了,那时,爸爸说让人来修,奶奶说没什么可修的,又没有钱大修,70年没修的房子坏一面墙不算什么。爸爸吩咐佣人做一面厚布帘遮一遮,奶奶说弄得像马戏班子。爸爸最后从平厅里搬了一幅大画来,画的是花园的夏天,树丛里开满了蔷薇花,那是爸爸凭记忆画的,把手里为一个外国人画的肖像停下来,那时花园里全是落叶子,爸爸的蔷薇也画得不太真实。奶奶又说她这里像仓库一样。堂叔叔来了以后,一天,我听见爸爸在奶奶房间里说:"钱是容易来的,千千万万的钱都会来去,可是花园只有这样一个,现在全上海就剩下这一个花园了,你和我的这一生一世,都在这里。没有了花园,我们和外面人有什么两样。"我听见奶奶说:"本来我卖不卖都一样,就凭你这样说,我就要卖。"那是个春深的中午,阳光灿烂,花园里温暖的植物和潮湿的泥土气息,使我的后背很暖;老房子开着的窗子里,一阵阵地有冬天残留下来的陈旧寒气,使我的前胸感到冷。

按照奶奶的想法,我们去外滩的东风饭店吃饭,算是答应卖园,堂叔叔为我们买公寓,再贴一笔钱出来。奶奶说从前那是有名的上海俱乐部,上海有钱人去的地方,有极好的30年代的情调。奶奶说完指了爸爸一下:"那时候你还没出生呢。"倒车的时候,堂叔叔压翻了爸爸早晨从花园里清出来的落叶,都是春天以后的绿叶。爱睡懒觉的爸爸在这时,会花一个早上一个上午弄花园,然后说,我这做惯了少爷的人来做这种苦力。车子摇晃着从落叶堆上压过去,堂叔叔噢哟了一下,说:"这个工人拆烂污的。"我看见爸爸狠狠地在奶奶背后瞪了他一眼。

一路上是堵车堵过去的,如今来上海做生意的人多了,改革开放了,有车的人也多了。堂叔叔的车里香喷喷的,可是没有一点空气,我觉得头也晕了,我想开开窗,可是不知道按什么,爸爸拍拍我的手。奶奶说:"这孩子没坐惯这样的车。"堂叔叔反手过来帮我,窗子是打开了,可是路上也全是汽车的废气。堂叔叔说:"这地方到底有基础,一两年,就和香港差不多了。在香港我也从不开窗。"

在兰心大戏院那里,一直没说话的爸爸说:"香港算什么,租界的时候,兰心演美国的新电影,东京有钞票的人也来此地看电影。"

堂叔叔说:"那是那是。"

奶奶说:"兰心修成这种样子了。看上去滑稽来,像一粒假牙齿。"说着她自己先笑起来。

东风饭店里挤了大队的人在等吃美国肯德基家乡鸡,奶奶瘦小的身体在人堆里挤来挤去,堂叔叔过去扶她,爸爸推了我一把,说:"活该。"我也挤过去扶奶奶,堂叔叔一个劲儿说:"我说过这地方不比你那时,我们马上换到希尔顿。"

奶奶说:"不要不要,蛮有意思的,买美国穷人吃的鸡了。本来是我们礼拜六吃大菜的地方。"

奶奶转过头来问我:"你说这里好不好?"

我说:"旧旧的,有什么好不好。"

奶奶说:"对,妹妹说实话。"

我们好容易找到了餐桌,又高又旧的大厅里,天花板的四周,有一些小天使和玫瑰的雕刻刷成了和天花板一样的白色,在描写19世纪欧洲生活的外国电影里,我看到过。爸爸说,这是上海的30年代的美国遗物。

四周真吵。乡下人在饭桌上谈生意,大声地说到泰国看人妖什么的,好像是才从那里回来的,说那里的大象懂得拿鼻子去摸游客的屁股。

爸爸保留下来的那点 30 年代的沙龙音乐,爸爸在录音机上配好的进餐音乐在这里放的话根本是听不见的。

虾仁有味道,铁板烧弄污了本来就不干净的桌布,荷兰豆咸得不能吃。爸爸在剥指甲里的油画颜料,堂叔叔的眼光飞来飞去,像一只蝴蝶。奶奶说去洗手间就离开了。

爸爸说:"妹妹,你还记得爸爸配的音乐里有一支曲子,叫 MOON RIVER 的吗?"爸爸看了堂叔叔一眼,"那是爸爸最喜欢的一张唱片,是'文化大革命'前,从国外寄来的最后一张唱片。那时堂叔叔还在上海,他那时在里弄的生产组里,他来我们家听到这张唱片,也喜欢极了。那时候我和他就坐在兔情人那地方,那天下了大雾,灯在雾里像一个纸灯笼。我打开平厅的门,MOON RIVER 就这样在雾中传来,那时我们都觉得太美了。对不对?"爸爸问堂叔叔,他笑了一下。

爸爸说:"后来,'文化大革命'开始,抄家了,堂叔叔说他的女朋友家里都是职员,是安全的。而你的妈妈是个欧亚混血儿,于是我把唱片给了他。后来,我听说他请妈妈到他家听唱片,那时我和他一起在追求你的妈妈,他在那时没有转移唱片,就被红卫兵抄掉了。但是你的堂叔叔真是一个能干的人,他跟到了废品回收站,用一块手表把唱片又换了回来。我听说以后,去他那里把唱片要了回来。那天,你妈妈也来了,我们在平厅里,把声音放得小小的。那时,抄家的风朝向共产党干部了,我们已经是没有什么可抄的了。那天堂叔叔也来了,我们看着洒满了月光的花园,第一次注意到月光是那样的安静和明亮,非常美好。那是爸爸最难忘的晚上。后来风声又紧了,他又来借这张唱片。"

堂叔叔抬起头来,看着我说:"我来接着说好了,我非常非常喜欢这唱片,又看不到前途,又找不到音乐,那时你的妈妈和你的爸爸就要结婚了,我觉得一无所有,就再三再四不肯还,最后只能对他说,我不小心坐碎了。我和你的爸爸,从小就不要好,因为我们一直是喜好同一样东西,命中相克的。"

在爸爸和堂叔叔都看着我的时候,我发现他们的眼睛真的很相像。

堂叔叔说:"花园的事。"

爸爸打断他,让我去看看奶奶为什么那么久不来。

我挤出大厅走到外面,没有看见奶奶。我从一条灯光昏暗的走廊走到了洗手间。那里的墙上有一面泛出了水渍的大镜子。奶奶站在那里抽烟。那镜子虽然旧了,可是一点也没有走形，奶奶白色的烟在那里丝丝缕缕地起伏流连，大家都在大厅里面大吃大喝，这里很安静，里面的水箱在漏水，有拖得长长的滴答声。

奶奶回过头来，我说："爸让我来看看。"

她说："有什么好看。"

我们回到大厅里，远远地看到爸和堂叔叔互相瞪着，奶奶说："你看你们，乌眼鸡一样。"

我说："我爸才不是。"

奶奶说："所以更烦。"

接着奶奶看了看我说："好好地做能吃苦的人，到美国去，妹妹，奶奶来给你出机票的钱。"

吃完了饭，堂叔叔按照奶奶的想法，到和平饭店的酒吧去听爵士乐，听说那是个演奏30年代曲子的乐队，是当时就在上海吃这行饭的老人。我没有听出什么好来，震耳欲聋可是又很慢，奇怪的感觉，依稀听出来爸爸的磁带里的曲调，是爸爸制作的一盘啤酒背景音乐磁带里的。这里的确是个怀旧的地方，老得一片鸡皮肤的外国人，在音乐里跳着老式的舞蹈。

堂叔叔把奶奶请去跳舞了，爸爸的脸在一杯鸡尾酒后面显得有点吃惊。他说："他一定是在那边学会的。"

奶奶一开始还安静，不一会儿，她就灵活起来。她那穿着旧的确良蓝罩衣的身体里，像烟一样散发出音乐的内在气味，她舞得就像个从仙女的咒语里逃出来的巫婆。堂叔叔很快就带不住奶奶了，大家都注意到了奶奶，有人停下来为她鼓掌，有个外国老人走上前去，弯了弯他的大啤酒肚子，陪奶奶跳起来。奶奶的肥大的蓝罩衣突然变得像化装舞会上用的一样了。在台上的乐队站起来，所有的老嘴唇和老手拼命地动。奶奶，奶奶，奶奶紧抿住的嘴里只有七粒牙。我们桌边有两个外国人站定了，爸向他们说："哈啰！"他们说："It's great！"爸说那是他的母亲，爸爸的眼里是对他妈妈的欣赏和认同，我不明白为什么奶奶从不这样看爸爸。他问他们从哪里来的，他们说从德国来。爸的眼睛亮起来，他说我们的祖上是和德国人做生意的，从来家里都是德国的音乐、德国的房子、德国的东西。他转过头来对我说："堂叔叔的爸爸最爱德国的电器。"这时乐队开始演奏一支华尔兹，施特劳斯的，爸又说："我想在德国一定到处都是这样的音乐吧？"

德国人拼命地摇他们的金发的头:"It's old fashion."

爸有一点发呆。

这时有一个人来请我跳舞,那是个头发梳得很亮的男孩,和我们班上的人都不一样。爸爸点点头。我是第一次在酒吧里和陌生人跳舞,心里有一点紧张,我小心翼翼地把容易出汗的手心,从他的手里移开一点,我记住爸爸的朋友的话,只看到他的耳朵。这是一支老舞曲了,我小时候在爸爸妈妈的平厅聚会上常常听到,MOON RIVER。

那是我的小时候,"文化大革命"结束了,妈妈还没有到美国,爸爸他们的朋友每个周末都来我家,在花园里听唱片,在平厅里跳舞。爸爸骑着旧脚踏车,在上海的小店里找一种绿色的粗蜡,到听爸爸自己配的古典音乐时,就在花园的藤椅边点起来。这时候我总是被妈妈赶回房里去睡觉。妈妈说到16岁啦,16岁了专门为你开一个大舞会,像书里的贵族小姐。我在自己的窗前看着他们,爸爸妈妈已经不会跳舞了,他们在跳舞人的边上相拥着跟着音乐摇摆。在晚风里,摇曳的烛光把他们的影子拉得长长的。现在我16岁到了,16岁过了,妈妈到美国去了,我学会了跳舞,可,妈妈她没有看到。妈妈走了以后,爸爸再也没有跳舞了,爸找不到像妈那样不需要他带的舞伴。可是爸没和妈一起去,他说他不想去那里打工和穷人住在一起,爸一直说自己是个情种,却哭着送妈妈一去不归。奶奶说爸是爱国先锋。妈妈在临走前曾对我说并让我记住,爸是真正的精神贵族。妈妈的眼睛在阳光的阴影里,泛出了犹豫的蓝色,她说:"我不是,我没有那么坚强,所以我要走了。"

爱国先锋在欧洲老式的褐色小圆桌后,轻眯着眼睛在听他几十年来心爱的曲子。

爸爸一直说他在刚刚解放的童年时代,就拿了小板凳,在平厅的无线电边坐着,听电台里的美国流行音乐,和后来的沙龙音乐。那时花园里还有一个园丁,种着大片大片的欧洲种的郁金香。他爱那样的生活。我从小到大,看到的,是爸在画上海各种各样的欧式老房子,它们总是在暖融融的感伤阳光里静静伫立。我听到的,是爸自己拷贝的音乐,后来听到了别人家的CD,我才知道爸的录音不好,沙沙的是电流的声音,扑扑的,是密纹唱片上的浮尘。奶奶说爸爸根本不知道什么是上海,在那里瞎起哄,可是爸他喜欢,又有什么不好。不过爸他真是太怀旧了,太怀旧了。

舞曲完了。我们纷纷回到自己的桌边。堂叔叔说,这下算看到奶奶的真面目了。奶奶咻地笑了一声:"什么真面目?在这种老慢掉半拍的音乐里,和一个外国退休小职员跳跳舞,什么了不起的事情。"

这时,Disco震天动地地响了起来,原来坐着的人,都推开椅子去跳舞。我第一次看到外国人和中国人在一起跳舞,外国人跳得像猴子,中国人跳得像蚱蜢。先前的那个男孩又来请我,我和他去跳舞了。在那么强劲的音乐中,他大声问我为什么会和刚刚那个很有来历的老太太坐在一起,我说那是我奶奶。我想我在告诉他的时候,是有一点骄傲的。我想起来,在我很小的时候,说起奶奶和我的这个与众不同的家时,还有忐忑的心情,资本家总是不好听的吧,现在又被人羡慕了。男孩看我的目光果然多了点什么,他看了看坐在桌前的我家人说,你奶奶他们来这里,一定觉得昨天再现。

我跟着他的目光去看我家的人们,在舞场的射灯里,我觉得他们像是一些黑白的照片,偶尔被风吹到了这里。爸爸、堂叔叔和奶奶,他们长得真像,他们眼睛里的神情,真像。

奶奶站了起来,她向外面走去,她的假发有一点歪,又像清道工人的工作帽了。她小小的身影,在旧旧的大理石的大堂里,有一种非常奇异的和谐。

爸爸也站起来跟出去。

堂叔叔的目光在跳舞的人群中找我,我连忙回去。那男孩在我后面要我的电话号码,他说了一句英文,有点旧电影里的意思。我突然就生了气,我说:"我家里的花园都要卖掉了,我家不像你想的那么有趣。"

我问堂叔叔,是不是要走,他说不。他拉开椅子让我坐,说:"妹妹这次是真的长大了,你长得像妈妈。"

我看了他一眼,没说话。从前我在家里没见过他,原来是因为那张唱片,他和爸翻了脸。可是在我的心里,并没有把它看得有多么严重。这么大的人,像小孩子一样。我不要和他说话,是因为他要买我们的花园,他让我的爸爸难过。

他看着我,那眼光很温和,我想他是在想我的妈妈。

我说:"你真的喜欢我的妈妈?"

他说:"那都是以前的事情了,你爸是情调大王,他赢了。"说着,他打量着我说,"你的眼睛像妈妈,在有阳光的时候,也会变得有一点蓝吗?你看人的样子也有一点像。"

我说:"那你为什么还来抢我妈妈最喜欢的花园?你有那么多钱,我们只有这个花园。你是要报复爸爸吗?你为什么不给妈妈留个美好的印象。要是我是你,我就不这么做。"

堂叔叔笑了一下："我懂你的意思，一脑子浪漫的小姑娘。我身经百战，不那么浪漫了，不会为了过去的女孩放弃我一生喜欢的东西。"说着他飞了我一眼，他的眼神和爸的一样，飞快而锐利，我的脸哗哗地热起来。他说："我也不是和你爸爸争一张唱片的年轻人了，不想报复。我是要重建我心爱的地方，我要实现我小时候的理想，我要有50年前我看到的那个大花园。"

他弯腰从他的大皮包里抽出一个大夹子，我看到他的头顶，那里只有很少的头发了。他在桌上的蜡烛杯前打开它，里面是一些真正的黑白照片，有一些小男孩、一个大花园、有喷泉的大花园。我想起了灌木丛那边的小土坑，雨季的时候，那里是小飞虫的平静的湖泊，春天的时候，我的兔情人在那里约会。

"你见过？"他问。

"没有。"

他说："你见到的是一个败落了的花园。在我小时候，这花园里有荷兰种的郁金香，德国来的草坪，平厅里的家具全套从欧洲订来的，是40年代最时髦的样子。你爸爸就是天天当专职园丁，也做不到恢复它，而我可以。我一年以后就可以让你看到从前的花园，到了有雾的晚上，我放高保真的 *MOON RIVER* 来给你听。说到理想，我们这种铜臭生意人也有的，就是这个在童年记忆里面的花园，我以为这一世没有希望了。"

堂叔叔在强劲的音乐里大声说着，像是发表宣言，他脖子上的一根筋鼓得好高好高的。我看到奶奶出现在他的身后，像一个鬼魂。然后是爸爸，他们隔着他的身体看着桌上的照片，在跳跃的烛光里，那些陈旧的人脸和无色的花朵也好像是有了生命一样，在微微颤动。

音乐戛然而止，在旧黄的厚玻璃里的灯又亮起来，堂叔叔好像被制止了一样，向后一仰，闭上了嘴。

奶奶拿过他的照片夹子说："说得蛮有趣的。"

我看看爸的脸，爸的脸突然变得又窄又长，我想起在妈走的那天，爸也是这样，在突然之间就改变了他的脸。爸拿起桌上的酒，向堂叔叔举了举，喝了进去。

奶奶看了半天那些照片，又看堂叔叔的脸，她的脸也渐渐开始变得窄而长了。大家在又起的音乐里不说话。爸说："这是《我能通宵跳舞》，也是在那盘唱片里的。就是那盘你堂叔叔没有还给我的唱片。"

堂叔叔对奶奶说："上海到处都在复旧,我一路上就看到在修老房子,华亭路上的新房子也照洋房的样子在造起来。"

奶奶说："你刚才说的都是真的?"她用手指弹弹夹子。

堂叔叔说："是。"

奶奶说："我不卖了。"

奶奶咕地笑了一下,眼睛在她的毫无光泽的假发下闪闪发光,"浪费了你的饭,我告诉你一句话代替饭钱,我最恨的,就是假牙齿,假装没坏。我不要留它给儿子,是因为他这一生都在为做一个假牙齿而奋斗,我不卖给你,你也一样,你那香港,是白白去了。"

我大大地松了一口气,好了好了,花园不用卖了。

男孩在那边看着我,我站起来去跳舞。

那天我半夜里醒来,也许是因为喝了酒的关系,我想喝水。我起来到外面的走廊里喝水。夜里真安静,我们的老房子发出叽叽咕咕的声音,小时候我害怕,以为是鬼魂什么的,现在我不怕了,它反而让我想起不少从前的事。我喝着水再次想,长大了我要当一个伟大的作家。

回到床上,我路过面向花园的窗。我想起堂叔叔的那些照片,德国的草,荷兰的大郁金香。深夜明亮月光里的花园,也像是一大张黑白的照片。树上隐隐约约的白色,是丁香树在春天的花朵,他们说那是德国来的树,在爸还没出生的时候的事。在中国这么多年,它的花已变得很小很小。爸说原来在它的旁边还有一棵大的,开紫花。在"文化大革命"那年,慢慢地死了。爸说那树也知道气数到了。

我看到,从前爸和堂叔听 *MOON RIVER* 的地方,那个矮矮的灌木丛里,有一个白白的东西一动不动,是兔情人。它还守着那地方。

我突然觉得是那么那么伤心,我哭了。

永不拓宽的街道钩沉:
广元路/p.256,复兴中路—复兴西路/p.240

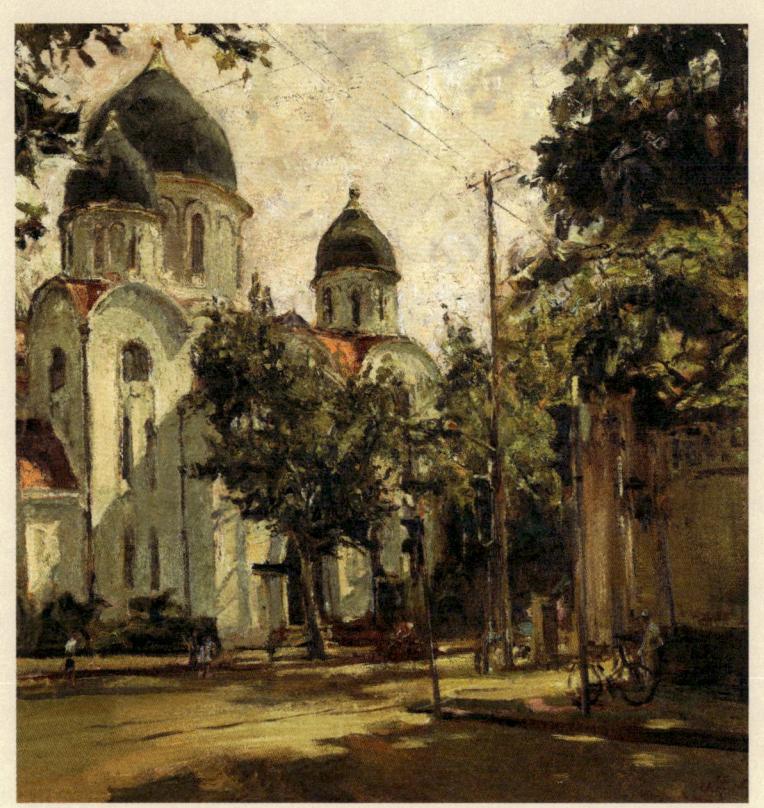

崔小冬　新乐路上的东正教堂　80×80 cm

红房子西餐馆的家宴

1989年12月底的傍晚，有一家人，八个，相跟着走向红房子西餐馆。

白天下了些雨，是上海冬天惯常下的那种不大不小的冻雨，这种雨一下起来，连绵不绝，可以十几天都不停。而这1989年的冬天，冻雨一天又一天，耐心地将整个城市都浇透了，到处都是无尽的阴冷和潮湿。下午五点钟，天就开始晦暗下来。到了傍晚，早早就黑了，满天见不到一粒星星。在长乐路、陕西路交界的街角，红房子西餐馆的门前，尽是在路灯下匆匆往家赶的人和车，行人们大多脸上带着点厌烦和抵触的样子，手里握着皱巴巴的湿伞，往家里走。

陕西路、长乐路交界处的人行道也很窄，除了法国梧桐占了的位置，只有两三个人可以擦肩而过。行人们为了自己走得快，毫不在意自己撞到了别人的身体、拎包和别人牵在手里的小孩。小孩子告诉妈妈自己被那个人撞了脸，妈妈挑衅似的，冲着那人的背影尖声教育自己的孩子："下次遇到这种人，就一脚踢过去！对这种人不要客气。"而那个撞了孩子的人，仍然连头都不回地走掉了。所以，当这家人停在红房子西餐馆门口的时候，人行道被他们挡住，于是，不停地有人粗鲁地撞着他们，或者擦着他们的身体穿过去，冲乱他们的队伍，有人嘴里不耐烦地埋怨他们挡住了路。而他们沉默着，既不生气，也不着急和退让，还是按照自己原来的速度，各自鱼贯而入。

因为知道红房子西餐馆的门廊小，所以先进去的人就往底楼的店堂里让。但是，他们并不像当时没有规矩的客人那样，自己在店堂里乱撞，而是等着跑堂的上来招呼。他们也不像有的集合好一起来吃馆子的人，彼此大声招呼，发出兴奋的声音。但是，他们中的一些人在进门的时候，还是像生客人那样跟跄了一下。这红房子西餐馆，是从太平洋战争以前的汽车间改造过来的，不是正规的房子，所以，一进门就有两级往下走的台阶，只有常来这里的熟客人才知道一进门就得下楼梯，才不至于跌跌撞撞。他们还不能算是红房子西餐馆的熟客人。但他们还是很安静地进了门，最后进去的，是个70多岁的老人，白发苍苍，长着一张像多年紧锁的门那样尘封的脸。他背过手去,把餐馆两扇对开的木门在自己身后轻轻带上。

红房子西餐馆的门,虽然是那种欧洲小餐馆式的镶玻璃门,但还算厚实,一旦关上,站满了人的门廊里突然一静。一股咖啡、番茄沙司、融化的奶酪和新鲜油炸食物的西餐馆气味便扑面而来。

那窄小温暖的门廊里,还保留着过圣诞节时的饰物。墙上贴着用红绒纸剪出来的圣诞老人像,他又红又胖的脸上,贴着用白色腈纶棉做的胡子。他的头上,有一行老派英文花体字写的"圣诞快乐"。那时,有些初通英文的人在心里怀疑过,为什么不说 Happy Christmas,而说 Merry Christmas。早年在上海教会学校读书的人大多数都写这样的英文字,更早的时候,红房子西餐馆的菜单也是这样的字体。

简妮站在爸爸旁边,望着墙上的字。对这样的字体,她一点也不陌生。爸爸也写这种字体的英文。简妮七岁时,爸爸就开始教她英文了。爸爸说,从前人们说,学好数理化,走遍天下都不怕。对于简妮来说,还要加上一个英文。学好了英文,将来回上海一定有用。他们用的是爷爷从上海给寄过来的《英文 900 句》,这个课本带着一张绿色的塑料唱片,可以跟着唱片里的人读课文,学习悠扬的英国口音。那时,她家已经从没有电的连部干打垒土房子,搬到了团部中学的宿舍。与兵团的连部最大的不同,对简妮来说,就是有电了,可以听唱机了。此刻,简妮的心里浮出了唱片里的声音:

"How do you do?
How do you do?
Glad to meet you,
Glad to meet you too."

meet 和 you 中间用了连音,第二句的开头,用的是第三声,像用声音在欠身。常常,他们一家在简妮不学英文的时候,也在唱机上放这张唱片,像听音乐一样。在简妮的印象里,春天常常刮着从戈壁上来的狂风,玻璃窗上飞沙走石,透过家里的白色尼龙窗幔,能看到外面细长的白杨树下,有人像骆驼那样顶着风慢慢走过去,大多数人都穿着军队那样的绿色制服,但他们不是军人,而是建设兵团的人。爸爸向简妮保证过,总有一天,简妮也会像姐姐范妮那样被他们设法送出新疆,永远不回来。

那时,爸爸在所有的家具上都贴上写着英文名称的小纸片,他说,当年他和朗尼叔叔学英文的时候就是这样做的,小时候,他和郎尼叔叔的英文老师原先是个在上海住的荷兰人,后来,朗尼叔叔的老师是个留学英国的上海人。爸爸写的花体字,就是跟那个荷兰人学的。只是他写得不如墙上的那么花哨。

爸爸是阿克苏的团部中学的英文老师,还兼做音乐和美术老师。他在中学里算得上是个倜傥的人,但到了上海以后,他一下子就显出了苍老和局促,还有一股走南闯北的泼辣气。如今,简妮想象不出爸爸年轻的时候,将头发用吹风吹出一个飞机头,穿着有铜拷钮的小包裤,那还是奶奶没有失踪以前从香港寄回来的裤子;在腋下夹着一张比利翁乐队的舞曲唱片,在上海招摇过市,是什么样子。那时候,像爸爸这样因为家庭成分问题,高中毕业后无法考上大学的孩子,喜欢将自己打扮成这种上海小阿飞的样子,悄悄混在一起跳舞。爸爸和妈妈就是在这种所谓的"黑灯舞会"上认识的。爸爸曾经学过当时妈妈走路的样子,她将手肘卡在身体的两侧,迈着妖娆急促的小步子,像40年代美国电影里的女人那样摇晃身体。爸爸学得那样煞有介事,将妈妈和简妮笑倒在新疆家里自制的沙发上。那只沙发,是爸爸用两口伙房烧漏了的大铁锅和旧海绵做成的,是当时整个阿克苏地区最时髦的沙发。就是在这张沙发上,简妮记住了"Sofa Chair"这个词。

这红房子西餐馆对简妮来说,虽然是第一次进来,可是真的也不陌生。不光是因为墙上的英文字,更多的,是因为爸爸妈妈的上海故事。小时候,上海的故事常常是简妮睡前的主要故事之一。在父母嘴里的上海故事里,红房子西餐馆,蓝棠皮鞋店,哈尔滨食品厂的咸起司酥,夏天的紫雪糕,比利翁的舞曲,衡山路上两边的高大法国梧桐,都是如此的亲切。爸爸和妈妈,常常一同挤在简妮的小床上,轻轻地说着上海的琐事,陪简妮睡着。漫长的新疆的冬天,室内总有一点没烧尽的煤散发着的淡淡毒气,大雪压裂了房顶的什么地方,能听到雪水滴落的声音,令人昏昏欲睡。但这却是简妮在记忆中甜蜜的时刻。那时,他们也说到过红房子西餐馆门口的那两级突然向下的台阶。所以,刚才简妮在门厅那里一脚踏空的时候,简直就像跌回到自己梦里的地方。只是她的脸上不动声色,她不让人看出自己的激动,她就像姐姐范妮一样的正常。

在红房子西餐馆逼窄门廊的一端,是用玻璃隔开的糕点间,里面摆着红房子自家做的面包、蛋糕和西式小点心,奶油和奶白蛋糕被切成小小的长方块,上面裱着粉红色的奶白做的玫瑰花。这些蛋糕和点心可以堂吃,也可以外卖。全上海只有在这个糕点间里,能够买到一次可以吃完的小块黄油。那一小片黄油用厚锡纸漂亮地包着,让人感到自己受到了体贴和照顾。透过糕点间的玻璃,可以看到长乐路陕西路口的灯光和车子。

　　陕西路和长乐路,都是有上百年历史的老马路,街边的老房子,一种是融合了一点点巴洛克风格的石库门,另一种就是砖木结构的洋房。这种房子乍一看和欧洲一百年左右的老房子一样,但仔细看,就能看出中国工匠留下的影子。有的花园里,还留着当年洋房主人种的丁香和紫藤,那两样都是欧洲人喜欢在自家花园里种的植物,只是现在即使它们还开花,也都是又小又瘦的花朵了。这两种房子,在当年租界时代都算不错,现在当然旧了,里面都挤着住了不少人家,卧室、客厅、书房,都住了不同的人家。底楼的厨房变成了公用的,满墙都是一条条的油污,连电灯绳都因为油污的附着而变得疙疙瘩瘩的,空气潮湿的时候,摸上去是粘搭搭的。当年修马路时埋下的下水道系统,早已经用旧,而且失修,或者说当时法国人的设计就不好,40年代时,这条街上就发过大水。现在还是用原来的下水系统,雨水一大,街上就积水,黑色的污水里散发出下水道和垃圾箱里的腐臭。等水慢慢褪去,墙脚上就留下一道道污水黑黑白白的痕迹。

　　当年,法国租界筑路,只能一来一往,过两辆车。现在人和车都多了,这两条窄小的马路上便堵满了车子和行人。遇到红灯,陕西路上向淮海路方向,或者向南京路方向往返的公共汽车尖叫着刹了车,停在路上,像一条条气喘吁吁的刺毛虫。昏暗的车厢灯下,能看到拥挤的车厢里,车厢顶的拉手杆上,拉满了乘车人的手,手和手之间只留下两厘米的空隙,有时候连两厘米都不到,不愿意和别人碰在一起的手,大多数是年轻女人的手,躲来躲去地在横杆上找一个安身之处。那样黯淡的车厢灯下,所有人的脸上,都有一种因为营养不足,日光不足,甚至连信心也不足而呈现出来的菜色。那些化了妆的女子的脸,拔光了再纹过的醒目的黑眉毛,江南人薄薄的嘴唇,用冬天加了油的大红唇膏密密地涂满了,在又冷又累、疲劳而冷漠的脸上,像强做的欢颜。

　　在暮色里沉入黑暗成群结队的脚踏车,混杂在马路的每一条缝隙里迂回蛇行,这些脚踏车并不按铃,骑车的人已经懂得脚踏车铃是不能让任何人让路的,所以他们全凭自己的机灵绕开人和车,往前走。有时几乎就要撞到行人了,可他们会在碰到行人裤子前的一厘米处刹了车,将龙头像蛇那样一转,逶迤前去。

范妮站在维尼叔叔旁边,透过玻璃,望着外面的街道,这是她熟悉的街市。越过陈旧的街道和怨怼的人群,她看到了长乐村的尖顶。那里的窗子,是上海老房子常常用的小方格子钢窗,那里的房顶,是用红瓦铺起来的尖顶,多少残留了一点从前小康人家洋派的生活情调。那里的梧桐树是光秃秃的,在枝丫上吊着被雨水浸得黑透了的悬铃,范妮叫它们"毛栗子"。维尼叔叔的朋友贝贝,从前就住在那里的一个尖顶下面。他也是画画的,他的北房间里也有这种松香水的气味,他的窗前就能看到梧桐树枝上的毛栗子。维尼叔叔那时常常将范妮带到贝贝家里玩,要是家里来了他的画图朋友,范妮也总是挤在他们里面凑热闹。

长乐村的房子,和长乐路上别的老房子差不多,外表看上去还有点洋气,让人想入非非,但是里面已是破败不堪,楼梯肮脏,堆满了各家不舍得扔掉的杂物。走道上的玻璃破了,钢窗也已经锈死,关不严实了。公用厨房里到处是油污,邻居合用的厕所里散发着复杂的气味,又大又深的老式铸铁浴缸上,架着一条用旧了的洗衣板,当作洗澡时放脸盆的架子。而原来的洗脸池已经坏了,龙头都已经锈死了,池子里积满了灰尘和锈渍。一楼的客厅做了一家人家,一楼的书房做了另一家人家。楼上更是这样,间间原来的卧室,都住上了不同的人家。贝贝住在朝北的小间里。

贝贝像是从石头缝里爆出来的一样。他没有父母,没有兄弟姐妹,没有工作,长得比一般人要高,细长的,像女孩子一样秀丽。贝贝家也很特别,没有床。他将原来给佣人住的小房间,硬布置成一间小客厅的样子,勉强放下一张双人沙发和一张单人沙发。晚上,贝贝就睡在双人沙发上,将脚放在单人沙发上。他每天早上都将被褥收起来,放到一只木箱子里。然后,在那只木箱上罩一块绣了十字花的旧桌布,它就成了沙发前的茶几。他的二楼北间和其他的房间不一样,不是用的钢窗,而是普通的木头窗,他不想看到普通的木头窗,所以常年挂着白色的窗幔,把房间遮得很暗。在他的小房间里看不到吃饭桌子,也看不到碗橱和日常生活的零星用品,在油漆龟裂的门上,别人家挂洗脸毛巾和洗脚毛巾的地方,他倒挂着一枝自己用龙头细布做的玫瑰花,花瓣的边缘,像真正的玫瑰花那样卷曲着,听说,是贝贝用粗铁丝在煤气上烧红了,

侯 伟 新华路阳光斑斓 93×74 cm

卷在布边上做成的。贝贝的房间像是个女人的香闺。

贝贝家的木箱子上,供着一只银制的高脚瓜子盘。那是贝贝家剩下的唯一一件东西,像狄更斯小说里的大卫·科波菲尔在脖子上挂着的那个银链子。贝贝的生父是个商人,贝贝的母亲却是只得住在小公馆里的姨太太。解放时,他爸爸带着大公馆里的家眷逃到香港,没有通知贝贝的妈妈。贝贝的妈妈不甘心,自己想尽办法追到香港,从此将贝贝一个人留下。还是在贝贝家,范妮听到维尼叔叔也讲了一些奶奶的事,听说奶奶也在香港等了一阵子,等家里人设法申请出来,但爷爷没有提出申请,后来朗尼又出事了,奶奶便绝了念头,到美国去了。在家里,维尼叔叔从来不当着爷爷的面讲起奶奶,就是有时候不当心提到了,爷爷也从来不置一词。在贝贝舒适而感伤的家里,贝贝和维尼叔叔谈论着自己的妈妈,她们总是穿漂亮旗袍,用时髦的美国化妆品,不耐烦孩子,他们谈论她们,就像在谈论仙女。范妮还是在那里知道的,自己的奶奶喜欢在家里开舞会,穿一双金色镂空的高跟鞋,还有美国带回家的玻璃丝袜,后面有一条筋的。而贝贝的妈妈喜欢唱京戏,虽然是个姨太太,但她却是沪江大学英文系的毕业生。

在贝贝还没有发疯以前,维尼叔叔常带范妮去看他。他们把唱机的音量放在最小那一档,偷偷地放着唯一的一张唱片,1910年代在柏林流行的轻音乐。那支乐队里有一把多愁善感的小提琴,像蚊子一样唱着。贝贝给维尼叔叔看他的抽象画,他将瓶子画得像方块,高脚花瓶却像尖刀。维尼叔叔说自己是个英国风格的水彩画家,而贝贝说自己是个抽象派画家,比康定斯基走得更远,因为他们只知道康定斯基是抽象派画家,可看到的画,是康定斯基把蓝骑士画成一个模糊的小人,抽象得不那么厉害。贝贝觉得自己更抽象。维尼叔叔和贝贝一起挤着坐在沙发里,腿贴着腿,含情脉脉。他们以为范妮那么小,不会懂得他们,可是范妮就是懂了,没向谁打听过,自己就懂得他们是怎么回事了。而且,范妮后来还猜想到,维尼叔叔总带着她,是将她当个幌子。只是维尼叔叔不晓得范妮已经懂得了。范妮从小就不教自明,懂得要将自己看到的一切都放到心里,什么也不说。

范妮猜想,贝贝和维尼叔叔的关系里面,一定是贝贝更像女人那一方的。有一次,贝贝身上穿了一件自己用龙头细布做的衬衫,为了冒充是尼龙布的衬衫,他将缝纫机用的白线松松地在布上连了一遍,靠缝纫机线的硬度,让本来柔软的龙头细布微微隆起,给人尼龙布的感觉。贝贝穿了他的杰作见维尼叔叔,站在自家的门背后,像个女孩子一样含着笑,微微涨红了脸。

范妮总是在贝贝家的北窗里望着马路对面的红房子西餐馆,红色的墙就在门口的树影后面。人们在那里进进出出,那时,它是上海当时唯一没有关门的,有名的西餐馆。有一次,维尼叔叔和贝贝都流泪了,范妮看到了他们红红的眼睛。

后来,维尼叔叔突然不去贝贝家了,因为贝贝住进了精神病医院,他疯了。那天,维尼叔叔的脸像张打湿了而且揉皱了的白报纸。发现贝贝发病,是因为他自己突然跑到公安局去报告,说他和一些一起画画的人,组成了一个反革命叛国小集团,说好了,晚上要一起偷渡到香港去找父母,而且将小集团里的人说得有名有姓的。开始,公安局的人如临大敌,马上将贝贝扣了下来。后来他们街道的警察说贝贝有狂想病史,他的妈妈根本就没有到香港去,而是被送到大丰农场去改造的上海舞女,她不是什么姨太太,他家也根本没有海外关系。公安局将他送到龙华的精神病医院去检查,才知道他已经疯得很重了。即使是这样,公安局的人还是把维尼叔叔叫去好几次,因为奶奶的确在香港。贝贝提供的小集团名单里,第一个就是维尼。从此以后,就是经过贝贝的楼下,维尼叔叔也绝不向上望一眼,连贝贝原来留在他那里的画,都让他从画框上割下来,剪碎,丢掉了。

范妮透过糕点间的玻璃窗,数了数对面小尖顶下的窗子,贝贝家的那一扇仍旧黑着,这证明贝贝还在疯人院里面,没有回家,也没有去世,所以他的房间还被保留着。小时候所见到的温情而绝望的小房间,出现在范妮的心里。

长乐路上有一辆白色的进口汽车,向锦江饭店方向慢慢开过去,小心翼翼的,不知所措地混在车流和人流里,像一条在泥潭里苟且偷生的海豚一样。

维尼叔叔身上有种外国香皂的味道从他的领子口里钻出来,让范妮闻到了。维尼叔叔总是让叔公带着到华侨商店去买小东西,自从叔公回到上海来住,用他的香港身份证可以进华侨商店买东西,维尼叔叔就只用力士香皂洗澡了。维尼叔叔的讲究,对漂亮东西控制不住的喜欢之情,总是让范妮想起贝贝,他们其实是一种人。

对于玻璃窗外面混乱的马路,有小格子钢窗的尖顶房子,关于贝贝的回忆,维尼叔叔身上的味道,以及国产咖啡在上海阴雨天里面散发出来的闷人的香气,范妮都是再熟悉不过的了。她站在暗处,对自己说,别不敢相信,这真的是自己在上海的最后一晚了。

签证出来以后，范妮一家传着看她那本加上了美国签证的咖啡面子的护照，心里总是不够确定似的。爸爸妈妈从新疆坐一天一夜马车，三天三夜汽车，四天三夜火车回到上海，他们两个人还浑身散发着火车上的臭味，第一件事情，就要范妮的护照看。手里握着范妮的护照，爸爸的眼睛就红了。妈妈一看爸爸的眼睛，就哭了："我们家到底也有今天。"范妮站在边上，心里难过，可是说不出宽慰的话来。当时简妮也站在旁边，大瞪着两眼，同样是什么都说不出来。他们把范妮的护照合上，交还给爷爷，看着爷爷拿去锁在家里放钱的抽屉里，又看着爷爷把钥匙收好。

那些日子，范妮到处去亲戚家告别，由维尼叔叔出面，在家里为范妮开了告别舞会。

最早出国的人，好像是在1980年左右。他们去公安局申请出国用的私人护照，就像真的要叛国一样心虚。那些人好像做贼似的，偷偷地走掉，不敢声张，怕在最后时刻被派出所拦下来。赶去与他们告别的人，也都一离开房间，就紧闭上嘴，不敢有一点点喧哗。维尼叔叔形容说，越狱也不过就是这副样子。但他马上遭到了爷爷的白眼。

一年又一年，范妮和维尼叔叔的朋友，家里的亲戚，亲戚的朋友，朋友的亲戚，一个一个地离开中国了，千奇百怪的理由，莫名其妙的海外亲戚，那些本来被隐瞒得好好的海外亲人像从石头缝里蹦出来的一样，连家里那些姨太太家的孩子，也当成同父异母的兄弟来担保了。出国的名义也是五花八门，参加远房亲戚家的孩子的小学毕业典礼，居然也是申请护照的理由。那些实在找不到海外关系的，真的急了眼，到希尔顿门口去搭识外国人，也真的有人因此而找到了担保，出了国。去的国家，也是奇出怪样，美国、日本、欧洲都不算，还有阿根廷、巴西、新加坡，也有南非、埃及、马耳他，甚至洪都拉斯和冰岛，不知道他们怎么会找去的。只要是离开中国就可以。那些人，都是当年誓死也不离开上海的，现在离开中国却是义无反顾，将家里的家具都处理了，房子也转租给别人。一个个偷偷出国的人，最后形成了煌煌大军，有一本私人护照，终于变成了令人羡慕的事。慢慢的，偷偷摸摸的告别，变成了一次次饭局，一次次家庭舞会。范妮难得去城隍庙买东西，看到做工好的中国乡土产品，就随手买来收着，到又有朋友出国时，可以拿去送行。能出国的人，越来越让人羡慕，就是得到了外国的邀请信,有资格去申请护照的人,脸上都有了骄傲的样子。那时候,电影院里面放了一个描写第二次世界大战的电影,叫《胜利大逃亡》。马上,上海人都觉得虹桥机场的国际出发门前,也可以拍一部上海版的《胜利大逃亡》。

然而,王家还是走不出去一个人,因为找不到经济担保,找不到邀请信。这可真的是奇怪的事,当初他们为自己家的海外关系吃足了苦头,现在海外关系吃香了,海外的亲戚们倒一个个都缩手缩脚,连寄贺年卡时都不愿意写详细地址,生怕会提什么要求出来为难他们。奶奶更是杳无音信,纽约熟人辗转传过来的消息说,奶奶并没有死,就是不想再和家里人联系了。王家真的像是搁浅的大鱼一样,被搁在了上海。后来,每次送别人出国,家里都不提那个"走"字。

这次,算是轮到范妮家扬眉吐气了。而且是在六四以后,自费出国的消息频频吃紧的时候。打算出国的,人心惶惶,像当年国民党撤退时那样。范妮终于赢得了她想象中隆重的羡慕。从范妮得到美国语言学校的签证以来,不是他们请大家吃饭,跳舞,告别,就是别人请范妮吃饭,跳舞,告别。这次,范妮在别人的脸上看到了被掩盖在笑容里的悻然,那是还没有能够得到外国签证的人,席家的人,虞家的人,郭家的人,盛家的人,祖上和他们王家有生意上或亲属联系的人,当年都是有千军万马在外国的家族,后来也和他们一样被自己那复杂的海外关系折磨得死去活来的人,现在却找不到任何一个海外关系,可以帮助他们离开上海。范妮发现,他们看她的样子,像牢里的人看着天上的鸟一样。范妮于是猜想,大概从前自己看别人,也是一样。真正到了发急的时候,就像美国罐头的姐姐那样,找到一个烂水手,也要嫁到外国去。那种在渴望逃亡中煎熬的眼神,范妮实在太理解了。

签证下来的日子里,范妮时时在心里劝自己相信,自己是真的就要到纽约去了,去祖上和洋人做生意发家的国家,去爷爷和叔公从前留学的地方,去现在婶婆仍旧住的地方,去传说中奶奶隐姓埋名生活了30多年的地方,如今,她是真的要去纽约,当一个真正的外国人。范妮每天都劝自己相信这一点,可是总是像做梦一样,怎么也不能相信。看了自己护照上的签证,看了写着自己名字、目的地是纽约JFK的飞机票,还有曼哈顿岛上的语言学校入学通知书,还是不能真正相信。

如今,还有最后一晚上,终于是要离开这里去美国了。自己也会像那些离开的人一样,一去不回头,毅然决然,音讯全无,连衣锦还乡都不要了,只求自己在美国像婴儿一样重新开始。

"坐楼上还是楼下？楼上是有台布的,豪华点。楼下么,就实惠点,自家人来吃饭,将楼下的桌子拼起来,也蛮好。"胖胖的女跑堂招呼着这家人,维尼叔叔常到红房子西餐馆吃大菜,跑堂的人都认识他,所以用自家人的语气商量着说话。

维尼叔叔用手揽过范妮的肩膀,对女跑堂说:"今天是大日子,我家范妮明天就到美国去读书了,家里人最后聚聚。"

"告别宴会啊,"女跑堂看了看范妮,范妮对她突然笑了笑。范妮也可以算是个白净的上海女孩子,头小,高鼻子,带着一点宁波相,但她一笑,脸上那种带着点孤僻的清秀样子就被她的笑打乱。她笑得很用力,一双眼睛大睁着,带着紧张,一点也没有清秀女孩子应该有的甜。女跑堂也对范妮客气地笑笑,她并不喜欢这样就是不说话,也一副小姐相的女孩子。于是女跑堂收回眼光,说,"那么,总归要上楼去。"

女跑堂说着,自己就先上了楼梯。红房子的楼梯又小又窄,是木头的,踏上去吱吱嘎嘎地响。

高大的叔公一个人就把楼梯塞得满满的,虽然他已经衰老,但走路的样子仍旧不肯示老。他的呼吸像老人那样,是粗重的,带着咝咝的不畅通的声音,但他还是努力收着自己的肚子,腰背都是笔直的,保持着一生都常常运动,又谙风情的男人的样子。他将一条真丝的小方巾系在灰色的衬衣领子里,包着皮肤已经非常松弛的脖子,敞着黑色的派克大衣。他声音洪亮地说:"这喜乐意的楼梯几十年过去了,还是小得来,暗得来,到底缺少派头。"

要是按叔公的建议,范妮的最后一餐,应该去希尔顿酒店的扒房,吃法国大厨子烧的正宗法国大菜。叔公是在一班在恩派亚公寓后面的网球场打网球的人那里了解到的上海行情,那里是上海最时髦、最惯派头的地方,最适合叔公的脾气,就像他当年要跟年轻的美国领事比汽车那样。美国领事用的是政府的钱,而叔公用的是家产。但如今,家里人心里都明白,叔公是不会为自己的建议花钱的,他就是建议而已。按说,他是王家的主要继承人,从上海带去的偌大家产,祖上与美国人多年生意上的代理关系,连同当时从上海船运到香港的新款雪佛兰房车,就是和美国领事斗富用的,都是叔公在享受。就算50年代时,王家在香港投机股市,受到重创,在香港从此一蹶不振,但还是瘦死的骆驼。王家的女人没有一个进舞厅谋生的,王家下一代的孩子们照样送到美国留学,叔公还是花天酒地了一辈子,还在香港养过一个过气的上海歌星。第二次世界大战以后,西方流行人造革的时候,他一时兴起,就把他家里椅子上的真皮面子,全换成了人造革的。他回上海来以后,张罗着买侨汇房,但也没有买;说冬天没有取暖太冷了,要买个大暖气,但还是没有买。他计划得头头是道,但从不真正花钱。在范妮出国的经济担保上,他让已经离婚多年的爱丽斯婶婶出头,总算动用了自己的面子。可是无论如何,他是家里的恩人,也不能让他出这个钱。所以,当时大家都转过头去看爷爷。爷爷垂着眼睛,当没有听见,接着跟维尼叔叔商量红房子的事情,叔公的建议也就不了了之了。

爷爷再三问,是不是吃得到正宗的红房子菜,像烙蛤蜊和牛尾汤,但大家都知道爷爷心里想的,实际上是价钱。这一大家人到红房子去吃一顿正餐,加上酒和汽水,也是一笔不小的开销。多少年以来,这家里的人,等于只有爷爷一个人有一份正常的工资,因为在造船厂做工程师的关系,爷爷的工资不算低,但要养范妮,维尼叔叔和朗尼叔叔都吃在家里,所以实际上,家里一点也不比一户都有正常工作的工人家庭宽余,但还要请一个钟点工人来洗衣服和清洁。爷爷名下的确有一小笔美金遗产,是当年分家时王家为爷爷在香港存下的,被奶奶取走一半带到了美国,剩下的就不多了。全家人都知道那是断断不能动的救命钱,等到下一代能送出国去,才能用的。

这家人心里明白,但彼此从来不说破这捉襟见肘,从来不想要去希尔顿吃饭的念头。路过开在华山路上的那个金碧辉煌的门厅时候,范妮连向里面望一眼,都没有。她不肯像一般的上海小市民那样,在大酒店前面探头探脑的。她心里就不那么喜欢希尔顿这样的地方,云鬓香衫又回来了,拉玻璃大门的仆欧穿得像法国将军一样,但她家的人,却失去了这一切,连进去吃顿饭,都得下决心。其实,王家的人不愿意下这样的决心。要是叔公说他来请客,范妮想也许大家心里会高兴的,叔公请得起这顿希尔顿的法国大餐,他的港币直接可以在希尔顿的账台上结账,不用范妮家付高价的人民币转成外汇券。可他偏偏不说这个意思,别人也不愿意硬要刮皮,王家留在上海的这一脉,败是败了,可自尊心还在。

叔公怎么懂得范妮家这一脉困守在上海的人曲折的心思。可是,家里也没有一个人出头对他解释清楚,他们到底是不愿意撕破那一点薄薄的体面。

"老先生晓得我们从前叫喜乐意啊?"女跑堂回转头来说,"侬是老吃客了!"

叔公大笑着说:"从前这里是随便垫垫饥的地方呀,现在倒这样有名气,真想不到。"

"我们这里,中央里的人都特地来吃饭,生病了,只想吃我们这里的东西,专门叫了军用飞机来运我们一客虾仁杯到北京。王先生晓得的。"女跑堂说,"就算是'文化大革命',咖啡馆和西餐馆统统改成饭店、馄饨店,我们照样开自己的店,就是北京来的红卫兵,到这里来吃的也交交关关,老早的大户人家来吃的,也照样是有的。还有老早的电影明星,老早的小开,什么人都有的。也算怀旧吧。"

维尼叔叔在后面附和着说:"是的,这些年,在红房子里做的人,世面见得最大了。"

"那小姐你倒看一看,我是什么人呢?"叔公偏过身体来,逗趣地说。

"甄盛,到了!"爷爷在后面提醒了自己的哥哥一声,也打断了他的话。

和楼下光秃秃的桌子相比,楼上的长桌子上铺了白桌布,墙上挂了复制的西洋风景画,还有用茶色玻璃做罩的壁灯。虽然桌布上斑斑驳驳的,有洗不干净的番茄沙司留下来的金黄色,西洋风景画也复制得一点也不见风雅,比维尼叔叔画得差多了。画框是繁琐的巴洛克式的,可花纹是用石膏翻出来的模子,粘在木条子上,再涂了金粉,范妮一看就知道那画框经不起摔,只要轻轻一摔,上面的石膏花纹就会裂开,是那种强要面子的蹩脚货。可是到底这里多少有点想要讲究的态度,像个想让人舒服吃饭的地方。

这家人的兴致高了一点,各自将身上的厚外套脱了,纷纷落座。爷爷,叔公,范妮的爸爸妈妈,还有妹妹简妮,维尼叔叔,朗尼叔叔,还有范妮,真正自家人的晚宴。长条桌上,范妮坐在爷爷的右手边,叔公坐在桌子的另外一端,本来应该是女主人坐的位置。虽然这不是规矩的坐法,但到底也有自己的道理,叔公总算是家里的长辈,范妮是今天最重要的人。

范妮坐下后,将餐巾在腿上搭好,她记得维尼叔叔卖出了一幅小油画给离任的美国领事以后,带她到这里来吃过一次公司大餐。当时他不想请朗尼叔叔,因为他永远是吃白食,不肯回请的。因为不请朗尼,所以也不好请爷爷一起出来,他们只好两个人去庆祝维尼叔叔第一次把画卖出了 500 美金,那是个天文数字了,还是绿钞票。那

夏予冰　长乐路　90×120 cm

一次,维尼叔叔教过她这个规矩。在家里,范妮有时用刀叉吃炸猪排,但不用餐巾。

她偷眼看了一下爷爷,他也将餐巾搭在腿上了。

这时,她看到夹在爸爸妈妈中间坐着的妹妹简妮,她拿着餐巾迟疑了一秒钟,然后像爷爷那样搭在自己的膝盖上。简妮只用了一分钟,就从爷爷那里学会了餐巾的放法。范妮最恨妹妹的机灵,那种像上海人一样的机灵。对范妮来说,从小在新疆长大的妹妹与从小在上海长大的自己平起平坐,是不能容忍的,这简直就意味着范妮的失败。

简妮向范妮望了过来。她知道范妮会想要看她的笑话,笑话她是没有进过红房子西餐馆的乡下人,范妮一向将上海以外的人称为乡下人,就是自己在新疆的亲人也不例外,而且更加苛刻,好像他们都欠了她一样。简妮的眼睛很大,而且特别的黑白分明,有着像探照灯一样的神情。当简妮和范妮的眼睛对视的时候,简妮把自己的眉毛往上挑了挑,简妮要让范妮明白,自己刚刚也看到了她偷眼观察爷爷,她们两个人其实一样,都是从爷爷那里学来的。

范妮最恨妹妹这种不甘心。

简妮跟着爸爸妈妈学了一口地道的上海话,小时候吃的奶粉,念的儿歌,穿的皮鞋,都是千辛万苦从上海带去。即使是生活在新疆,爸爸妈妈也坚苦卓绝地将简妮养成一个上海小孩。在大学里,同学都以为她是上海考生,她也从不说起家在新疆,而是和上海同学一样,每个星期六回家去,把衣服带回家来洗,说上海话。可是,范妮捉得出她的英文里有不是上海人发音的微小的区别,发"ou"这个音时,简妮的生硬。简妮有时和叔公用英文说话,范妮听着,什么都不说,简妮常常说出一些非常文雅的英文词来,范妮听不懂那些长词。但她脸上带着浅浅的笑,一个一个地捉着她发音里的那个"ou",心里轻轻说:"到底不是上海人。"就像听爸爸妈妈说话一样,他们都是从小在上海的花园洋房里长大的人,但是说着说着,就转成了普通话,他们的普通话绝不是上海人的那种普通话,而是地道的新疆普通话。他们到底从20岁到新疆,大半辈子都不得不说带着兵团味道的普通话。爸爸妈妈的脸上看不出什么,但他们的手,却是和脸大不一样的粗红,指甲大大地包在手指尖上。范妮知道他们的手原来一定不是这样的,因为她和简妮的手都是薄薄的,细长的那一种。为了不要强调他们的手,爸爸妈妈从来不戴戒指。

范妮知道自己恨得莫名其妙，但她忍不住为已经能看出来不是上海人了的父母和妹妹感到耻辱，就像为自己家的败落感到耻辱一样。她恨他们到底不像上海人，不像是这个家走出来的人，但是范妮也恨他们将自己硬占在上海人的位置上，想要和自己平起平坐。有人说，这是因为范妮从来没有跟着父母在新疆长大，没有感情。但范妮觉得他们要不是自己的亲人，自己倒不一定这么恨他们。

简妮和范妮隔着桌子对望，她们的长相里都有一种硬，范妮是硬在笑的时候，简妮是硬在看人的时候。

她们彼此都确定对方是在妒忌自己。

简妮的功课比范妮好得多，她考上了爷爷当年学的电机专业，而且还是交大的优等生。因此简妮觉得自己才给爸爸争了光，给爷爷争了光，给王家争了光。而范妮的做派比简妮洋气，说起美国的事，像是说上海一样熟悉，范妮觉得自己才代表了王家留在上海的一支，虽然穷了，可是没有走样。她们两姐妹都觉得，自己才最像是从这个家里走出来的人。

但是实际上，她们只知道自己家的祖上当过美国洋行的买办，很有钱，后来，逃到香港去了。可他们对香港的那一套规矩一窍不通，又看不起那个小地方，自以为从大上海来，不肯用心，就慢慢地败了家。她们并不知道更多的，也无从知道。爷爷对自己家过去的事避而不谈，外人的谴责，类似买办是帝国主义帮凶，卖人口，贩鸦片，都是他们干的坏事，是压在中国人民头上的三座大山，她们不愿意相信。父亲和叔叔这一辈更多的回忆，是一个电机工程师家庭的，对大家族的历史，也是道听途说，再加上了被剥夺以后的美化，所以，她们心里明白有些说法是不可信的。简妮和范妮，在种种笼罩她们生活的谜团中长大起来，将从前和自己的家有着万千联系的美国，当成自己伟大的理想，在她们心里，是要跳过一个时代，直接从美国回到自己家族从前的时光。这个愿望，对于她们这一代来说，像飞蛾扑火一样情不自禁。

在范妮得到签证以后，爸爸正式向简妮提出来，等她到了美国以后，要帮简妮寄美国学校的申请表过来，还要说服婶婆再为简妮做一次经济担保。简妮回上海，考上交通大学，在新疆就算是上海支边青年家庭的一次"胜利大逃亡"了，但她是王家人，她逃亡的目的地并不只是上海，也是美国。他们也把上海当成了简妮的出国预备部。范妮心里琢磨过，要不是自己早就不考大学，铁了心要出国，也许爸爸妈妈都会以为，还是先送样样出挑的简妮出国更合适吧。也许连爷爷都会这么想,因为简妮考上了他当年学的专业,拿出了一副做他接班人的样子,倒将成长为一个地道上海人的范妮挤到一边。范妮有时心里暗暗冷笑简妮的愚蠢,她不知道爷爷心里根本就不想让他的下一代再当中国人了,更无所谓上海的电机工程师。这么多年,爷爷从来不间断地找机会送范妮走,就是想让她当一个外国人。简妮根本不知道,爷爷的伤心事就是当时自己没能将一家人从上海带走,结果弄得家破人亡,一生蹉跎。她只是想讨好爷爷,让爷爷接纳自己是正宗王家人。范妮想着,看了一眼爷爷,他脸上照样是什么表情也没有,只是平静地看着菜单。范妮一向明白,爷爷对自己有特别的疼爱,但她并不很知道他的心里到底有什么,他到底计划和盘算着什么。但范妮却转过眼睛去,很有靠山似地看着妹妹。妹妹虽然是家里两代人中的第一个大学生,终于为王家在大陆重新争回了受高等教育的机会,安慰了爷爷,但范妮出了国,这才是爷爷真正的心愿,范妮终于更胜一筹。

简妮先移开眼睛,偃旗息鼓。她嘴角浮出一个笑,好像是在嘲笑自己没本事,又像在讥笑范妮不自量力。

范妮笑了一下。因为她知道,简妮一定意识到,她简妮的命运有一小部分掌握在范妮的手里。范妮不光先用了家里供人留学的钱,还得帮助她说服婶婆再做一次经济担保,准备一次税单,财产证明。当时婶婆拖了快要一年才终于办好,所以,这不是一件容易的事。不管简妮心里有千万的不甘心,她觉得自己才是那个应该先去美国的人,但范妮到底是在简妮还在上中学的时候就开始申请出国了,范妮到底先拿到了经济担保,范妮到底先下手为强。范妮到底站在上风。而简妮现在再不甘心,也只有求范妮帮忙的份。

80年代的时候,在红房子西餐馆楼上当跑堂的,真的是些见多识广的人,他们见过上海来这里吃西餐的各色高级人物。那时,它还算是上海最出名的西餐馆,来这里吃饭的人,都很庄严地对待这顿饭,就是比范妮家更有根底的大户人家,到了"文化大革命"以后,去一次红房子西餐馆,也多少有点隆重。好多年以来,到红房子西餐馆吃饭,一方面是吃一次正式的西餐,另一方面,是看无论如何也想要讲究一点的客人。那是个可以从一个人吃相猜度这个人身世,遥想沧海桑田,多少享受到一点旧生活方式,而且可以甄别同类的地方。被上海咖啡厂出产的咖啡,或者是云南咖啡厂出产的咖啡那种沉闷的香气淡淡熏着,在这里吃饭的人都有点想入非非。有的人喜欢把自己打扮成另外一种人,而有的人忍不住要露出自己的一点点本相,像阿拉伯女人难得也拉开面纱那样。客人们大都是提着精神的,不止为了一顿上海化的法国餐。

实际上,是这些客人使得店堂变得有趣,也有名。在二楼服务的跑堂,也渐渐磨炼了从客人的做派上分辨不同社会地位的眼力。这也正是范妮一家都感到舒服的地方,他们还是乐意被人猜度自己家的从前,但自己一言不发。当时,希尔顿一楼"扒房"里高级的法国餐馆,拿不出大把外汇券的人,根本坐不进去。听说是一坐下去,就是250元,还要加15%的服务费。只有在上海两眼一抹黑,什么也不懂的外国人和猖狂的暴发户肯到里面去吃饭。据说,在希尔顿酒店的扒房里有整套不锈钢的西餐具,每一道菜都用不同的刀叉。照理说,应该是从外到里,一套一套用过去,但是没有一个暴发户会用,拿了吃鱼的刀用力割牛肉,力气用得连指甲都发白。而在红房子,虽然只有一套餐具,勺子还常常是铅皮做的,但客人里,常常能见到把一客炸猪排也吃得优优雅雅的人,一张猪排吃下来,刀叉在盘子上不会发出一点过分的声音,嘴上、桌上都干干净净,吃完了,懂得将刀叉好好地顺向一边。那都是些不肯进扒房的人,除了经济上的原因,还有自尊心的原因,以及小小的,但不屈不挠的虚荣心。

红房子的店堂里,总有一些慕名而来,没有受到过怎么吃西餐教育的人。他们到了红房子西餐馆的长条桌子上,多少有点心慌,生怕被人看出自己的洋盘。于是他们用眼睛飘着已经在吃的人,看他们哪个手拿刀,哪个手拿叉,汤快喝完的时候,是把勺子往向着自己的方向刮,还是往反方向刮。一边在心里温习。

看到将一副刀叉拿得比榔头还要重的人,跑堂的人就在客人点菜的时候一一告诉他们,要么洋葱汤,要么牛尾汤,要么乡下浓汤,要么奶油蘑菇汤,总之汤是要每个人自己吃一份的,不可以来一份洋葱汤,一份牛尾汤,放在桌子中间,大家伸勺子过来喝;汤不喝完,后面的主菜是不可以上来的,所以不要把汤留着过后面的主菜吃,这样后面的主菜就永远也上不来;一个人要一份主菜就足够了,不用一道一道地点;小面包是奉送的;火烧冰激凌倒是可以和饭后的咖啡一起来。他们大声教导着,不管客人的脸已经涨得通红,在上海,每个人都知道当"洋盘"是多少失面子的事情。但是他们并没有捉弄人的心思,只是真的想客人按照规矩吃西餐。看到客人像赫鲁晓夫那样把餐巾的一只角塞在衣领里,像小孩子的围兜兜一样用,却不说什么,他们认定那是"罗宋派头"。

但是看到范妮家这一桌子的人,跑堂的人,就只握着点菜的小本子等在旁边,不多嘴。果然,这家人将餐巾一一正确地铺在自己的腿上,然后,一个接一个,在菜单上点出自己要吃的东西。报出来的,果然都是红房子的看家菜:烙蛤蜊,红酒鸡,红烩小牛肉,牛尾汤,还有火烧冰激凌。这家人的态度,都多少带着一点不肯让人看成平常人,又不肯让人看出来自己在意的当心,其实在心里斤斤计较,但尽量面子上不露声色。跑堂的只管望着他们,心里明白得很。他们还是比较喜欢看到像范妮家这样的人,他们身上风雨飘摇的痕迹,比一般的客人耐看。范妮这家人里面,只有很少的孩子和女人。除了范妮的爸爸,一边照顾简妮,一边照顾爱莲,那是他的老婆。范妮长得是很像爸爸,但是她对自己的爸爸淡淡的,倒是与娘娘腔的维尼叔叔很亲近。范妮应该有25岁上下了,但是在这样重要的家宴上却没有她自己的男友在座。而且,看她那冷清的样子,就知道这个女孩不光是处女,而且很可能都没有谈过恋爱。这一点跑堂的可以想得通。这种吃足了新社会苦头的人家的小孩,有些人,就是以出国为自己的生活目的的,像那时候到乡下去的知青也有人不回上海就不结婚一样。这种人要是出去了,就不可能再回来,没有男友才是一身轻松。到了那边,找到有身份的男人结婚,就可以当一生一世的美国人。

叔公对跑堂的人吩咐说:"一人来一只用军用飞机送到北京去的虾仁杯,我伲要尝尝看到底好在什么地方。"

叔公为自己要的是烙蛤蜊,他说:"这道菜倒是保留下来了,不容易。原来喜乐意里面的法国菜是烙蜗牛,并没有烙蛤蜊的。那时候太平洋战争,日本人占领上海,法国的东西运不到上海来,那时候,我们家的汽车也不能开了,因为汽油是战时紧张物资,配给的。喜乐意里的大师傅就用蛤蜊代替蜗牛,创造了一道喜乐意特色菜。说起来,上海人是真聪明,懂得变通。我还是那时候吃过的。那时候到喜乐意吃饭,正好大师傅到店堂里来谢客人,好像他是个山东人,是他介绍我们尝尝这个菜。到现在居然也有40年了。"

为了庆祝范妮出国,爷爷特地开了一瓶红葡萄酒。一家人喝光了为范妮去美国而开的红酒。

吃完饭出来，天又开始飘毛毛雨，路灯下的街道此刻湿漉漉的，下班的高峰过去以后，没有什么夜生活的上海街头，几乎没有行人。叔公叫了三辆出租车送大家回家。爷爷拉了范妮一下，让她和自己一起乘最后一辆出租车走。看着前面的两辆出租车朝长乐路拐进去了，爷爷和范妮才把停在路边等他们的出租车打发了。范妮将手插到爷爷的臂弯里，那里总是干燥而温暖的。爷爷常喜欢晚上散步，要范妮陪着去。范妮和爷爷一起去散步的时候，就这样把手插在爷爷的臂弯里，爷爷就把自己的胳膊夹一夹，像是握住范妮的手。

夜晚的毛毛雨，不是一滴滴下的，而是像雾那样漫天飘拂。慢慢的，头上和身上就湿了，用手一抹，满手都是湿湿的水气，头发慢慢也会耷拉下来，贴在头上。爷爷和范妮向长乐路走去。

长乐路上大都是住宅，沿街面的，是多年失修的旧洋房。朝南的有一个花园。一眼望过去，一些灯光是从紧紧关着的木头百叶窗里透出来的，远看，那些房子简直就像是空关着的一样。有的窗子开着百叶窗，里面爬出来的灯光，照亮短短的窗台，还有晾在窗沿下的衣服。蒲园是条大弄堂，里面的洋房也带着花园，能看到花园的围墙里伸出夹竹桃和冬青树湿淋淋的枝条。这都是范妮从小熟悉的街景。这雨中的安静，让范妮心里轻松了一点，像穿了一整天高跟鞋的脚，终于插到了已经歪了跟，所以跟脚极了的拖鞋里。她真的想静一静，可今天，一向缄默的爷爷却想说话。

"你现在到美国，20小时的飞机就行了吧？"爷爷问，"比我们那时候要快得多了。我到纽约，正好在战时，坐船。从上海到印度的加尔各答，然后换火车，从加尔各答到孟买，就像我们的上海这样的大城市。从那里上的是美国海军的运货船，我也不知道怎么会上美国海军的船，从印度到南非，才到纽约。路上要走50多天。惊涛骇浪。船上没几张唱片，天天放 *You Are My Sunshine*，离纽约近了，能听到美国电台的广播了，第一听到的，就是美军进攻欧洲大陆，罗斯福总统在电台里带领美国人民为军队祈祷。那个国家，人人爱国，团结一心，处处都有自尊和尊严，清清爽爽。而我们上海，有钱人天天怕日本人和特务来敲他家竹杠，最后吓得精神失常，自己跳楼自杀。"

范妮心里虽然为爷爷竟然有这么好的记忆而吃惊，但她默默地听着，什么也没表现出来。

爷爷又说:"叔公说,我的爹爹,因为家里是世代的天主教徒,为天主堂做点事,所以几代人的小时候,都会说些英文,所以也有机会到上海的洋行工作,后来成了上海数得着的代理商,钱多到国民党要敲竹杠,日本人要敲竹杠,黑道要绑架,只好把自己的房子盖到巡捕房的贴隔壁。要是没有机会,我们家还不是宁波乡下的一个乡下人。一个人的一生,机会是最重要的。没有机会,什么都没有。"

这是爷爷第一次对范妮说到曾祖父的发家史,还是借用叔公的话。爷爷从来对王家的家世不置一词,范妮隐约听到过,王家的发家,和美国洋行有很大的关系,那时的美国洋行做过两件让中国人痛恨的事情,一是贩卖鸦片到中国,二是贩卖劳工到美国。但范妮并不相信,因为中学的历史书上也是这么说,赵丹演的电影里也是这么说,而她,从来就对宣传反感。她从来不问,但她知道爷爷了解一些真相。因为有一次家里的客人说,"文化大革命"的时候,电影演员上官云珠对她的女儿说过,有些事情,还是不要知道的好,不说,是为了保护她。爷爷听了,表示过赞同。而别人也对范妮说过,爷爷是只老狐狸。

范妮想,爷爷没有说的是,他这样一个 NYU 的高材生,专修船舶电机的工程师,因为没有机会,一辈子都没能独立负责设计过什么。爷爷不说,她范妮也不能明说。这就是他说的栋梁变朽木。

"从前旧社会,美国洋行鼓动中国人到美国去,你晓得用的是什么名头?他们说,美国遍地是黄金。正好在美国西部发现了大量的金矿,全世界晓得消息的人,都涌到美国的西海岸去。所以,我们中国人将 San Francisco 叫作金山。我在美国读书的时候,特地去那里找过中国劳工的遗迹,当时从美国东部到西部去挖金子,路上要走接近一年的时间。我去的时候,只要几个小时的飞机。挖金矿的人里面,就是中国劳工最能吃苦,挖到的金子也最多,让其他的人妒忌。真的也有不少人,发了财。我看到当时的中国杂货店里还有卖鸦片的地方。"爷爷说。

"我晓得了。"范妮答应爷爷。但范妮想起来,历史书上说,是中国的买办伙同外国人将中国人贩卖到外国去,他们一起骗中国工人说,外国遍地是黄金。其实,劳工到了美国,就去修铁路了,好多人累死在美国西部的铁路上。范妮疑神疑鬼地想,莫非王家的祖上还贩卖过人口?

"你一定要打起精神来。"爷爷夹了夹范妮的手,"只要你一看到纽约的蓝天,就会精神起来的。"爷爷摇了摇头,"我一辈子再也没有见到有比纽约还蓝的天,太阳亮得你睁不开眼睛。"

长乐路上,路灯黄色的灯光在如雾的冻雨里,像印象派的画一样迷迷蒙蒙。有人穿在黄色的塑料雨衣里骑车而过,像被大风刮下楼去的衣服一样无声而迅疾。失修的人行道上有一个个小水洼,在暗淡的路灯下亮闪闪的,要到天亮,才会看到那里都是污浊的黑水。爷爷和范妮都知道,当踩到摇摇晃晃的石板,就轻轻抬脚,摇晃的石板下面已经积满了雨水,重重踩过的话,石板会把下面的水都溅起来,弄得满脚都是水。范妮拉着爷爷的胳膊,让过一块块人行道上松动或者碎掉的石板,尽量不弄脏自己的鞋。

"我就是怕你从小见的多了,又和维尼亲近,受他的影响太大,不懂得要抓住机会。维尼没有机会受教育,所以目光短浅。你一定要记住,现在你等于是第二次投胎,范妮,就把从前的事全部都忘记。"爷爷说。

"好的。"范妮答应着说。

经过长乐路,淮海路,新华路,远远地看到自己家的弄堂了。弄堂口的小房子是一家浙江裁缝店,裁缝店的窗子上亮着黄色的灯光。范妮这次出国的一些衣服,就是自己拿了样子,给浙江小裁缝做的。小裁缝的房间里整天开着一只小半导体,他也需要有一搭没一搭的音乐。裁缝店后面没有路灯的弄堂,就是范妮长大的地方。这条弄堂里有十二栋带小花园的新式里弄房子,里面有一栋,本来是范妮家的,那是当年曾祖父给爷爷结婚的房子。现在一楼住的是"文化大革命"中搬进来的人家,当时爷爷自动把一楼交给了房管所,留下了二楼。从前,一楼是家里的客厅、餐厅和爷爷的书房,但范妮并没有见过那时的房子,也没有见过奶奶。

他们走回到自家的弄堂里,经过自家的小花园。透过稀疏的竹篱笆,范妮看了看楼下人家的花园,那里原来是用黑色铸铁栏杆拦起来的小花园,维尼叔叔告诉过范妮,当年大跃进,大炼钢铁的时候,里弄里的人来动员爷爷把花园的小铁门和铁栏杆都拆了去炼铁。范妮在维尼叔叔画的房子上见到过这房子原来的样子,维尼叔叔把这栋50年都没有维修过的旧房子画成了一栋淡绿色的旖旎的房子,在黑色的花栏杆后面,是绿意葱茏的小花园,有奶奶种的法国种玫瑰。里面还有一个石头的小喷泉在流出一缕清水。那是维尼叔叔梦中的家。范妮朝小花园里望了望,那个小石头喷泉被淋湿了。那些玫瑰树,也因为多年的不照顾,花一年比一年开得瘦小了。不开花的时候,楼下人家会将垫被搭在上面晒。从小到大,范妮太熟悉自己家小花园里的样子了,长了青苔的小石头喷泉,像一只冻得发抖的猫一样,匍伏在冬天的夜雨里。

"爷爷,那个喷泉是不是你装的?"范妮突然问。

"是啊。是我从石匠那里定做的。"爷爷说。

到今天晚上,范妮才猜出来,从维尔芬街回家的爷爷,想在上海的家里也能听到日夜不停的流水声。范妮又一次意识到,这家里还有自己不知道的许多事情。

"那你爸爸的照片是不是真的被你都烧掉了?"范妮又问,她想起小时候听到的抄家故事,某家的地板被翘开来以后,里面都是特务委任状、手枪、金条和密码本。她想,自己明天就要远走高飞了,爷爷也许会多说一点秘密,比如在自己家的什么地方也有这么一箱子从前的家底,买办家不可告人的秘密,爷爷原来就像《海霞》电影里的那个潜伏特务。

"是真的,全都烧掉了,连我在NYU的毕业证书都烧掉了。"爷爷说。

"那王家的祖上是不是也帮外国人贩卖鸦片,和人口?那么多钱到底是怎么挣的?"范妮又问。

"我也不知道家里的那么多事情,我们家里真的没有家谱。叔公继承家产,我只管读书,"说着爷爷打了一个顿,像是被呛着了一样,"还有做梦。"这是爷爷当年应付造反派的话,范妮从来没想到这会是句真话。

爷爷伸手搂着范妮的肩膀,他拍了拍她的后背,声音突然变得谙哑,他说:"你现在可以永远也不要管这些事,只管远走高飞。"

永不拓宽的街道钩沉:
长乐路/p.246,新乐路/p.256,新华路/p.261

王　梁　南京东路外滩鸟瞰（和平饭店南楼）　80×60 cm

和平饭店

他突然看到和平饭店面向江面的某一个窗子里，射出一道雪亮的、闪烁不停的灯光。那是奇怪的灯光，一明一暗的，不像是客房里正常的灯光。开始，他以为那灯光的明灭不定，是来自于一只钨丝正在熔断的灯泡。通常那样的灯泡会明灭不停，直到钨丝彻底熔断。但他马上惊奇地发现，它的明暗很有规律，像一双正在说话的眼睛般富有表情和变化。于是他明白过来，它不是客房的正常灯光。它的光不是均匀地遍布在整张窗子上，而只是集中于窗子的一角，而且，那束光非常集中，更像来自一只手电。紧接着，他发现那束光是特地射向江面的，简直就像是在向江面的某条船说话。他好奇地望着那只高高在上、一明一暗的手电，不明白是谁在深夜不睡觉，向江面上打暗号。

那一明一暗的灯光，仍旧有规律地闪烁着。他顺着它向江边望去，深夜的江面上空空的，水波上倒映着浦东的灯光，日本电器巨大的广告牌宛如一张电影屏幕，机械地变换着颜色。东方明珠的塔影像阿童木动画片里的景象，是粗糙的现代化想象。

但就在什么也没找到的时候，他心头冉冉升起了一部电影的片段。一个英国小孩，吉米，住在华懋饭店的某一间客房里。晚上，他发现有一条停在黄浦江上的军舰正在向岸上打暗号，于是他也拿出自己的手电回应。一明一暗，亦步亦趋。吉米只觉得好玩，哪知那就是上海沦陷的开始。顿时，一排子弹击碎了玻璃。吉米的父母只以为合家住进华懋饭店，等于找到了整个租界最保险的地方。哪知却恰恰是自投日本人的罗网。战事从外滩爆发，日本人从此占领租界。

他对这部美国电影印象深刻，不光因为它是中国开放后，第一部进入上海拍摄的美国好莱坞电影，也不光因为它是他参加过的唯一的电影，而是那个电影唤醒了他内心的某些东西。那时，他还在中学念书，他们整个年级的男生被剧组征去做群众演员。老师再三宣布外事纪律，不许拿美国人的任何礼物，不许主动与美国人说话，对美国人要不卑不亢。拍摄那天，他领到了一身灰色的土布衣服，一点也不合身，换上以后,只感觉自己真的回到了"旧社会",做回了一个上海街上的小瘪三。他们班的男孩负责在有人用喇叭叫到他们的时候,从和平饭店前,推推挤挤地向外滩跑。那个英国小孩坐在一辆小汽车里,白着一张脸,看着他们。他表露出害怕和隔离而且骄傲的样子。那个小孩看他们的表情和自己身上的瘪三衣服都让他不舒服。但他心里也有兴奋的地方,因为他远远看到好莱坞演员,是真的人,一表人才。他们的出现让他恍然如梦。但在心中终于确信,上海的从前真的与世界有所联系,不是作为文化的化石,而是分享着西方世界的过去。

那个星期,班主任宣布,周记要大家写参加美国电影《太阳帝国》拍摄的体会。他写了自己的惊奇与不快。他的班主任兼任历史教师,在课堂上讲授农民起义是如何推动中国历史的发展。老师在整个冬天,都喜欢围一条格子围巾。他喜欢抽烟,所以围巾上总是沾满了飞马牌香烟辛辣的臭气。他被老师叫到办公室里,老师拍拍他的周记本,建议他不妨将来读历史系。"学了历史,你就会对表面现象有洞察力,知道到底什么才是过眼云烟。"老师模棱两可地,深奥地指出学历史的好处。

那天下午,教师办公室里正好没人,老师让他拉张凳子来坐下说话。他是班上普通的学生,不引人注目。这次老师却特意问他这么好的文笔是从哪里得来的,让他受宠若惊。他说弄堂里有个大朋友,有时从他那里借小说来看。大朋友特别告诫他要多看《参考消息》,要模仿那上面摘录的外国报纸里的用词,还有用细节来说明一件事的手法,所以他每天都看《参考消息》。他看到老师微笑了,赞了一句:"这个方法真聪明。"后来,还让他在班会课上把周记读给全班听,特意介绍了他读《参考消息》的事。老师聪明地将他的经验归纳到"善于在各种报纸中吸取营养。不做八股文"。

从此,历史在他心中留下的强烈印象,不是一门学科,而是一门充满智慧和洞察的艺术,同时具有强烈的被掩盖的神秘感,而且十分仗义。他为此而看不起小说和故事片。

他后来看到了《太阳帝国》,看到外国人眼里的外滩,看到没头苍蝇般穿灰布褂子的中国难民在华懋饭店前挤作一团。如同一股可怕又可怜的暗流,衬托着吉米的孤独和顽强。好在电影里根本看不见他的影子,这让他大松一口气。他不喜欢那部电影里中国人的坏和蠢,也不喜欢英国人的孤独和冷漠,不喜欢那里面一个眼看着败落下去的外滩。那是部让他非常失望的电影,但他却一直不能回答为什么他会这样失望。

此刻他终于大吃一惊。因为他确信,此刻吉米真的在和平饭店的某个窗子后面打着他的手电。多年以前看过的电影突然清晰地涌到眼前:穿着睡衣的吉米兴奋地在窗前模仿着黄浦江中日本军舰上的信号,然后,突然,江里,岸上,枪炮齐鸣。

他停下脚步,紧握着手里的箱子,高仰着头向上看,他已经走到南京东路的交通灯下了。但是千真万确的,他看到那只手电筒仍在闪烁。但,那是1937年发生的事呀!而且是在电影里发生的。

他听到自己耳里"嗡"地响了一声。

他的目光越过黑乎乎的陈毅雕像,再次向黄浦江望去,那里什么军舰也没有。

当他再向和平饭店望去,再次看到吉米的手电筒信号,整栋大楼突然变得冷漠和孤独起来,它本来总能让他心动的沧桑,此刻如天上飞奔而去的云朵一样变形,散开,露出原本异己的核心。它让他想起多年前那个好莱坞男孩刺痛他的表情。做了这么多年的上海史研究,他回首往事,突然理解了,他之所以不喜欢《太阳帝国》,是不喜欢那个上海所表现出的对他的排斥与忽视。吉米的上海是外国人的,他只是可怕的,可怜的,灰色的一滴水。在忽闪的手电筒光束后,和平饭店强烈的异己感,像一瓶打翻在地的醋那样呛到了他。

他心中涌起了与少年时代几乎一样的不快。他想了想,认为那是种悻然——一种典型上海人的情绪。

他站在和平饭店门口,从夜色里望进去,里面灯火通明,大理石的地面和廊柱闪闪发光,一派旧式上海的堂皇之气。他脑海里却浮现出《上海陷落》里的故事:

"乔治·万路过华懋饭店大堂去他办公室的时候,偶尔发现一个军官领着五十多个国民党士兵走了进去,他们看上去又礼貌又坚决。军官宣布,因为驻军司令的命令,他要征用十二间房间安置机关枪,控制外滩沿江地带和其他重要地点。乔治看到,士兵们带着满满的子弹夹,带着德国式的钢盔,叮叮当当地走过华贵气派的走廊和柜台。他们带着铁锅、锅盖、米、蔬菜,甚至还有木柴。他听到一个兵天真地问:'我们的骡子安置在哪里?'

华懋饭店的经理想劝说那个军官给他些时间,让他将贵重家具安置好,把一些要

夏葆元　滇池路上多元建筑的时光回眸　80×100 cm

腾房间的客人安置到其他旅馆里去。但军官温和而冷淡地说:'客人不需要离开旅馆,我们就等在这里,等你们腾房间。'

客人们还是被紧急转移走了(如果他们当时不在自己的房间里,也先行转移了他们的东西)。同时,饭店的侍应生将塔楼夜总会里的贵重家具都搬开,三角钢琴、可以移动的地毯、家具、酒,将手工雕刻的龙、丝绸灯笼和其他墙上的装饰物都一一取下。不一会,就只剩下镀金的菩萨像,独自在神龛里微笑。"

他从那遗留着装饰艺术浮华之气的玻璃大门里望进去,虽然那些国民党士兵已经烟消云散,但他们却还是给这里留下了动荡过后的气息。这就是他一直喜欢的历史的气息。他想,就是因为这样的过去,使这里永远比芝加哥密西根大道上那些大厦多一种惆怅。而一座装饰艺术式的大厦,要是没有这种惆怅来调和,它的浮华风格终于会因为太过火,而变得恼人。

已近午夜时分,和平饭店门口还是人来人往,大堂里还堆着晚班飞机到上海的客人的行李。他绕过那堆行李的时候,看了一眼一只古董箱子把手上吊着的行李牌,上面用工整的维多利亚花体字写了旧金山的地址。他再看了一眼上面的名字,发现那是个犹太人的姓。他猜想这堆行李也许是旧金山的老中国通俱乐部成员的。第二次世界大战期间在上海避难,后来陆续来到美国的犹太人在旧金山成立了俱乐部,他们常常结伴来上海寻旧。他听说和平饭店是他们心目中最重要的地方,一定要到这里来住一次当年的豪华套房,到当年的马与猎犬酒吧,现在的和平酒吧喝一次酒,在老年爵士乐队演奏的晚上点一支40年代风行上海酒吧和舞厅的美国歌曲,并跟随那支曲子跳一支舞。那个酒吧里,马与猎犬酒吧时代就用了的八角桌还在老地方。吧台也还是原来的,只不过为了保护原来的桌面,和平饭店在上面覆盖了一层上了漆的薄木板。和平饭店是他们心目中旧上海生活的全部象征,也许在沙逊时代他们没有能力在这里消费,但现在要圆从前的梦想。

他走到电梯间旁边。那里简直就是一个20年代芝加哥密西根大道上那些大厦电梯间的翻版,一模一样的线条,一模一样的材料,一模一样的灯光的颜色。当他跟着那些退休建筑师的导游走进一栋栋大厦底层的时候,他忍不住告诉导游那些从上海老人口中流传下来,当成传奇故事说的上海大楼与芝加哥大楼的事。导游特地为此邀请他去建筑艺术协会外面的布告栏留言。在那里,有特殊背景的游客可以写下自己的故事和心得,贴在布告栏里。

他去看过那些小纸片。一个中学生写到,自己的祖父退休前是住在芝加哥的建筑师,这是他第一次来到祖父工作的城市,看到建筑的奇迹,为祖父深感自豪。另一个叫吉姆的人写到,他家是波兰移民,曾住在这里,后来芝加哥大火,他家被烧光,所以祖上搬去爱荷华州投亲,从此在爱荷华州生老病死,也已经有了家庭墓地。但走在这里的大街上,他竟然还是有回家的亲切感,感觉这里的一砖一瓦,都与自己有关。

他拿着纸笔,去了隔壁的咖啡馆,叫了咖啡,找了安静的桌子,甚至将书包里的好译通都找了出来备用。一个祖父,一场大火,怎么能与上海前世今生的沧桑相比。他的故事何其惊心动魄,但倒让他一个字也写不出来了。天也暗了,咖啡也凉了,他面对那张巴掌大的白纸,感到一本书在他内心的什么地方滑来滑去,仿佛徒手捉鱼时,鱼在手掌中的挣扎——那是他多年的学者心得和市民感情,以及那本书的含混迟疑的主题在心中的挣扎。这一刻,他想起一个研究上海史的美国教授对他说的话:"我们西方人用头脑思考,你们中国人用心思考,我们理性,你们感性,真是奇怪的不同。"是的,他在思考时,感情的确是件重要工具。只是他羞于承认。

那天他坐在窗边,久久望着 WABASH 大道街口上的人流,这里真像上海的街口。他似乎在芝加哥黄昏中看到自己书里的一些句子在薄暮中显现。那是些非常感性的句子,简直不像一部历史著作应该有的句子,而更像是文学作品。但那些句子,那些词,使他激动,"百年寂寞何时了",这个句子应该是序的题目。而实际上,这是他大学里老师说过的一句话。当他果真考进历史系,第四年准备论文的时候,系里分配给他一个新老师,做他的指导老师。那个新老师竟然就是他中学的班主任,仍旧围着一条格子围巾。老师当年从大学被赶到中学教书,现在又回到原来的大学,正好赶上他写毕业论文。他论文的题目是苏州河沿岸的工业发展史,这是个对城市研究有实际意义的题目,但又有避免租界历史中洋人影响的尖锐部分的聪明。他这才了解到,老师并不是教农民起义出身,原先,就因为老师研究的是对意识形态一无用处的租界历史,才被下放到中学教书的。他和老师之间,突然滋长出了一种父子般的情谊。老师有一次闲话的时候,突然对租界历史研究长叹了一声,"百年寂寞何时了呀!"那句话竟深深地打动了他。上海开埠百年,前面是洋人的角度,后面是北方人的角度,那长久的寂寞,不就是上海人自己的。那时老师什么也没有要求他,给他好分数,为他能进研究部门奔走。做人非常收敛。到上海租界历史研究渐渐活跃,他才发现原来老师是个语不惊人死不休的人,极其有见识。他这时才开始追随老师。老师是上海史专家里最早被邀请出国讲学的人,他的格子围巾也从此换成真正的英国货。

"这个历史学家要不务正业哉。"他心里说,但并不真的歉疚,反而有些振奋。也难说他就真的是不务正业,伦敦大学的毕可思不是靠他写的《帝国造就我》得奖,反而名利双收了吗?毕可思也做上海租界史研究,但他私心里并不敬重毕可思,只觉得这个英国人占用了那么多、那么好的材料,研究的深度却不过尔尔。他认为要是自己有这样的条件,定会超过他。

电梯间里到处响着舌头乱卷的美国英文。他听到一个老太太逼尖了颤抖的声音说:"我看到满街走着黑发的青年,正是我记忆中的中国,我的眼泪呀,忍不住像瓢泼大雨一样地流下来。我刚刚发现上海对我是如此重要,它简直更像是我的家。"

他感到脸上的皮肤动了一下,那该是个微笑吧,他想。他扭过脸去看,正看到电梯的门打开,小小的电梯厢射出惨白的灯光,那灯光和电梯里白晃晃的不锈钢,像一把剪刀那样,将电梯间里原本一派浮华,略带奢靡的装饰艺术气氛戳破一个大口子。他看到抹着眼泪的老太太的乱发在电梯灯下白得发紫,像一团棉絮。她应该是在上海度过少年时代的犹太少女吧,她的学校也许就在现在的光明中学吧,而当时,即使是难民,犹太人也很少与中国人来往,很少吃中国食物,学中文,他们还是把自己小心地保护在一个说法语,或者英语,甚至德语的圈子里,努力保持欧洲人的生活方式,为将来重回西方社会做着准备。即使是母语是俄语的俄国犹太人,也与葡萄牙人、意大利人、匈牙利人等等被其他语言排除的圈子组成混合的小圈子,以维护他们的欧洲情怀。他们的东方,常常是将中国和日本混为一谈的。他敢说,老太太在年轻的时候,从来没感受到过上海在她心中实际的重量。他总是时时处处,都能感受到"上海"这两个字意味着的矛盾和分裂的种种对抗,充分复杂的结构和出其不意的解构,他以为这才是上海的本质。甚至他自己内心常常涌出的悻然不快,他认为也是上海身份带来的必然感情。

在柜台前等候办入住手续时,他闻到大堂咖啡座里的咖啡香,这么迟了,竟然还会有人叫咖啡喝。他抽了抽鼻子,企图辨别咖啡的品种。像他那样年龄的上海人,对咖啡最初的体验,是上海牌咖啡,或者云南产的咖啡,然后,才是雀巢牌速溶咖啡。渐

陈逸鸣　北京东路　90×120 cm

渐,他有机会喝正牌的欧洲咖啡,甚至喝到过真正的维也纳咖啡,在维也纳;也喝到了真正的法国咖啡,在巴黎。但那些著名的咖啡在他的舌头上,还是不如少年时代用黑市换来的兑换券所买的一杯和平饭店咖啡座的上海牌咖啡来得香。反而,现在上海到处都可以喝到合格的外国咖啡,但原来的上海牌咖啡再也找不到了。此刻飘过来的咖啡香带有太多的酸和干燥的焦香,当然不是中国产的咖啡。中国咖啡的味道没有这么明亮和强烈,那么国际化,原先的咖啡味道里有种自惭形秽的沉甸甸的潮气,像下雨天打了蜡的地板那样。他记得他和少年时代的大朋友约伯舅舅在旧皮沙发里努力维持一个姿势,装作很在行和满不在乎的样子。就这样,他喝到了人生的第一杯咖啡。他是那么心虚,用眼角瞟着懒洋洋的侍应生,生怕他看出什么破绽,将他们从咖啡座里轰出去。又怕侍应生看出他的生涩,在心中嘲笑他。当时,上海本地人还不能自由出入和平饭店,也不能用人民币在那里买东西。外国人是第一等的,香港人是第二等的,中国人第三等,而上海本地人则是最末等,他们不可能是住店客人,顶多是访客。80年代和平饭店执行的等级制度,是彼此心照不宣的事实。那侍应生穿着一件又薄又皱的的确良白衬衣,松松垮垮的黑色领结在他领口上晃荡着,但他一头乌黑的头发却整理得一丝不乱,留给他极其深刻的印象。

此刻为他办理入住手续的,也是一个年轻的男职员,也有一头整理得很工整的短发。他现在知道他们一定在头上用了不少传统的发蜡,然后用吹风将它们固定住。那职员转头过去,他看到他后脑勺上的头发被枕头压塌了一片。他将这样的形象归结为国营酒店的形象。要是在希尔顿的柜台上,不可能看到这样的头发。

他靠在柜台上,向大堂深处的咖啡座望去。居然看到约伯坐在靠墙的沙发里,将白色的咖啡杯搁在腿上,像从前他们在这里喝咖啡的时候一样。他还是像那时一样,穿了件松垮垮的腈纶高领子毛衣,像那时在中国上映的罗马尼亚电影里的男主角。约伯舅舅一直是个摩登的人,喜欢打网球、喝咖啡、听外国歌剧,家里总有外国小说可以借给他读,是对他影响深远的大朋友,几乎可以说是他少年时代的启蒙人,在他的印象里很倜傥。可现在看上去,约伯舅舅竟然遍体都是捉襟见肘的土气。他吃惊地看着沙发上的约伯舅舅,这次轻易就能看出他在满不在乎里闪闪发光的紧张与陶醉。"喝一杯咖啡也值得这样。"他辛酸地想。约伯舅舅因为家里的宗教背景,毕业后被分配到云南工作,直到提前退休才回到上海。但他竟然保持了全部上海的生活习惯和举止做派,甚至肤色。

然后,他看到约伯舅舅身边的少年,那个精神不济的男孩,穿了件家织的粗线厚毛衣,是那时流行的棒针衫。他被酒店里的暖气熏得满脸通红,连眼皮都红了。他还不懂掩饰自己的紧张与陶醉,在沙发上拼命挺直身体,像一根靠在桶里的拖把杆。这时,他回忆起了当时在厚毛衣里汗流浃背的情形,毛衣里面只穿了件旧棉毛衫和假领子,因此毛衣是万万脱不得的。而咖啡又是那样烫,熏得他简直不能顺利地呼吸。他吃惊地看着那个少年,那就是多年前的自己。能相信吗,那个男孩看上去是如此拘谨,但在他的印象里,自己当时应该是风度翩翩的。

当时,这个大堂华丽而凋零,大理石地上倒映着水晶吊灯的璀璨灯影。咖啡的气味那么稀薄,简直像稍纵即逝的幻影。约伯舅舅和他满心都是温暖的惆怅,那种奇怪的、温暖的、情意绵绵的惆怅。那是他虽然陌生,但却亲切不已,连那陌生都亲切不已的和平饭店。

"那就是我。"他望着一心一意啜着咖啡的少年,对自己说。他发现那个少年在柔弱退避中有默默抵触的神情,那正是他性格中坚硬的部分,使他看上去不那么好打发。那一点点坚硬,也是他的老师和他的大朋友身上的东西。如今他想,也是上海人性格里的东西。"是的,那就是我。"他温情地看着从前的自己,想起刚刚那个犹太老太太的话:"我的眼泪呀,忍不住像瓢泼大雨一样流下来。"他心里流淌着款款旧情,吉米的手电筒光带来的不快终于融化了。他想,吉米当年在上海人面前保持的异己感,与后来约伯舅舅在外地人面前保持的异己感其实是一致的。这也可以说是上海的一种特殊性格吧。所以在上海的英国侨民在英国人面前有无限的认同愿望,上海人在外国人面前也有无限的认同愿望。他们的愿望同样被打击和耻笑。只是上海人受到的打击与耻笑,不光来自外国人,也来自中国人,是双重的。

那对忘年交默默地喝着咖啡,神情抵触又陶醉。他们各自埋藏着对这个时刻的不寻常的感觉,努力做出寻常的样子来。他知道在这里任何大惊小怪都是不被允许的,兴奋是只有天真的乡下人才会表露出来的神情。他过于庄重,像被警告过的孩子。而约伯舅舅则过于沉默,大约因为要控制好他心中的感慨。约伯舅舅只是在来和平饭店的公共汽车上,说起他小时候过生日,被父母带来这里吃一客香草冰激凌的往事。在咖啡座里,他们心照不宣地聊着《参考消息》上最新的路透社新闻,他们将邓小平称为"邓",在英文的文法里稀松平常,但在社会主义式的中文里,似有贬义。聊着国际礼拜堂在平安夜吓人的拥挤,聊着美国歌手卡伦·卡彭特的《昨日再来》。他们绝口不提正在喝的咖啡,也绝不偷眼看旁边桌上的外国人。好像这是他们天天都来的地方,就像在家里,不怯场,也不激动。他们俩很有默契,像乒乓桌上最好的双打搭档,一来一去,互相补台,精心维持着这种寻常。说起来,那个仅仅露了一下面,但眼光老辣的侍应生实际上也促成了他们出色的表演,他有力地提醒了他们的自尊心。有时这种自尊的感情很容易与虚荣心混淆起来。在和平饭店的大堂咖啡座里,它们更是合二而一的东西。

他将身体靠在柜台上,想,这种上海人在和平饭店的特殊心情,应该是要表现在他的书里的。甚至应该是书中单独列出的一个小节,从上海人在某些场合焕发出的独门功夫出发,讨论失去已久的租界遗留在上海人生活中的血肉遗传。甚至这可以是书中的整整一章。这是细节主义的历史。

永不拓宽的街道钩沉:
滇池路/p.237,南京东路/p.227,中山东一路/p.225,北京东路/p.228

何红舟　桃江路正午　80×80 cm

街心花园的舞蹈者

过了淮海中路繁华的商业区,一直向西去,就到了住宅区,从前有一些空地留着,还有许多年以前留下来的街心花园,小小的,在街口,有一些树围着,中间有一个小小的城市雕塑站着。行人走到这里,心里轻轻地吁出一口气来,终于看到了树。在淮海中路向乌鲁木齐路走进去,向衡山路方向,就可以看到这样一个小街心花园,四周住着的孩子和老人,在有太阳的下午,到这里坐着晒太阳。

不太冷和不太热的晚上,有人在这里跳舞。走近可以听到他们的舞曲从一只旧录音机里放出来,沙沙的,机器也老了,磁带也老了。

晚上这里安静下来,行人不多了,路过的人可以看到一些不时髦也不年轻的人,和着旧磁带里的舞曲跳舞,平稳的,缓慢的,小心的,甚至有时是沉思着地转动着,不太年轻的女人和不太年轻的男人。圈在树上的圣诞节彩灯一年四季地亮着。细细地听那些曲子,都是80年代初单位舞会用的曲子,《送你一支玫瑰花》、《大海啊故乡》。那是许多年以前人们的爱好了,这时才想起来,现在再也没有什么单位再把大家纠集在一起跳舞了,那些狐步、圆舞,年轻人觉得老朽,不年轻的人觉得肉麻。

当他们转到离影影绰绰的小彩灯很近的地方,被灯光照亮的一张张脸,是静静的,专心的。当灯光照亮了他们的背影时,路上走着的所有默默的辛苦讨生活的背影,就是这样的,就是在跳舞,也没有去掉背影上的那个忍字。商店大减价时买来的短夹克风衣,国产的运动鞋,求的是温暖实用。

看到一个人不太会跳,她跟不上步子,于是,那一对停下来,她的舞伴"一、二、三、四"地喊着拍子,她害羞而努力地跟着握着她手的男人,一步一步,有点踉踉跄跄的,刚刚像回事,可曲子完了。她仰起脸来抱歉地笑笑,可手还搭在舞伴的肩上。她的舞伴也没有松开,他们就那样站着,等下一支曲子响起来,像两只鸟一样,他们侧着头听了一会,辨别出节奏,然后又跳了开去。

走过他们身边的人,会大声鼓励着说:"不错不错,很快就会了。"

跳到出现快三步舞的时候,大多数人都停下来,对他们来说,太快了。

停下来的每一个人,都背着一个不同的故事。

有人是家庭不幸福,离了婚,孩子也因为自己没有能力带而给了对方,自己的生活一下子空了,因为不带孩子,住的房子当然也给了对方,自己回到母亲家去挤,可是那不是从前,住在自己的家里,总觉得自己还是个外人,小心翼翼的,心里不免烦闷,于是就出来散心。

有人是17岁去了农村,总也想回上海,可总也回不来,因为总想回来,一直坚持着不结婚,没有想到,一年又一年,希望时远时近的时候,就老了!外地的小厂,不景气,提前退休,终于回到了上海。这时候,发现理想实现了,可不知道接下来还能干什么,干什么,好像也跟不上趟,于是,来跳舞。

有人是从来身体不好,不能上班的,在家里养着病,也不能想婚嫁这回事。慢慢的,亲人一个个离开了,同学一个个忙自己的生活去了,好像是活着,又好像是死了一样的,没有一个集体,也没有家庭,更没有社交的圈子,像一个透明的人。于是来找一些人,知道自己的名字,看到会笑着问声好的。

这里的每个人,也都有共同的东西,那就是没有钱,除了跳舞没有其他目的,不想在这里挣钱发迹。

上海现在是不比过去了,是有许多人有了钱,钱越来越重要。要是原来,他们安分守己的日子只是有一点旧,而现在,别人的生活亮晶晶的了,就显得自己暗淡起来。许多人拼命也要把自己的日子擦亮,日夜都在忙,而他们没有竞争能力。

他们没有钱过都市的夜生活,可也不愿意在家里过晚上,他们还想在自己的晚上有一点音乐,有一点社交,有一点与平凡的夜晚不同的盼望,他们还是想和一个异性跳舞,无论生活是怎样的无奈,到底还有一点点东西是吸引他们的:在都市淡淡的星光里,在树下,和一个人慢慢地跳一支舞。

只是这样,没想到灰姑娘什么的。虽然上海这地方,有无数投机的机会,让人有时觉得会有奇迹出来,现在外国人中国人,都到这里来淘金,可他们没有这么盼过。可要是说到上海风情,这也是一种真正的上海风情,从最暗淡的生活里转出来的一支圆舞曲。

大上海的许多小街心花园里,都有这样的舞蹈者,有时他们也去别的地方跳舞,每个地方也都有自己的特点,自己喜欢的音乐磁带。所以最后他们选定了自己最合适的地方,只要不遇到恶劣的天气,匆匆吃了晚饭就出来了。街心花园里没有电源,他们总是去问周围的一家人拉一根电线出来,来跳舞的人大家平摊电费,常常他们得给得多一点,而那个出录音机的人,就不用出电费了。

休息的时候,他们聊天。可要是有人不说什么,从来没有人会问,这是他们的规矩:要是他不说,你绝对不要问。他们懂得小心地站在别人生活的外面,让别人有从自己弄糟了的生活里逃开一会儿的空间。女人们坐在街心花园的石头椅子上,男人们站在一边,树叶子在头上沙沙地响,有植物的清香。要是有人说起了自己,别人也常常是默默地听着,他们都不是在上海滩上混的人,除了默默地听以外,真的也不能做什么。

然后,又接着跳舞。新学舞的那个女人,还是跟跟跄跄的,老看着脚,像在走路。她的舞伴还为她叫着拍子。他们最喜欢的,还是缓慢的狐步和抒情的华尔兹。

也有散步到这里的情人,紧紧挽着手的,站下来看看他们,也许他们听到了使自己想起什么来的音乐了,可是他们不愿意走进去和这些人一起跳舞,就走开了。在情人们的眼睛里,生活一定是要十全十美的。

到九点以后,他们渐渐地散了,离得远的人,大都骑了自行车来,就停在花园外面的树影子下面,那种结实的车,几道锁锁着,怕让在上海打工的外地人偷了去。他们骑上车,回家睡觉去。

永不拓宽的街道钩沉:
东平路/p.253,桃江路/p.254,岳阳路/p.247,乌鲁木齐南路/p.253

孙家佩　舟山路旧时光　65×91 cm

万国公墓墓地

我并不知道还有什么地方,有像虹桥的万国公墓这样让人想到命运漂泊的墓地。通常,墓地总是真正宁静的地方。经常,一个人再激荡的心思,都能在墓地的散步中得到安抚和宽慰。在那里,看到那么多不认识的人,长命的,短命的,有一个大家庭的,或者是孤独的,不论怎样的人生,最终都在一小块石碑下面归于尘土,像一粒重新被埋进泥土的种子。在柏林的老墓地里,我看见一家的三个孩子,在流行猩红热的那一年,在50天里接连去世了。而隔了几棵大树的另外一家,当年赫赫有名的工业巨富的家族,则所有的人都活得很久。可是,即使是活得那么久,最后这个显赫的家庭也还是消失了,最后,这个家庭只剩下一个老处女。然后,这个老处女也在她的亲人都死去了十年以后,去世了。她留下来的家产,后来变成了一个由政府管理的基金会。在那样的墓地里散步,能看到世上纷飞的恩怨爱恨,最终都成为阳光下面的一小块石碑,这就是在墓地里总让人渐渐在心里生出温柔的感伤的原因。

可是,在万国公墓的情形就不一样。在虹桥的万国公墓有一块为死在上海的外国人用的墓地。把遮盖着石碑的常青藤拉开,用拉丁文的拼音法去读那上面奇怪的外国名字,那是1840年到1949年的一百多年里面,在上海陆续去世的外国人的名字。因为不熟悉,也不懂那些名字的含义,所以边读边忘记了那些名字,只是因为有的读法那样奇怪,于是知道他不是英国人,也不是美国人,可能是丹麦人的名字,也许是瑞士人的名字,或者根本就是一个犹太人的名字,当然也有俄文的名字,却常常分不出他是从南斯拉夫来的呢,还是从波兰,或者是从捷克来的。那些本来永世不会相遇的人,因为来到了上海,又死在了上海,而永远住在上海的万国公墓。在拥挤的万国公墓走一走,在那些奇怪的名字和看上去没有扫墓痕迹的墓地里,那些人的模糊影子,总是像没有燃过的香烟那样,顽固而清淡地渗露着漂洋过海,而后客死他乡的命运的气息,已经那么多年过去了,还不肯消失。

就是那么一个漂泊的墓地。那个墓区里,所有的墓碑都是统一的,一样的大小,一样的简陋的微微发黄的石头墓碑,甚至所有的名字都是用的同样的字体。像书架上的书一样整齐地排着。他们大多是从老城区各处迁来的外国人墓。在1950年代,上海市政府规划改造旧城区的外国人墓地,也就是老上海人所说的外国坟山,陆续把留在上海的外国人墓搬到了当时十分荒凉的虹桥,并入虹桥的万国公墓。空出来的地方,成了雁荡路上的复兴公园,还有南京西路上的静安公园。

静安公园是我小时候常常去玩的地方,从我家走到静安公园只要十分钟。我的童年里,有许多无聊的时间,所以我总是去那里玩,因为那里有真正的秋千架。已经不记得是什么时候,是谁,在怎样的情形下面告诉我,我们玩秋千和滑滑梯的地方,就是原来的外国坟山,是埋死人的地方。依稀记得,我和小时候大惊小怪的朋友,还在那地方小心地找过,想要找到土里的死人骨头,或者金银财宝。静安公园是个平常的公园,但常常可以看到有人在那里写生,他们总是画公园的道路,那道路两边有特别高大的梧桐树,在上海别的地方,还从来没有看到过那么高大恣肆、没有被修剪的梧桐树。画画的人告诉过我,那是从前这里的外国坟山留下来的道路和梧桐树,原来我们的儿童乐园的地方,就是坟墓的地方。原先的上海第一个火化炉,就在这条道路的尽头,现在是我们玩电动转马的地方。我记得那个画画的人把梧桐树的道路尽头画成了很模糊的一团东西,那时我虽然是个孩子,但也意识到了,他想要把那里画成是个火化室的样子,可是,他也并不知道那到底是什么样子,所以他用扁扁的画笔在那里茫然地不甘地点点戳戳。

我和那个画画的人,我们都没有见过原来的墓地是什么样子,1954年,这里的墓地就已经搬迁到虹桥去了。听说当年也有大片的常春藤在多雨潮湿的墓地里飞快地生长,很快就把没有人扫墓的墓碑遮住了,所以很容易找出来谁是孤独地留在上海的。听说当年就有从来没人来祭扫的墓,大概那是独自一个人留在上海的人,他的家人、朋友,都在那千山万水之外的故乡。

在冬天多雾的黄昏,空气阴冷,天色沉郁,西边有老虎窗的灰瓦屋顶上,有一抹冬天冰凉的红色晚霞,没有人的秋千,在那里微微晃动着。那时候小孩子们开始离开儿童乐园回家去了,儿童乐园也开始冷清下来。冬天的梧桐树总是被不停下着的雨浸透着,变成了黑色的,连上一年秋天留在树枝上的灰绿色的悬铃也变成了黑色的。坐在泛出潮意的木头秋千座上,看到树影飘移,暮霭沉沉,石椅子边的地上,有奇怪的石板铺在地上,那里掉了一个小孩子用的旧红毛线手套。那个黄昏时分,总是可以看到一些奇怪的雾气游荡在儿童乐园里,我想他们应该就是那些失去了墓碑的外国人的灵魂,他们有时在秋千架边上,有时在红毛线手套上,有时只是走来走去,像水中的水草那样随着正月阴冷的西风而飘飘摇摇。南京西路上20路电车尖利的刹车声从来不曾惊扰他们,被关闭了的静安寺和被关在大雄宝殿里的佛陀也都没有威胁到他们。他们在我童年的记忆里,以一种像冬天黄昏的雾气那样孤单的样子飘荡着。要等许多年以后,我有了许多次在欧洲独自长途旅行的经验才明白,那种小心翼翼的孤单而又迷惑的样子,原来是一个漂洋过海的人才会有的姿势。

有一天,我终于见到了他们的名字,这是我从来都没有想到过的事。那是一个许多年以后的春天,近清明的时候。我在虹桥见到了他们的名字,和属于他们的一小块石碑。原来那些墓碑并没有被铲除,被扔掉,或者做了儿童乐园里的石板路,而是移到了宋庆龄陵园对面的一小块墓区里,被新栽的冬青树围着。要是我不是宋庆龄所创办的儿童杂志的见习编辑,随着杂志社到宋庆龄墓地扫墓,是不会有机会见到它们的。

它们还是像传说中的那样被常春藤覆盖着,隔着种了柏树的墓地的大路,我听见我的同事们在为宋庆龄墓拔草时的说笑声。他们大多数都认识宋庆龄,吃过每年春节她特意从北京给杂志社带来的大虾酥糖。他们都对孙夫人有着真挚的感情,也常常告诉我一些宋庆龄的传说。这一次我听见说,从前宋庆龄还是个女孩子的时候,她家里来了一个传教士,那人看了宋庆龄以后,对她父母说,这个女孩将会是个公主,或者是皇后。听着这样的故事,拔着草,草染绿了我的指甲缝。然后我偶然地走过路的另一边,然后就望见了那里冬青树围着的一群又一群紧紧挨着的石头墓碑,有的地方,疯长的常青藤将进出的小路都封闭住了。

我奋力拉开网住冬青树的藤蔓时,寂静的墓地里响彻了藤蔓碎裂的声音。那一次,我认出了两个犹太人的墓碑,一个是沙逊家族的,他家在外滩造了20世纪初远东最豪华的饭店,上海当时最重要的客人都曾住过走廊里铺满了红地毯的客房。另一个是嘉道理,他家造了第二次世界大战中上海最有名的大理石建筑:大理石宫殿。1949年以后,它成为上海市少年宫,无数戴着红领巾来少年宫活动的上海孩子,在那里感受到了遗留在那宫殿里的华美生活的遗迹,而且它们激发了孩子们对那种生活和那时的人们的好奇，我也是其中的一个。那一次我终于体会到在无人的墓地里默默地用墓碑的方式保留着的上海往事，体会到那些早就进入了墓地的往事与现在活着的人的生活中那奇妙的联系。哪怕是因为很少有人走动而到处爬满青藤、长满野花的墓园。

我去为它们中的一些墓拔了草，拾去陈年的枯叶，让上面的名字显露出来。不少名字不是英文的，能猜出来的有德文的、法文的和日文的。可还有一些不知道是什么文字的名字。这墓地里的大多数人都不长寿，不知道是不是因为上海太湿热的气候，容易让北方来的人生病。我猜想着。然后我在那里的草地上躺了下来。寂静之中，我看见春天的絮云，带着淡蓝色的水汽，轻轻地飘过这里，它们的后面，是潮湿的蓝天。当墓地里所有的客死他乡的人都还活着的时候，他们也是走在这样的絮云和蓝天之下的。他们都是怎么到上海来的呢？他们曾经欺负过上海人吗？或者他们爱上海这个地方吗？他们是为了谋生而来，还是为了理想而来，或是为了逃避而来，抑或干脆就是被人卖到开往远东的货船，无可奈何地到了上海，是被"be shanghaied"的那种人？但是无论如何，他们就是使得上海成为"上海"的那些外国人，他们永远都和上海的历史在一起了。

我想，我是从那一天开始，了解到自己是个喜欢墓地的人。因为这样，在以后，我又遇到了一些和我有相同爱好的人，我们是些喜欢在安静的墓地里散步和思考的人。

又过了几年，也是一个春天，我带一个从德国来旅行的朋友去万国公墓散步。我点给她看那些墓碑，它们还是带着那伫立于异乡一隅的特别的姿势，被常春藤埋着，可是并没有越埋越深。看起来，它们纵是无主的坟墓，可还是得到了墓地的照顾的。那天，有一只斑鸠在天上或者树里不停地叫着，我想那是一只飞过城市，在这里迷了路的斑鸠吧。道路两旁的肃穆的柏树也已经长得很高大了，散发着柏树松香似的刺鼻气味。我们拨拉开草、小花和藤蔓，一一去探望那些寂寞的墓碑，它们真的是用同一种石头，同样的字体，同样大小的墓碑，不论是法国的名字，还是德国的名字，或者是俄国的名字。好像是统一定做的一样。接着，我的朋友惊奇地发现，一些墓碑上德文和拉丁文的名字是被拼错了的，也刻错了。"你看，我们在德文里不是这样写这个名字的。"她过去点着一块墓碑说，"这里少了我们用的重音。"

这时候，我意识到也许这些被陆续搬迁过来的坟墓，是在搬迁后统一做的墓碑，就是在这个墓区里,死去的时间不同,国家不同,原来埋葬的墓地不同的人,现在却用的是同样的墓碑的原因。这样,也许就是市政府负责迁坟的人为他们统一买的墓碑,统一做的。当时,上海的外国侨民几乎都已经离开了,更可能,那些早年入葬的人,根本就不再有亲人或者朋友留在上海,所以,在往新墓碑上刻他们的名字时,一个不懂德文或者拉丁文的人,根本就不知道把他们的名字刻错了。于是,那些客死在上海的人就静静躺在这样的墓碑下,度过他们安息的日子。但是,也很可能这个有德文名字的人死去以前,就已经在上海用拉丁文的拼法写自己的名字,为了让这里的人好写好记,自己去掉了名字上的重音符号,就像住在外国的中国人也常常有一个外国名字,让人好记好叫一样。那些发生在多年以前的事,已经被淹没在今天的想象和猜测里。

  我真的不知道世界上还有什么地方,有这样让人感受到命运漂泊的墓地了,也不知道世界上还有什么地方,有这样一排排虽然刻错了名字,但还是有情有义的墓碑,它们被常春藤缠绕遮蔽,像一些缠绵的念头。

永不拓宽的街道钩沉:
虹桥路/p.267,舟山路/p.262,霍山路/p.262,惠民路/p.263,南京西路/p.238

姜建忠　南京路上的大光明影院和国际饭店　130×82 cm

摩登与物质

1934年左右,有风声说,上海与纽约、巴黎和伦敦一齐,被人称为第二次世界大战前的世界性大都市了。这消息,从住在上海的外国侨民那里辗转传达到上海普通市民耳朵里,真正让一直在世界面前很谦虚的上海人受宠若惊。在战争的阴云四布时,竟可与世界上最强大的城市比肩。这上海人多年来不敢多想的热望,像少年时代的单相思,总是自卑而纯真地深埋于心底。这时,竟然梦想成真。于国家来说,它标志着终于摆脱东亚病夫的贫弱之态;于个人,微小的生命终于在有限的生存里遇到了一个好时代。多年来饱受创伤与怨恨的城市人的自尊心,终于得到真切的安慰。

带着满心惴惴不安的惊喜,打量自己的城,在1934年。想想看,1862年时还是一条烂泥跑马道,开初是为平定太平军修的行军道,后来,又为修跑马场加固。转眼,它就成了上海第一条西式的马路。马路两旁,一栋栋美国式的公寓大楼造了起来,有钢窗、腊地、热水汀,大楼的门厅里,两部电梯中间,装着椭圆形的长镜子,那曲线,是时髦的art-deco式,它们比巴洛克的线条加长了一点点,还更僵直了一点点,在繁复奢华里加进了颓废和阴郁,因此显得很摩登。大楼就造在马路边,1908年开通的有轨电车的当当声被街道放大了,传上楼去,回荡在客厅和卧室以及门厅里。站在门厅里的衣帽间前挂大衣,都能听到电车靠站的叮当声,这动听的市声,象征着这个城市的现代化——好像白兰度演的电影里的声音一样。如此景象,对一条起始于李鸿章军队的栈道的马路来说,是何等的奇迹。当初那支军队出征,连是否能保住新生的租界都还不知道。这大楼里的生活,总是让人联想起好莱坞电影里那些兴致勃勃,没有拖泥带水过往的城市,特别是年末时,那里的人家,将一棵顶上插了银色大星星的绿色小枞树放在窗边,从王家沙点心铺就能看到。岁末,在王家沙的方桌前吃着鲜肉汤团,遥望着那些人家玻璃窗里的圣诞树,人们心中真是惊异上海生活的西方化。

大楼的底楼,商店一家家排开来,什么都有得卖,从西伯利亚皮草,到西式女装鞋袜,到印度手工珠宝,与南京东路的情形略有不同的是,它们大多是西式商店,没有中国人街市的嘈杂,卖的也都是昂贵的时兴货。最最有名的,是那条街上有两家白种女人开的时装店,引领着全上海的时髦。女客人进得店堂去,对女主人说自己想要如何打扮,女主人都不一定听得进去,她撩起眼睛来看你一眼,说:"噢,知道了。"就自己做主给你从头到脚搭配好了。而且,果然是比你自己搭配得更得体。所以人们传说,一个传统的乡下小姐从时装店里走出来,就变作焕然一新的都市丽人。

沿着1891年栽种的法国梧桐树一路向西而去,一路都能看到霓虹灯做的店牌,夜晚到来,闪闪发光。那一路上,舞厅的跳舞池装备有弹簧地板,电影院隔几条街口就有一座,有的专放好莱坞新片,有的却是专放第二轮电影的。还有以栗子蛋糕闻名的咖啡馆。上海人和来上海的人,都格外地喜欢新式东西,于是,咖啡馆就是老少咸宜的新生活象征,喜欢不喜欢咖啡倒变得不要紧了。如那些美国式的大楼象征着对三代同堂生活方式的放弃,咖啡馆这样舒适的公共空间,象征着市民生活中更多的个人自由和公民权利。它看上去与中国江南的传统茶馆功能相似,但女人对它的喜爱和流连,以及它来自于异邦的奇异芳香,使它成为摩登的象征。乡下小姐在这条路上的传奇,更暗暗符合了这座城市对新生活做投机的幻想:只要找对了地方,旧貌变新颜就不是什么难事,至少不像解决中国内陆的军阀混战这么没希望。

30年代的上海,"摩登"是它最重要的追求。某人将modern一词翻译成带有洋泾浜英语遗韵的"摩登",那里面的含义,已从单纯的"现代",生发成了富有上海特色的"现代性"。它不再是个中性的时间界定词,而是一个带有强烈向往含义的词。摩登,表示它不光时兴,而且从西方文明世界舶来,而且是那个工业社会的先锋,而且,有世界主义的烨烨光华。它是个与中国古老的腐朽一切针锋相对的词,一种对新世界的追求。如公寓大楼展现在石门路口的现代生活,如时装店的白俄女主人化腐朽为神奇的本领,如咖啡店里的公共空间。

眼看着,上海就成了世界闻名的摩登城市。

1934年,有一个上海作家,跑去闹市街头,观察市民在街道上的行为是否符合世界大都市人民的身份,然后,写下《摩登生活学讲座》:

  1. 切勿争先恐后地乘上电车或者公共汽车。争得了第一名也没有奖品给你的。

2. 在街上握手时,用不到脱去你的手套的。即使你指上戴着金银钻戒子的时候,也只好请你忍耐些。

3. 公共车子上,切忌偷阅他人的书报。这个权力还是让给以吝啬驰名全球的苏格兰人独自享受吧。

4. 十字街头点上了红灯时,切勿奋勇闯过横路。你如果要自杀的话,那也是跳入海中比较富于诗意些。

5. 点上了绿灯时,切勿拼个命往前奔跑。即使跑到第一,你的爱人也不会称赞你的。

6. 请勿呆张着你的嘴,人家不会给你吃东西的。

7. 行路时,男子不可把两手放进胯袋里。听说膀胱病的人老是这样的。

8. 切勿在人家前挖鼻粪。那虽是最有趣味的事,但请你暂时压制吧。

9. 路上遇雨时,请勿夹着帽子奔跑。古今中外,帽子这件东西总是戴在头上的。

10. 切勿单穿睡衣跑到人家的面前。人家非但不会觉得你肉感,倒要觉到恶感啊。*

如一块冰终究要化为一汪水,"摩登"这个词落到实处,就是如此的物质主义。这些告诫虽然说得刻薄小气,但那里面的物质主义者立场,仍带有令上海人解颐的体贴。它的油滑,也是上海人熟悉的。它的调侃,更是上海人对自己发达的基本立场。上海人,怎么也不习惯当英雄的。他们细细地想开去,这条路的渐渐筑成,也都是为了买卖,从这条路的兴旺看到的上海,一切都是因为买卖才得以兴旺,得以现代,所以,它的摩登,是一座伟大的消费城市的摩登,并不唱民族大义的高调。

物质主义的价值观是这条街道的灵魂。它使那些大大小小的商店变得精致昂贵,给客人一种消费时自豪和成功的感觉,让人自然就懂得了,什么叫一分钱一分货,进而也就确立了"如果你要卖得好,你便首先要做得好"的观念。这样的资本主义世界观。它使那些大大小小的咖啡馆和电影院变得更为优雅和体面,它让人懂得你有

---

* 摘自郭建英《摩登生活学讲座》,1934年。

怎样的消费水平,就决定你能进入怎样的公共空间,能获得怎样的精神享受。在一个昂贵的地方,人不得不斯文起来,讲究仪态,这是每个人应有的享受,和应尽的义务。个人主义的基础,就是这样建立起来的。不过,那南京西路上培植起来的物质主义,到底是崭新的,甚至比不过美国来得久,所以它还有些稚气,有些新奇,像个兴奋不已、心中又暗暗有些抵触的新演员般,容易笑场,它对人对己,都还带着一些情不自禁的调侃,不像伦敦那样严正坚决。这兴致勃勃的物质主义,将这里变成了一条饶富趣味的马路。上海新兴的中产阶级,最喜欢到这里来散步,看橱窗,谈恋爱,以至于《摩登生活学讲座》里专门有一条针对那些追求女朋友的年轻男职员的告诫:"不要装出关心时髦的样子,更不要跟在她的屁股多看市窗,你是要受意外的损失啊。"对女朋友的告诫则是:"不可太重视时髦,因为时髦是常在你前一步,决不会被你捉得住的东西。"

直到1966年8月23日,铲除城市物质主义的革命,在经历了多年的思想改造后终于爆发,街道上一丛丛地燃起火堆,青年学生们怀着各种各样毁灭旧世界的梦想冲进道路两旁精致的商店。那一天,南京西路上80%的店铺招牌曾被破四旧砸烂,南京理发店上一块巨大的直立式霓虹灯店招被砸得粉碎,梅龙镇酒家里的40桌银质餐具被砸毁,蓝棠皮鞋店所有的皮鞋和鞋楦都被剁烂并烧毁。它曾是南京西路上最著名的皮鞋店。那一天入夜,南京西路突然暗了下来,不光是因为南京理发店的霓虹不亮了,大多数店铺的玻璃橱窗都被标语和报纸糊住了。一个以声光电化为摩登的上海终于消失了。

这些年来,在南京西路的新世界百货门口,无论阴晴雨雪的下午,都有一支打扮成美国中部牛仔的男子小乐队在大门口演奏各种舞曲。这本是1920年代南京路有百货商厦以来的招徕顾客的传统,在淮海路上的商厦不时兴这样喧闹的方式。后来,渐渐演变成中老年的街头交谊舞会。当有一张电子琴、一把小号和一架鼓组成的小乐队演奏出令人难以置信的优美乐曲时,在商厦门前特别宽阔的人行道上聚集的中老年男女便走出人群,合着音乐翩翩起舞。女人们常常结伴跳舞,男人们常常独自跳舞,在天寒地冻的阴冷下午,他们虽然穿着厚厚的冬装,却热得敞开了外套。他们大都出生于上海最禁锢和黯淡的年代,他们奋勇敢当又带着不甘与局促的脸上,呈现着那个时代的倔强与抒情。这种表情,大概就算是"摩登"若断若续的尾音了。

人们仍旧在南京西路上走来走去,仍旧一点也不在意是否撞到别人的身体。走得慢的人,当然是一路都会让人推来推去的。但没人介意自己和别人在街道上身体不被随意碰撞的权利是如何的被侵犯了。有人机敏地在人群中飞快地穿过去,即使过街红灯亮着,他也能贴着行驶的车流,见缝插针穿过街道,好比越狱的江洋大盗。即使在街面上,也能旁听到无数场商业谈判,从一斤香蕉的价钱,到德义大楼一套朝南公寓的转让价,靠听,也能分辨出谁是讨价还价的高手,能最大限度地捍卫自己的利益。谁是捎客,谁根本就是一个阿诈里。

今天在南京西路上走一走,不得不想起张爱玲来。南京西路一带,至今为止,她仍是最好的城市作家。想起她写过的,一双水红色的绣花鞋,兀自微微内八字地走在南京西路上的情形。那双绣花鞋,如今倒好像是被张爱玲本人的幽灵穿着,在人行道上一路沙沙地轻响,并一路伴随着。

当年她写公寓生活时,正是孤岛时期,败相已经显露出来。房间里的热水汀就已经不好用了,现在的人家索性将废止多年的旧水汀拆光,地板上剩下热水汀水管的圆洞,房管所的工人就用一小块烂木头,削圆了,塞住了事。圣诞树的墨绿色身影,已经被晒褪色的旧平绒窗帘和幽暗的日光灯光所代替。那些凋敝的窗口成为这个城市沧海桑田的故事。那里的老人,也许会对你说,他家这套房子,是1947年时花七根大黄鱼,从一户举家去美国的犹太人手里顶来的。而张爱玲本人住的那套公寓,现在的住户,是她姑父家的一门亲戚。这样的老人,想来那时手头还是宽裕的,但现在,会为了节省自家的自来水,特地去后楼梯的拐角,用从前给各家佣人公用的马桶间。

凯司令咖啡馆现在早已不是她当时描写的那样阴沉。现在它是一爿大店,有栋朝街一大片玻璃墙的三层楼房。店面是堂皇了许多,栗子蛋糕也还是他们的招牌蛋糕,但口碑却是大大地差了。到底隔了一个又一个翻天覆地的时代,人们对蛋糕和咖啡的口味都变得更快餐,自认为见多识广,再也没有对食物郑重其事的爱慕。

当年她提到的平安电影院,现在早已关门大吉。电影院气派的入口处,现在成了一个外国女装店的入口处。不过,仍保留着她形容过的那条宽阔的香蕉般弧线,那正是装饰艺术式建筑大门的典型风格。从前的商店与电影院,还有舞场,大都名字还在,但门牌号码却是改动过了的,是曾天翻地覆过的佐证。

一路看着那些老店标出现在不同的底楼,顶着个老名字,但面目已非,就像立志来沾光的远房亲戚。如果说上个时代是物质主义的,这个时代就是实用主义的。来不及讲究体面,急煎煎先一把拿来,利用起来再说。

如今,距离 1966 年,又有 40 多年过去。兜兜转转,上海此刻又以成为世界大都市为己任。"摩登"这个词也被"时尚"所代替。那不是 modern 的新译,而是另一个词 fashion。摩登事关一种价值观和姿态,而时尚与其说是一种入时的装束,不如说更是一种产业的名称,比价值观务实得多。

从平安电影院到凯司令咖啡馆,现在有了三幢笔直的摩天楼。相比凯司令,它们虽然又新又突兀,但却是非常地道的上海。上海从来就是一个敢在街道上无所顾忌地呈现各种建筑的城市,它从来没时间和雅兴将自己规划得雅致一些。它一直是个没有节制的人,一旦有钱,不怕把自己撑死。到了没钱的时候,就勇于当个败家子。不管怎样的建筑,都能以它看来合理的角度和可以同情的理由并肩站在同一个街区里。那三幢摩天楼里,有着当年与绿屋夫人时装店同样时髦的女装店,也可以安全地买到六克拉的钻石和西伯利亚甚至是芬兰的皮草,不用担心发生郑苹如或者王佳芝那样的事。那里还有各种餐馆和咖啡馆,从鱼翅捞饭,到星巴克咖啡,可提供全世界各种口味。来自物质的诱惑仍旧这样多,在那些来自世界各地的奢侈品橱窗前,谈恋爱的青年仍旧与 1934 年那样流连着,女孩子向往地瞻仰着小职员一年的薪水才买得下来的皮包,男青年只有满面羞愧的份。到了不吃不喝过一年,才能买得起一只皮包的境地,这样的打击,就不能仅仅归纳为"意外的损失"了。物质与消费,卷土重来之时,成了一种深深的饥饿,摧毁人的自尊心。狂热地追逐现代性的时代真是过去了,现在的人们只有能力去追逐时兴的款式。

如今,人们当然是要争先恐后地上公共汽车,要不,你会永远乘不上车。在公共车子上,当然会偷阅他人的书报,而且当别人只是你的小提琴谱架而已。他要是不及时翻页,你心里还要嫌他太木讷。这似乎不再是吝啬的问题,而是乐于偷懒。报纸上的盗版如此多,凑巧站在一边,看了一下别人的报纸又算什么呢。不乐意被揩油的人,那才叫吝啬。路上张着嘴和挖着鼻粪的人,还保持原样,仿佛已是人之常情,责备他们的人倒有矫情之嫌疑。至于单穿睡衣出现在街头,现在已渐渐集中在中年男女们身上,成为他们的专有形象。在 90 年代初,商店里廉价出售出口转内销的成套睡衣后,穿睡衣上街曾发展到巅峰,引起本地报纸的报道和讨伐。尔后,情形虽然好转,但终究无法断绝。至于帽子的问题,虽然因为现在戴呢帽已过时,而得到自然的解决,但身上的时髦衣饰至高无上的地位,仍心同此理,已成为市井生活的重要传统。更有人实在买不起陈列在眼前昂贵的意大利皮衣,便偷偷带了剪刀进去,将那些衣服剪碎。现在的人较之从前,更为生猛与焦急,争抢成为本能,妒恨无法克制。1934年的油滑和稚气的无耻,倒显出了它的古董气。

张爱玲身上的物质主义气息,如今已像巴洛克晚妆上,在眼睛下方点的一粒苍蝇痣一样,成为标志。但她于闹市的红尘滚滚中对人性复杂之处沉痛的揭示,她对通商口岸城市民心幽深之处的体察与刻画,她对田园情调和乡村意识形态决然的反叛,所有这些摩登之处,竟也能被现在的读者与评论家解释成"时尚"。读一读张爱玲多年前在南京西路的公寓里写的那句话,"现在的人,真是越来越下流了"。

如今这里重新变得灯火通明,车水马龙,在一晃而过的时候,人很容易感到恍惚,不知道自己是否身处香港或者东京的商厦之中。几乎没人知道,梅龙镇广场前面的车道上,在1975年的一个雨天,饱经创伤的年轻女子姚姚,被卡车压死在那里。当时,那街边是一家新华书店,荒芜的橱窗里摆着印制粗糙的新书,红色的是毛泽东选集,红白相间的是毛泽东诗词,新书寥寥无几,一片萧条。

这样的城市自是不美的,但却有一种地道的通商口岸城市的活力和激情。在这样的街道散步,能得到一种来自历史的奇异和强烈的刺激。那种感受,就像一个从葡萄牙语辗转进入洋泾浜英语的词:maskee(没关系)所指代的那样,这里不管不顾,缺少章法,却勇往直前,对一切,都"没关系"。从摩登到时尚,当然也是没关系的。

永不拓宽的街道钩沉:
南京西路/p.238,茂名北路/p.260,陕西北路/p.260

来　源　泰安路东入口　70×90 cm

戴西一生中最长的一天

这一年，戴西的丈夫吴毓骧被划为右派。戴西从此开始她炼狱的生活。

在1956年，兴华科学仪器行与政府正式合营，并入上海机械进出口公司。吴毓骧从资方成为机械进出口公司的业务科长，被派到上海工商界政治学校去学习。在学习期间，他一边被洗脑，一边参加了对共产党的大鸣大放，当时，他大概以为积极参加各种共产党鼓励的活动，是正确的表现。或者他的生性就是不能好好设防的，容易激动，没有更多目的，就像他年轻时代跟着清华同学去参加"五四"游行一样。这一切，就像他当时冒着当反革命的危险收听美国广播，不是要知道反华宣传，也不是要知道被封锁的世界新闻，而是忍不住要听美国棒球比赛的实况转播。在这同时，他认识了更多的工商界前任的资方，他们在一起郊游和聚餐，互相以"老"相尊，吴毓骧开始被人称为"毓老"，甚为得意忘形。

但是现在不能知道他真实的想法与感受了，甚至在当时，连戴西和他们的子女都不能确定。他们在一起旅游，在一起吃饭，在自家花园里照相，熟悉在季节转换时的那些清晨，他因为支气管敏感而爆发出的一连串咳嗽和喷嚏声，就像德国木钟里的小木头鸟按时出来报时一样。可他们从来不谈论他对于自己处境的感受。也许戴西还不像后来那样坚强，她和他都不想面对越来越近、伸手可及的巨大阴影。也许他们都想装作什么都没有发生的样子。也许他们认为说了也没用，反而是徒增烦恼。他们就这样在阴影逼近的时候紧紧关着自己的心和自己的嘴，像鸵鸟。

当1957年到来，吴毓骧在一张《解放日报》上，看到自己上了右派的名单。可是他不知道在他的档案里，从来就没有右派的材料。到1980年全国右派甄别平反时，已经在提篮桥监狱病逝20年的吴毓骧，因为档案里从来没有被打成右派的记录，而无法平反。谁也不知道，当时为什么他的名字会出现在《解放日报》的右派名单上。

很快，他被通知不再担任业务科长的工作，改做清洁工。他回家来，向佣人学怎么将拖把拧干，这是他从来没有做过的事。

到了这一天,戴西夫妇才真正明白过来,他们发家致富的时代没有到,根本没有到。而他们慢慢失去一切的日子,倒是不由分说地来到了。

戴西也离开外滩的办公室,被送到资本家学习班去学习。在学习班上,她也第一次学习怎么用锤子把大石头砸成一块块的小石子,送去修路用,支援国家建设。开始她不懂,后来,她知道在砸石头的时候一定要戴上厚手套。

1958年3月15日,戴西在学习班上被通知说,公安局在家里等她,要她马上回家。

果然有两个警察在家里等她。自从家里的保姆偷了美金那次,家里来过警察,这是戴西家中第二次有警察进入。这一次,他们是来通知她,吴毓骧已经被捕,要她将入狱要用的行李送到思南路的看守所,那是关押重要犯人的地方。那些可以送去的东西,包括衣服、被子、毛巾和草纸,但不可以送牙膏牙刷,怕牙膏里藏着毒药,牙刷的硬柄会用于自杀。

戴西说:"我听到警察对我说这些话,几乎惊倒。"

这时,她听到楼下的客厅里传来了琴声,有人在弹琴,她听出来那个人在弹中正这个星期正在练习的曲子。然后,她意识到,是14岁的儿子放学回来了。他从来不热衷于弹钢琴,他们也从没有想过要让他当一个音乐家,只是有一搭没一搭地拖拉着学琴。她一开始在心里奇怪,怎么中正今天这么起劲,然后,琴声给了她很大的安慰,她知道自己的亲人回来了,虽然只是一个上初三的儿子,可他是自己的亲人,这种安慰让她清醒过来。

过了37年,中正从美国回来看戴西,他回忆了那一年3月15日的情形,他牢牢地记住了那一天,因为他认为,自己是在那个下午长大的。在这一天以前,他还是一个贪玩的男孩,每个学期开始的第一天,要戴西将他一大早叫到自己卧室里,训一次话,重申戒条。到第二个学期开始的第一天清晨,再把他叫到卧室里,将上学期开学时的话说一遍。

那一天,中正放学回家,一进门,大厨子就把他揪住,告诉他家里出了大事,现在警察和妈妈就在楼上。中正希望妈妈知道自己已经回家,但他觉得不能上楼去,他觉得楼上有巨大的危险,于是,他到客厅里去弹琴。琴声一响,吓得大厨摇着双手飞跑过来,要将他往琴凳下拉。中正对厨子说:"这样,妈咪就知道我回家来了。"

戴西日后说,是中正的琴声把灵魂重新带回来给她。

他们一起为吴毓骧收拾了一个包裹,准备送到第一看守所去。

在他们就要离开家以前,电话突然响了,是一个戴西非常陌生的男人的声音。他告诉她吴毓骧开去上班的黑色福特车,就停在离单位不远的九江路上。他说完,就把电话挂断了。

中正和戴西一起去送了包裹。按照地址,他们来到一处非常热闹的街市中,沿着阴沉的灰墙一直走,走到开在边上的铁门边上,就能进出一处平房。里面有一长排木头柜台,后面坐着没有戴帽子的警察。他们给了戴西和中正一个号码,一夕之中,现在它代表着她的丈夫,他的爹爹,他成了一个号码,直到他去世,他一直叫一六七五号。

在警察检查东西的时候,中正透过通向里面大院的门,看到了一棵矮小的塔松,还有空无一人的院子。它看上去甚至可以说是宁静的,令14岁的中正非常惊异。中正就这样记住了这个门框里的院子,那是他爹爹住的地方。以后,是他代替无法出来送东西的妈妈,为关在这里的爹爹送了整整三年的东西。他每次都耐心地等着将家里的东西送进木门去的警察回来,他会带回一张小小的纸,上面有爹爹写的自己的号码,表示东西已经收到,也表示自己还活着。对中正来说,它是表示着自己还能与爹爹有某种联系的证明。那对十多岁时突然失去父亲的男孩子来说,是重要的安慰。

当时吴毓骧每次都要家里带棉线去,中正对此十分不解。直到吴毓骧去世,中正陪戴西从监狱里将他的遗物取回来,才发现他所有衣服上的扣子都被剪去了,为了要让衣服能包住身体,吴毓骧将棉线搓成了小绳子,代替扣子。这是后话了。

谁也没有看见高大风流、一表人才的吴毓骧穿棉线当扣子的衣服,是什么样子,最后一次,看着他出门,他还是整整齐齐的,用穿西服的样子异常端正地穿着布做的人民装。

这一天,一定是中正和戴西的生活中最长的一天。

送完东西出来,他们一起去外滩的九江路,把家里的车开回来。那辆黑色的福特车,已经用了许多年。公私合营以后,在外滩上班的资本家们,大都自己收敛了平时的气焰,开始雇三轮车,或者和职员们一样,乘公共汽车上班。只有吴毓骧,每天开着自家的汽车去,就是直接去厕所,取了拖把做清洁,他也要开了福特车去。

廖炯模　武夷路　90×120 cm

因为多年没有维修福特车,而且自己开车在当时已经太过招摇,戴西警告过丈夫几次,希望他不要再开车了,可他从来不听她的。只是他不再让戴西坐自己的车上班,让她改乘公共汽车。

在没有一棵街树、两侧高楼林立、黑黝黝像山谷一样的九江路上,他们找到了孤独地停在夜色里的黑色的车,他们坐了进去。当发动后,戴西发现车况非常糟糕,几乎不能再开。这回家的一路上,它时而失去控制,时而突然熄火,在繁忙的大街上险象环生。戴西必须集中全部精力。

他们拐上南京路。相去不远,就是永安公司了,那时商厦里灯火通明。它曾是戴西家的产业,它使戴西离开了和平的澳大利亚来到中国,给了戴西一份富有健康的生活,她那样生活了50年,可是从这天晚上起,不再这样生活了。他们的车背着这个大商厦,越开越远了。

他们经过国际饭店,那是戴西20年代冲进照相店去,把自己的照片从橱窗里摘下来的地方,可那照片又被当时追求她的吴毓骧偷去挂在自己房间里了;也是1936年组织上海第一场锦霓时装秀的地方;是每年圣诞全家团聚吃饭的地方;也是与那个神秘的犹太人S碰头拿装着钱的纸袋的地方;它带着30年代曼哈顿的气味。可戴西在那一夜,什么也不能想地经过它的身边。要是车况尚好的话,我想也许戴西会想起当年记者紫燕的那篇感慨的报道,当年这个记者感慨富家小姐们与穷人的理想之间的差距之大,现在是不是戴西也可以感慨自己的生活中会有如此大的反差?

他们经过延安路,很靠近那个有大花园的郭家老宅。从前戴西有了什么难处,她就回家去,那里有成群的兄弟姐妹,有强势的父母,他们家的孩子大都以率性的态度处世,因为他们从前不太知道,在生活中有什么东西是自己不能掌握的。现在,他们已经四散在美国各地,父母已经过世,老宅已经是国家财产。戴西不能再像从前那样,在去杭州玩时摔伤了腿,就开车回家让哥哥帮忙包好。也许她根本没有时间多愁善感,她怕出了车祸。她从那里拐了开去,回到自己的家。

在戴西后来的回忆录里,只写了一句话,表达当时在车上自己的思想。

我驾着根本不能开的车回家,我想YH早已经知道这车是不能开的,我猜也许他就是希望开车时能出意外。

我想,要是我知道自己的丈夫在车里曾掩盖着这样的绝望,会五内俱焚。我不知道戴西会不会这样。因为她没有多说,对一直跟着她的中正也没有多说一句话。回到家以后,她默默地把车泊进车库,熄了火,再没有去碰它,直到它被政府没收。

吴家的宅子和一天以前一样宁静,站在埋枪的小土堆边上的那棵棕榈树,和一天以前一样在开始暖和起来的夜风里沙沙地响,甚至在甬道上,和一天以前吴毓骧下班回家来的时候一样,泊了车后,留着劣质汽油微微的臭气。而生活从此变了,对吴家花园的每个人来说。

临进家门的时候,中正在后面叫住戴西,说:"妈咪,今天我长大了。"

我见到过一张戴西和姐姐、姐夫在1958年晚些时候拍摄的照片。那时,戴西一家开始习惯家中的亲人变成一个号码的事实,他们与留在上海没有离开的唯一一家至亲——波丽一家去了公园散心。照片上的戴西,还是笑着的,可那笑容里已经没有了神采,而且还看不出后来眼睛里无邪而且无畏的坚定,她的笑容里有一种愣怔,一种恍惚,一种惊惧,她还没有真正适应1958年的新生活,她还并不知道自己应该怎么办才好。在这张照片里,她开始穿起了长裤,而波丽仍旧穿着大衣和长裙。50岁的她,开始了第二次生活,完全不同的生活,像戏剧里一样充满了对比与反差的生活。要是戴西一生中,曾有过被击倒的时候,就应该是这时候。

这是她一生的照片中,最不好看的一张,她的脖子突然缩进衣领,笑容中有种悻然,从前的精致全无,而以后的晶莹也没有。她第一次在照片中将手没有仪式感地平摊在膝盖上,因为在学习班上,她开始和全国人民一起大炼钢铁,她们在常熟路的一家院子里盖起了土砖灶,在里面黑烟滚滚地,将从私家花园拆下来的铁栅栏、铁门,甚至老式大门上的大铁钥匙,放在锅里烧化。日复一日,她的双手已经粗糙不堪,散布着细小的伤口。在这张照片上,戴西像一个正在痛苦脱壳的蚕宝宝一样,默默地仰着头。

波丽温文尔雅地笑着,紧紧挨着她著名小儿科大夫的丈夫。她和戴西,是郭家留下来的唯一一对姐妹,她自己的处境也在明显地恶化,可她仍旧可以从妹妹的不幸里,被生活警示了自己的幸福,她是因为在对比中发现了自己更多的幸福而紧紧地靠着自己丈夫的吗?要是把左边的戴西和前面的中正遮掉,这就是一张波丽夫妇温情脉脉的合影,带着壮年夫妇合影中不常见的相依之情,还能看到一种柔怀以待的宽厚。在亲近的人的不幸里,人们常常得到了对自己的安全与幸福的证明。它使人们知道感恩和怜悯。

中正严肃认真地直视镜头。他一定是以为一个成熟的男子应该不再对着镜头傻笑吧？甚至也不能像父亲那样在照片里随便和放松。他又瘦又高，完全不是1946年的照片上那胖而柔和的小男孩子了。从他宣布自己已经长大的那天起，他就真的已经与戴西分担家庭中所有的事，甚至所有的秘密。

波丽的丈夫温柔敦厚地微笑着，将自己的脸关切地伸向镜头。他一手护着自己的妻子，一手护着自己的侄子。那是因为他当年清华留美预备部的同学，自己的姻亲被捕，他感到应该代行照顾和抚恤的责任吧，他伸出了自己的一只手护着没有爸爸的男孩。这个样子，一方面是温暖人的，一方面也是优越的。可是对波丽的丈夫，现在郭家留下来的唯一一个男人来说，要是他不这样，又能怎么做呢？

因此，这是一张微妙的混合着哀痛和幸福、不甘与庆幸的合影。

当我看着它的时候，我心里非常难过，因为它太真实了。而对戴西的骄傲，戴西的自尊，它又太残酷了。

要是你长时间地看着这张照片，在心里就好像能听见胡桃夹子正在夹碎坚果的碎裂声，清脆的碎裂声，听进去就能感到它的痛苦，然后，你才能闻到里面淡黄色果仁的芳香。

永不拓宽的街道钩沉：
湖南路/p.244，泰安路/p.245，武夷路/p.265，南京东路/p.227

范佩俊　延庆路路口　70×90 cm

雪

新年的清晨,郑玲草草修饰好自己,提着大包小包,拉上自家的防盗门。此时,她丈夫已经在电梯里,按着开门的按钮,等她好一会了,他要去单位值班,她则要回娘家去。沉甸甸的旧保温桶里,装着家里四川保姆做好的麻辣鱼、红烧胡萝卜小排骨和回锅肉。那只红色塑料外壳的保温桶还是在郑玲母亲住院时买的,平日里什么用都没有。郑玲家兄妹三个说好每家带几个菜过去,与父母一起过年。郑玲手袋里装着一本读到一半的法国小说,沉甸甸的,还有一本黑面子的 MOLESKINE 牌笔记本。她喜欢读书的时候随手记笔记,这是一个寂寞读者的习惯,好像认定自己的读书心得永远找不到知音,只能与纸笔密谈。

电梯下降的几分钟里,郑玲叹了口气,对丈夫说:"我可真怕看到我妈的脸。"

本来,她可以在常年住院的父亲被郑大刚接回家后,才到达娘家的。但她的丈夫必须八点钟就到单位接班,所以,她也不得不提前出门了。

"你到附近的咖啡馆先坐一会,看看书,安静一下。"丈夫安慰她说。

推开公寓楼下的大门,他们发现下雨了。越冬的樟树,树梢浸润在一团灰白色的潮湿雾气里。这几天全国都是雾霾天气,扰乱了交通,新闻里总是报道在机场和长途汽车站积压了多少乘客。郑玲看到湿漉漉的雾气,心想:"好在自己不用像那些乘客一样,滞留在发臭的等候大厅里。"她想,要是自己不得不那样做,一定会疯了的。然后,她想到自己的女朋友对雾天的判断,这个女朋友突然发现自己酷爱中国文化,于是,听京戏,学古琴,看文言文的书,有一天,她们一起去了古北,吃越南菜。女朋友轻靠在餐桌上,望着外面,说:"这种雾蒙蒙的天,应该就叫'霾'吧。"此刻,郑玲想起了那个女朋友的话。霾是一种没有诗意的雾。

街道上灰蒙蒙的,街边的房屋沉浸在新年假日清晨的寂静中。

郑玲感受着这种寂静的异样。每到阖家团圆的假日清晨,她都能感受到一种异样。那是一种类似失望,却又感到紧张的压力,好像它要迫使你必须很快乐,很圆满。

"我不知道我妈还有什么不快乐,不圆满的。"郑玲抱怨说。过去的一年,对郑玲家来说,是风波不断的一年。她高龄的父亲曾一度病危,但现在平稳下来了。她的母亲秋天时突然手术,当时情况很不好,他们兄妹几人深恐多年患抑郁症的母亲因手术创伤而加深抑郁,所以,即使请了护士日夜照看,仍旧轮班陪伴母亲。现在母亲也恢复了。应该说,在年尾的时候要是回首望去,是值得欣慰的。郑玲已经年近五十,但仍张嘴就叫得到"爸爸""妈妈"这两个词,仍有人理所当然地称呼她的乳名,郑玲在理智上承认自己是个幸福的人。但在感性上,她就是怕见到她母亲那张保养得依旧很白皙,但不愉快的脸,一张知识妇女的抑郁的脸。她感到,在这样一个寂静的有雾的清晨,她本人也需要用快乐来取暖。

他们的老别克车飞快地在高架路上行驶着,掠过一栋棕红色的巨大建筑。郑玲参加的健身俱乐部就在三楼。她每周在那里上两次瑜伽课,游一次泳。她看到灯光明亮的健身房窗子前,有人在跑步机上寂寞地跑着,一边晃动着浅棕色的短发。她猜想那人是她的瑜伽班同学,一家外国公司的中国首代,一个挑剔的老姑娘。这个人每天都去健身房,可每次都不用健身房提供的浴巾,冲完凉后,她都用一大堆面巾纸,吸掉自己身上的水珠。郑玲知道,她那样做肯定不是针对自己的,但还是为此感到不快。在这个清晨还坚持到健身房来跑步,在郑玲看来,就是对私生活中的寂寞的泄露,是令人尴尬的。

由于母亲长期的抑郁和洁癖,郑玲兄妹几个已很能察言观色。尽量注意不要惹恼母亲。要不是父亲的医生准许父亲节日回家来住一天,他们大概不会去母亲家叨扰。也许,这一家人心里都在想,这可能是他们家最后一次团聚了,所以无论如何也要在一起。他们也许心里都觉得,这是从造物主手里得到的最后一次家庭团聚的机会。当然,他们之间不会挑明了说。

"我怕这是我家最后一次团圆了。可惜孩子们都不能回来。"郑玲对丈夫说。他们的孩子和郑玲哥哥的孩子都在美国读书,他们不过中国年。

丈夫沉默着,他的父亲已经去世近20年了。留下他母亲不愉快地生活着,守着他父亲临终时写给她的最后一首诗:"愿妻南山寿,慰我地下情。"他父亲过世后的第一个新年,他母亲去外地旅行,避免在家里伤心。他们兄妹利用新年的假期清理父亲遗物。郑玲当时正怀着女儿,坐在一边陪伴丈夫和他的妹妹。他家与郑玲家一样,都是三个孩子,最小的是女孩。那次,他们偶尔在父亲的书桌抽屉里找到了他的笔记本。然后,发现了写在笔记本里的,字体微微向左边倾斜的诗歌。他们站在书桌前传看短短的古体诗歌,沉默不语。他父母曾经是大家公认的恩爱夫妻。当时郑玲靠在沙发上看着他们,心想,幸福家庭的孩子,现在受苦了。

"你父母已经算是高寿的了。"丈夫说。

"可我还是没有准备好他们真的不在了。"郑玲说。

"这世上有谁准备好了?"丈夫说。郑玲想起来,公公去世时,丈夫也是在一个雾蒙蒙的清晨冲回家来,找一件可以让公公的尸体穿上,送去火葬场的衬衣。当时自己还与父母住得很近,自己的父母怕丈夫慌张之下发生事故,决定帮丈夫去医院送那件白衬衣。后来,父母又陪伴丈夫的母亲送尸体离开。

"最好今天能把我妈也接到你妈家去,这样,我们家也算团圆过了。"丈夫请求说。

"我不知道我妈是不是愿意,她脾气那么坏,不给人好脸色。"郑玲说。她眼前浮现出婆婆的圆脸,那也是一张知识妇女抑郁的脸,她也有抑郁症,也吃百忧解,也抱怨。郑玲的心向下沉去,渐渐一片冰凉。"我试试吧。"她答应。

他们进入老城区狭窄的街道,兴国路,武康路,永福路,租界时代的旧楼房被连夜的雨打湿了,多年废弃不用的壁炉烟囱摇摇欲坠地站立在红瓦的屋顶斜坡上,郑玲感受到自己熟悉的宁静而衰败的气氛,这是她从小生长的街区。她还没有完全醒来的身体因此而自在起来。街角的法式面包房里灯火通明。透过咖啡馆的窗子,能看到店堂里所有的椅子都倒扣在桌子上,吧台上方还留着闪闪发光的银色锡纸做成的MERRY X'MAS AND HAPPY NEW YEAR,牧师曾为年轻人与非教徒将CHRIST演绎成X大为不满。但郑玲却特别欣赏这个X,觉得它体现了许多人内心深处认真的迷茫,和对商业圣诞的抵触。她觉得自己是属于这里的。

"那么,你打算去哪里消磨这两个小时呢?"她丈夫问,他们预计家里大多数人都会在十点左右到达,这样,郑玲就不必单独承受母亲的抱怨了。他本人也深受自己母亲抱怨的滋扰,所以非常理解郑玲的害怕。而且,他也受到了郑玲抱怨的滋扰。他握着浅茶色的皮质方向盘,一心想安顿好妻子,自己能在办公室里独自清静一天。

"咖啡馆又不开门。"郑玲说,"只有肯德基炸鸡店才开门。"

她通常下午饭后才去咖啡馆里读书,而且总是回到这个街区来,然后消磨掉整个下午才回家去。她常常经过母亲家的大铁门,但并不常回家。在她喜欢的咖啡馆里,有她喜欢的座位,她通常要一杯牛奶咖啡,然后再要一大杯水,黄昏到来后,再叫一小块忌司蛋糕。黄昏时的甜食使她乐观,如一根支架那样,撑住了如暮色般渐渐低垂的心情。那里温暖,芳香,而且充满了别人的声响,以及音乐。她非常乐于接受陌生的音乐。咖啡馆的一切让她觉得很舒服:既与人群在一起,享受他们的活泼,又不被打扰。在她丈夫看来,她也是个有洁癖的知识妇女,正站在制造无尽抱怨的边缘。

郑玲心里思忖,自己一个女人,新年一大早独自到炸鸡店里去看书,真是不自然。她想起跑步机上孤独的身影,发现自己心中对那个女人的鄙视,并不是因为面巾纸,而是因为那个人没能好好掩饰单身的寂寞,就像在更衣室里女人们脱得光光的样子让她厌恶一样。自从她的孩子离开家求学以后,郑玲对孤独的女人很过敏,而且感到深深的羞耻。她认为孤独是一种被抛弃的挫败的标志。郑玲认为自己一个人跑到肯德基店里去看书,比大清早到健身房去跑步还要糟糕。不过,她没有说出来,她感到对工作繁忙的丈夫,这种感受难以启齿。

母亲家到了。郑玲看到绿色的旧铁门后,她从小天天经过的一棵泡桐树,如浸在面汤里的筷子一样,浸泡在新年清晨浓厚的雾霾里。童年时代的寂寞从记忆中一跃而起,如受惊的狗一样猛扑过来。那些冷清的新年,父亲总是不在家过年的,家里没有亲戚来串门,母亲最不喜欢家里有客人留宿,她难得给人好脸色看,她家的厨房从来不会像别人家那样油烟蒸腾,充满食物的蒸汽和芳香。冬天常常有大雾,室内冰凉,透过因为寒冷而显得格外薄脆的玻璃,幼小的郑玲总是看到雾里发黑的大树,总是猜想对面那些流着一条条水蒸气的玻璃窗后,人们团圆的快乐:相似的面孔在房间里晃动着,桌上堆放着各种各样的礼物,和喝过的茶杯。他们彼此开着只有自家人才能听懂的玩笑。

郑玲终于做出了决定:到街口的肯德基炸鸡店里去等两个小时。

店里果然一个客人也没有。不过它很暖和干爽。

郑玲端着自己要的一杯滚烫的香港奶茶,找到一个三面环墙的角落。在她安顿自己时,店堂里又进来了客人,年轻女子点麦当劳早餐时柔和的声音安慰了郑玲忐忑的心。她听到他们落座在离她不远的地方,然后听到,还有一个年轻男孩陪伴她。他们在谈论自己的父母和亲戚们。他们的声调是她熟悉的无奈与厌烦。郑玲想起来,自己没出嫁的时候,过节时也曾是这样厌烦的,不过她厌烦的不是父母与亲戚,而是节日里特殊的心理压力。那么,在节日的清晨还有因为厌烦而从家里逃出来的别人。郑玲轻轻啜了口滚烫的茶水,她要了一百度的热茶。近来,她非常喜欢喝烫的茶水和咖啡,喜欢体会那道从喉咙到胃一路蜿蜒下去的热流,就像熨斗在半湿的棉布裤子上平平地烫出一道,那是令她舒服的秩序感。

郑玲拿出小说书和本子来,并戴上眼镜。

那是一个德国占领军和法国乡村女人之间的爱情故事。当然,是个悲伤的故事,充满了人性的力量,特别是当你想到作者是个躲藏在法国南部乡间的犹太女作家,想到这个结构工整的现实主义小说是她逃亡途中写的,想到她为这本小说写下最后一个句号以后,就被带去了波兰,并死在那里,你就会为她在最后的日子仍能没有怨恨和偏见地洞察人性,而佩服她超越意识形态的力量。好的小说,总是让读者对自己的经历浮想联翩。读者跟着小说的故事在走,但却如走在一条玫瑰树夹道的小径上,他注意的不是小径,而是两边的玫瑰,那些盛开的花朵,是他自己的经历。他通过小说,看到的是自己和自己的生活。

郑玲沉浮在那个故事里,如一只水中的皮球。从少女时代开始,她就喜欢读小说。晚上早早就上床了,坐在被子里,握着一本小说,台灯黄色的光晕像圆顶蚊帐一样将她安全地罩在故事里,这一直是郑玲的爱好。她有时握着一本小说,心里就响起从前读小说时的声音,隔壁人家的儿子练习黑管的声音,乐声犹如紫色的葡萄在桌面上滚过;父亲听美国之音时传出的电磁干扰声;楼下人家的小毛头咿咿呀呀的哭声,那是个不健康的小孩,白天出来晒太阳,后脑勺的头发掉了一大块,露出雪白的头皮,可他的眼睛下却青着,好像体力不支;那都是她娘家的声音。它们是她这辈子最熟悉的声音。郑玲没想到,自己差不多过了半辈子,到底发现,自己竟然仍对娘家念念不忘。回到小时候长大的街区,就像鱼尾在水里划动那样自在。这是个保留着陈旧布尔乔亚气氛的老街区,现在上海时髦的街区越来越多了,这里显得凋落,但也格外的安详和从容。郑玲想,要是自己30岁的时候,可能会喜欢新天地和古北,可如今,自己只能契合这些灰扑扑的街道,失修的20年代旧公寓,40年代旧洋房和70年代到处栽种的泡桐树;留恋那些在红瓦屋顶上徒劳地竖立着的废弃了的壁炉烟囱,从花园的矮墙里探出来的紫藤。郑玲在一本法国小说里想念着附近街道上的面貌,好像自己也是在逃亡的路上,好像自己也快要被送到波兰去死。

窗外的人行道上经过了一个老年妇女,她将自己苍白的圆脸转向店堂,面容沉郁严肃。郑玲以为是母亲,吓了一跳。那个老女人穿着双小巧的棕色皮靴,豆沙色的短呢大衣,式样都已过时,但保留着上个时代妇女的体面。郑玲看到她手里拿着新买的牛奶,从窗外看了她一眼,好像赌气的样子。郑玲发现,这里的街道比自己家住的新区,有更多面容抑郁的老人。他们不像那些跟随子女去新区生活的老人那样随遇而安,他们大多数人与自己父母一样住在人去楼空的老家里,储藏室里保留着儿女从前用的箱子、留下的提琴或者手风琴和他们的被褥,老人们独立生活。也许他们是更有自尊心的老人。郑玲想,这也算是一种布尔乔亚遗风吧。她虽然害怕与这样的老人相处,但在心中,却是尊敬的。想起来,她反而看不起那些终日围绕在她家楼下喷泉四周,乐呵呵地哄孩子的老人,他们的笑容和说话声,让她想起"老而不尊"这个词。郑玲知道自己这样想未免太苛刻无理,但却忍不住。她目送那个瘦小的浅棕色背影经过一栋40年代的西班牙式楼房,那是郑玲小时候的幼儿园,又经过一条40年代的新式里弄,那是郑玲小学老师住的弄堂,老女人拐到街对面去了,那里曾经是郑玲与男朋友约会的地方,有家卖盗版碟片的小店,主人是个西洋歌剧的爱好者,只要他在店里,就终日播放普契尼的作品。郑玲记得春夏的时候,半条街上都响彻着蝴蝶夫人的咏叹调。走出好远,高亢的女高音还紧紧追着过来,"啊,晴朗的一天",搅动人心。其实,上海真的难得有可以咏叹的晴朗。

郑玲突然想,那个老妇人心里会怎么想自己呢?新年一大早,独自坐在美式炸鸡店里喝一杯茶的女人。也许就像刚刚在丈夫的车上看到健身房里跑步的那个女人时,自己的心情吧。自己也令那个买牛奶的老妇人感到不快和尴尬了吧。

"我无聊死了。"年轻的女孩子苦恼地说。即使有个男孩子陪在旁边,她的声音还是这样寂寞和不快。郑玲感到那个年轻柔和的声音在自己心中回响着,就像在一间空房间里回响一样。"我讨厌这种阴天,讨厌。"女孩子的声音在郑玲心里轻柔地回荡着,如羽毛般飘摇而下。"我要像妈妈那样得忧郁症了,你相信不相信。"

郑玲面前的小说里,法国乡下的年轻女子正在与借住在她家的德国军官狂热地恋爱,而写小说的犹太女子的厄运正一步步逼近。小说的扉页上有她手稿的影印件,这些影印件只起到了一个作用,就是将她的厄运活生生地逼到读者面前,好像交响乐的第二主题一样。

"下雪啦!"店堂里突然有人欢呼起来。

果然是下雪了。郑玲看到白色的小雪片细密地从灰色的天空中落下,缥缈和迅速。街对面的旧楼房变得朦胧不清,仿佛一个印象派画出的梦境。街道上的行人一边走,一边仰头看天,他们脸上有种恍惚的笑影,好像不能相信眼前的白雪飘飘。郑玲旁边的那对情人扔下一桌子的食物跑了出去,那女孩子穿着薄薄一件灰色的紧身毛衣,在大雪里看上去苗条极了,郑玲看到她的脸渐渐在寒冷的刺激下红了,变得像鲜艳欲滴的苹果。

郑玲站起来,也走了出去。空气中充满了新鲜寒冷的雪的气味,寒气迅速地穿透了她身上单薄的毛衣,刺痛她的皮肤。她禁不住微笑。她看到街道上已经白了,屋顶的斜坡上也已经白了,清晨的雾霾散去,天地之间只有白雪源源不绝,飘然而至。她想到母亲家的院子里一定也变成白色的了,院子里的忍冬树叶一定一动不动地承接着雪花,就像她小时候的情形一样。雪不知为什么,总给人带来奇迹发生般的快乐而顺从的心情,雪总是覆盖了一切,使它们变白,好像新的一样。

郑玲站在街口,往华亭路深处望去,杳无人迹的街道上留着处女雪,没有脚印。20年代的老窗台和屋顶上,因为有了雪的点缀而变得新鲜。她想起自己小时候在雪中见到过的街道,它们似乎一点也没有变。那种好奇和向往又在她心中冉冉升起,它们也没有变,仍旧是面目不清的。小时候她虽然寂寞,但心中有着模糊的期待。她总是想,自己长大了就会好的,一切都会好起来。小时候她总是一个人在家里附近的街道上闲逛,下雪的时候总把自己弄得很湿,脚也在猪皮靴子里冻僵了。但雪中的街景总令她着迷。她想自己是那种内心时刻渴望着改变孤独的人,却一生都没有改变的机会,除了在阅读里。但是,那期待却也从未消失,一直好端端地留在心里。郑玲在大雪里惊奇地检查着自己,吃惊地看着心中经年累月的期待仍旧那么新鲜。

这时,她看到远处的结核病防治所门口,那个穿浅棕色大衣的老太太也立在雪中,她仰头用脸盘接着雪花的样子,让郑玲想起母亲家总是眼巴巴的小母狗。

永不拓宽的街道钩沉:
华亭路/p.245,延庆路/p.247

徐文华　余庆路上午时光　80×100 cm

尼可

尼可是法国人,她在上海从前属于法国租界的淮海路上租了一栋旧洋房住,那栋在大弄堂里的洋房大概是租界后期造的,是那时候流行的西班牙式样,用的是弯弯的红瓦,宽大的窗子,二楼还有一个铺红缸砖的大阳台,可以放一套藤做的躺椅。那样的房子比较合适冬天需要阳光、夏天需要通风的上海,又是当时的时髦样子,所以在上海西面的住宅区里留着不少。只是后来这样的房子里,通常都住了三四家人,成了合用的房子,一楼的餐室成了卧室,客厅成了卧室,二楼的楼道成了楼上人家的厨房,阳台用玻璃窗封了,成了孩子用的房间,甚至连楼下的汽车间里也住人,原来的样子已经全然不见。而尼可的房子倒是有机会恢复到了早先的样子,她和一个荷兰朋友住在整栋房子里。

但是,她并不是只在一栋淮海路上的老房子里住住而已,她用一个在巴黎学了考古的、长期住在东方的法国女子的眼光,把那房子打扮得就像一个旧时的法国侨民在上海的家,复原了原来被房东破坏了的洋房格局,四处找来了从前上海的外国人用的家具,还有法国人在中国旅行时会买的中国家什:粗柳条编的篮子、竹子做的小凳子、尖顶草帽、中国山水画轴,等等。她用这些东西重新布置了整个房子和庭院。

她这个在上海的家上了外国杂志,惹得到上海来旅游的外国人辗转听到了消息以后,就到她家去参观。她不只好客,任由大家来参观,要是遇到她谈得来的客人,还从柜子里取了从法国老家带来的葡萄酒,来招待客人,这听上去相当亲切和隆重。而且要是有人看上了她家里的东西,还可以在她那里订做一个复制品带走。尼可在乡下有一个小加工厂,她雇佣的木匠可以为那些看中她家里30年代流行的奶油色皮沙发躺椅或者当茶几用的中国传统樟木箱的客人做一个一模一样的出来,但是价钱却并没有贵得离谱。

"你不知道我打算租这房子的时候,这房子是什么样子。"尼可说,"挤了好几户人家不算,院子里什么都没有,倒有一个从前挖的防空洞。原来的钢窗全被换成了铝合金的窗子,只有地板没有变化,还是原来的柚木,我们清洗掉上面多年的油污以后,地板好得让人惊叹。"

"靠这个房子挣钱了吧?"我问她。

"偶尔。"尼可说,"要是看到不顺眼的,我还不卖。因为他根本就不懂得欣赏。"

"你懂吗?"我问。然后,我知道自己太唐突了,于是接着说,"我真的对你的看法有兴趣,你并没有什么中国文化的背景,也不懂得中文,家里的长辈又没有殖民上海的经历,为什么会在上海做这样一个房子。你花了那么多时间和钱,但你的房子是租用的,租期到了以后很可能要还,但你还是这样一点一滴地造这样一个世界。"

"我当然懂。"尼可说,"我比好多上海人懂得多了,你看你们在你们的城市里做了什么?把自己城市的传统都拆掉了,搬家的时候把家里真正好看的老东西都扔掉了。我家里的不少东西都是在马路上拾来的。上海并不是一个懂得保护自己文化的城市。"尼可在她的客厅里走来走去,一一点给我看她的收藏,箱子、柜子、小木凳、落地灯,"你不知道原来的主人听到我想要买他们用的东西时,他们的惊奇和高兴的样子,你连这个凳子也要?他们奇怪极了,就说,你要,就拿去吧。"尼可说着这些的时候,脸上带着某种微笑,那应该是高兴、庆幸而且有一点沙文主义的笑容吧。她相信自己懂得而且是在保护我们的文化和历史,在我们抛弃它们走向现代化的时候。

尼可摸着她放在起居室里旧沙发边上的一只箱笼,说:"你看它多老了,多漂亮。我就是不会中文,也能感到这上面的故事。"她用那个刷了红漆的老式箱子,当沙发边上的咖啡桌。"那是一个女人的嫁妆,跟着她到丈夫家,她想要得到爱情,可是却有许多痛苦跟着她。那个中国女人用了一辈子这只箱子。上面有许多划痕都是她的指甲留下来的。"说着尼可就笑了,"你看,很浪漫的故事吧。不要忘记我是个考古学家。"

是的,她在化腐朽为神奇。那只老箱子在尼可的起居室里被小心地擦净,并置放在柔和的灯光下,散发着感伤而甜蜜的东方女子的气息,如同小提琴里的越剧曲调展现出来的缠绵一样充满异国浪漫的情调。还有一幅复制的乾隆像的大画轴,做成了窗子的大小,装上了细绳子,放在楼上卧室里当窗帘用。卧室床边上纱罩里的灯光和乾隆的大红龙袍配在一起,给卧室带来了一种温暖的性感的喜气。

在她的厨房里我们喝了些酒,是她从家乡带来的红葡萄酒,她说到了自己的家乡,在法国的南部,出产最好的法国葡萄酒,那里的孩子喝的酒比喝的奶多,那里阳光灿烂，山坡上到处都是葡萄园。尼可满面笑容地说着自己的家乡，还有自己家乡的红酒。"你感到有什么不同了吗？与在这里买到的法国葡萄酒。"尼可问，"我们在法国喝的酒，都是真正的葡萄汁酿成的，而运到远东的酒没有这么纯正。你把我的酒放在舌头上滚一滚，就会有不同的感觉了。"她说。但是我并没有那么明显的感觉，因为我根本就很少喝酒。

"你们平时喝什么？"尼可问。

"我们江南的人喝黄酒，是用大米酿起来的。"我说，"中国古代的人在喝酒的时候弹琴作诗，也是很风雅的事。"但我们现在已经不这样了，我们喝酒时划拳，谈生意，拉好人下脏水，男人借酒遮脸放肆一下，在我这种不喝酒的人看来，真是丑得很。我并不想说这些，想说江南传统里那些与酒有关的风雅的事，可是我并不知道什么，《红楼梦》里的那些酒令，我也从来记不住它们，所以只好闭嘴。干邑酒酸酸的，嘴里十分清冽。

在她的客人房里我见到了她特别收藏的箱子，各种各样在上海收来的老式箱子，英国最早生产的纸做的箱子，牛皮箱子，东南亚的箱子，法国的箱子，女士用来装化妆品的小皮箱，那些大多是从前来上海的外国人用过的，按照大小，高高地镙着。让人想到千山万水的旅行，支持着这样旅行的梦想和野心，还有故事。"要是我的客人来了，他们就把自己的箱子也放在这里，把自己也加到了我房子的故事里去了。"尼可说。

尼可的房子，对外国人来说，他们见到了他们容易接受的东方情调，对上海人来说，我们见到了按照完全不东方的眼光和背景，被重新修整打扮过的东方。对就在这附近长大的我来说，我看到了这些老洋房从前的样子。它们总是在我的身边，但它们总像一些锁着的、别人留下来的箱子那样陌生。而尼可，借一栋房子复制了从前的样子，她在里面走来走去，也像一个复制品那样再现着原来房子里的人的精神，带着来殖民的法国侨民的拯救和开拓东方的自得的感情。尼可因为喝了酒而格外明亮的眼睛在灯影子里闪着光，我看出来她喜欢自己的房子，为自己的工作和自己的见识感到骄傲。

到了告别的时候，尼可送了我一只从前装化妆品的小箱子。里面有面镜子，水银微微地黄了，照着我的脸。我推辞说："我怎么可以把你的原物拿走呢？"她说："要是你喜欢，我就送给你。"

永不拓宽的街道钩沉：
兴国路/p.242，余庆路/p.241

李煜明　思南路的某个拐角　90×70 cm

大窗,王元化先生的人生地图

王先生一向身体不够好。有一小阵,我为他读《九十年代日记》。90年代是他一生中最光彩,也最安顿的年代,他得到了从官方到民间广泛的尊敬,成为知识界反激进主义的旗帜。他完成了一生中最重要的一次反思:作为"五四"的儿子,完成了对"五四"激进主义的反思。

时不时,就读到日记里记着:某年某月某日,"晕"。那么多的"晕",读得我和蓝云笑了出来,很没有心肝的样子。实在,是因为那些"晕"并不碍事,反而因为有了他对寻常老境的抱怨,而显得真实。那时,王先生还在庆余宾馆住,这十几年,他一直以有政府背景的旅馆为家。先是在衡山宾馆,后来搬来庆余宾馆。好在这小院落里很安静,每日都扫得干干净净,保留着旧市委招待所严肃而矜持的气氛。

这次却是真的病了。王先生住了医院。病房在八楼,是专为老干部安排的病区。有时刚出电梯,人还在电梯间里,就听到他剧烈的咳嗽声,声如裂帛,如滚石,如炸弹,如一叠细瓷碗,惊天动地地粉碎在冬天冻得铁硬的水泥地上。不可收拾的声音,有血气浮在里面,散发出令人肃然的甜腥气。从那时起,王先生日日都咳,拼命地咳,好像要将肺一起咳出来。我和蓝云也都再也笑不出了。

"我不说话啦。"两阵大咳的间隙里,王先生宣布。他笔直地坐着,挂下浮肿的眼睑,将手指团起,握成拳,全神贯注,对付汹涌的咳嗽。他一生写字,养成一双细长单薄的手。手背上纵横着一千条细纹和一块块静脉滴注留下的皮下淤血。因为不由自主地用了力,细纹就如湖面上的波纹一样起伏在皮肤上。他的脊背颤抖,肚子颤抖,胸腔鼓胀起来,脸就憋得通红了,他与那些咳嗽殊死搏斗。有时还真将它们克服了回去。这时,他身体向后一松,精疲力竭。有时败了,那些咳嗽便带出了鲜血,有种紧迫的不祥。

终生都热爱聊天的王先生沉默了。

好容易止了咳,屋里的人都松了口气。大家说起今年南方出奇的大雪,王先生缓过气来,忍不住要加入。他在枕上提起《水浒》里走投无路,雪中夜奔的林冲。他极轻地说:林冲用花枪挑了酒葫芦,"迤逦背着北风而行"。去小铺子包了两块肉,沽了酒,依旧迎着朔风回山神庙。"看那雪,到晚越下得紧了。"

王先生病室的电梯间,向北有大窗子。下面是旧法租界,褪色的红瓦顶,灰绿色的灌木丛,发黄的老公园的草坪和凋零的老梧桐树。窗子正对着香山路和皋兰路,50年代、60年代,直至"文化大革命"结束,王先生的家就在那两条小马路的老房子里搬来搬去,但竭力维持着从前的生活方式,爱有教养的客人,爱谈论思想,爱莎士比亚戏剧,爱京戏,爱在谈论到重要的翻译词汇时,及时将原文随后说出。香山路上还有他被关押时的小楼房,他在那里被逼成精神病。在那禁闭的房间里他读到了黑格尔,开始他的第一次反思。90年代他第三次反思时告别黑格尔,直指卢梭,仍与那间禁闭室有关。到晚年,他发现自己一生中最专心致志的阅读,竟就是在被关押的那两年中。在皋兰路漫长的赋闲生涯里,他秘密写下了《韩非论稿》,指出法家的暴虐,那是1975年,中国的时局最为动荡与绝望的年份。写完后,他终是按捺不住,拿给挚友们传阅。

向右手望去,雁荡路和南昌路交界处,是黄培炎创办的中华职业教育社旧址。那里是他抗日战争时期,在上海当地下党时的活动场所。他曾说过,抗日战争引导他走向共产党,从此投身政治。

向左手望去,沿着淮海路曲曲折折向西,一栋装饰艺术式的老大楼,是衡山宾馆,我在那里看他批注过《社会契约论》,书页空白处,密密麻麻都是眉批。他剥洋葱般地分析卢梭的"公意"中蕴含着的专制之危险,那辛辣的"洋葱"气味刺激了90年代初许多对民主一片错愕的头脑。他从来就不是书斋里的知识分子,从本性上说,他是一个继承"修身齐家治国平天下"古老理想的中国文人。他一生中的所有研究,都是被自己的经历引发,以社会的现实为目标,志在推动社会的进步。离衡山宾馆北去一个路口,就有他80年代初当上海市宣传部长时用过的办公室。在那里,他抵制了80年代的第一次清除精神污染。他这一生与政治关系密切。

旁边,从树丛中耸立出来的灰色屋顶,是一座美式基督堂。那里的两次追思礼拜,他用传统的基督教方式——送别了母亲和妻子,他这一生的女守护神。他也就永别了那些热闹的圣诞夜和对莎士比亚的讨论。他一直说自己是个乏味的人,但他身边一直有好女人尽心守护,那些女人,美丽,忠贞,有教养,宽容,呵护他,如偏袒一个顽皮的男孩。

教堂向西一条街口,就是庆余的小白楼。二楼一间屋的抽屉里,还留着他准备起草的下一篇文章:论述陈寅恪的"独立之精神,自由之思想"。陈寅恪的治学思想,他越年迈,越深为赞同。

从此地一路向北,越过长江,越过古老的平原,那里有王先生的精神故乡:北京清华园南园,他八岁就离开的地方。在他晚年总结自己一生的时候,深愿自己的精神源头,可以追溯至清华理性和独立的传统。他将自己著作的书名,大多嵌进"清园"二字。

从此地一路向西,向华东师大,在丽娃河与丽旦河之间的小红楼,是规划中的王元化学馆。规划中,那里将立一尊王先生的青铜像。在铜像底座,王先生希望镌刻他喜爱的胡适名言:平生不辱身,不降志,不趋赶时髦,也不回避危险。这是他对自己一生的评价和期许。在病榻上,只要他有一点精神,就在想学馆的事,他希望不要占用太多的房间,因为自己并没有太多可以捐献的东西。他希望自己的雕像是人文主义的,而不是峻急的。他希望参观者能从那里看到一个知识分子在他所处的时代里,如何工作和生活,以及思想,而不是参观一个伟大的人和他的伟大著作。他希望那里不要华丽,墙上多用些粗糙的石头。他希望那里有间阅览室,参观者可以自由阅读他一生的著作,还能看到他没有来得及写完的文章草稿。他希望自己名垂青史。

电梯间的大窗子,如一幅王先生的人生地图,标示出他如何在颠簸的一生中紧握自己的意志,将自己雕刻成一个中国现代知识分子的典型。

永不拓宽的街道钩沉:
香山路/p.251,衡山路/p.238,皋兰路/p.251,高安路/p.252,思南路/p.250,康平路/p.250,雁荡路/p.255

戴刚峰　建国西路小景　90×70 cm

亡者遗痕

1954年的一天,姚姚到五原路的漫画家张乐平家,找张小小玩。张家有六个孩子可以玩,张家的楼下住着姚姚家的亲戚,他家有八个孩子,大家常常在一起玩。而小小是她的朋友。邻院有一棵橙子树,深秋的时候挂了一树黄黄的果子。楼上张爸爸伏在很大的桌上画画,他画旧社会的孩子有多么苦,那就是帮助了许多孩子热爱自己的童年生活,憎恨地主的漫画书《二娃子》。

那天,姚姚说要告诉张小小一个秘密,所以两个人专门到楼上的房间去,坐在西窗前的小圆桌上,避开别的孩子。在那里,两个小姑娘能看到弄堂对面的大园子。对面的园子里一个木头亭子,柱子是红色的,在用太湖石做的假山上,房子却是外国式样的。姚姚告诉小小说,姚克知道她得了肺结核,特意从香港托人带来了英国的奥丝滴灵钙针,给姚姚治病,还带来一封信。可是被妈妈全原封不动地交到电影厂保卫处去了,她只是每天逼着姚姚吃两个鸡蛋。不知道那些那么贵的钙针最后给了谁,也不知道那封信里到底写了什么。对面的大园子,静得没有一点声音。要是姚姚看到一个戴眼镜的瘦男人,在那里沉默地散步,也不会知道那就是张春桥,弄堂对面的那个大园子就是市委宣传部的办公室,这就是管她妈妈的地方。

"不要告诉别人啊。"姚姚说完,没有忘记这样吩咐自己的小朋友。

1966年的5月就这样在《红松岗前表壮志》的歌声中到来了。那一年,姚姚已是音乐学院声乐系的大学生。那一年,她去乡下演出,就唱了《红松岗前表壮志》。

那一年,我家住在五原路上。将要上小学一年级了,夏天的时候,我妈妈为我买了一个人造革的蓝色书包,虽然空空的,可也有了点人造革的重量,就像我心里对小学的期待,因为要开始当大孩子了!那个夏天我摔破了膝盖,每天傍晚洗澡,冲干净肥皂的时候,都疼得大叫。我哥哥的回力牌球鞋放在大门边上的暗处,散发出浙江人家窗上吊着的大风肉的臭气,而他们很自豪自己的鞋子竟然能散发出那样强烈的气味,常常忍不住把球鞋端到鼻子前面去闻。我妈妈见到除了骂他们,还把我从走廊里拉开,说:"你不用看他们那些臭男孩的样子。"

那一年,姚姚在汾阳路的学校里参加由当时的上海市委宣传部长张春桥授意,由党委组织的对院长贺绿汀的批判。开始的时候,还去上课,只是每星期一、三、五的下午集中学习"文化大革命"文件。到5月下旬,就开始停课批判贺绿汀,不几天后,学生们在学校开了对贺绿汀的批斗大会,给那个瘦小的老人戴上了自己用白纸糊的高帽子,把他打扮成中国传说里的鬼。小小的校园里贴出了四千多份大字报,有三百多人的学校,在大字报上有116个人被点名批判。

我爸爸妈妈难得回家来吃晚饭了,哥哥整天在学校里干革命,饭桌上只有我和照顾家的姑妈,我们就在厨房里的小桌上吃饭。四方形的煤气灶下的烤箱门开着,里面放着姑妈留的牛奶瓶上的厚纸,小线头,坏了的锅盖,姑妈不会用西式的烤箱,她就把它当成小柜子,姑息着我们家的蟑螂。远远的,我们听到马路上的高音喇叭响,那是学生开上街的宣传车,在车顶上装着大喇叭,叫着革命的口号。这样的车总是慢慢地在街上开过,它发出的声音充满了安静的房间和走廊。

姑妈不让我出门,她说:"女孩子看热闹就没有好事。我从来不看热闹,从小就不看,有人在街上围作一团的时候,我马上走到马路另一边去,连头都不回,连眼睛都转到另外一边去,一眼也不看。"

"你不懂。"我对姑妈说,我嫌她是吃素念佛,一辈子不出门工作的人,不懂外面的事。姑妈最凶的时候,也不过是在晚上到厨房里开灯,发现四下里逃散的蟑螂,她追着去踩死它们。其实我也不懂,远远的,我听不懂宣传车上到底叫着什么,那是从来没有进入过一个孩子和一个家庭妇女生活中的句子。

"应该是'革命无罪,造反有理'吧,那时候大家都叫这样的口号。"仲婉说,"音乐学院也乱了套啦,学生都停了课,许多教授都是作为反动学术权威被揪出来批判,我们当时的院长贺绿汀第一个被打倒,关在学校里不让回家。"

"应该还有革命歌曲吧,毛主席语录歌,还有《大海航行靠舵手》那样的歌。"贺元元说。她是贺绿汀最小的女儿,那一年刚刚进音乐学院学小提琴,是18岁圆脸的女孩子。她的父亲已经在学校里游斗,她和她的姐姐贺晓秋必须跟着学生参加父亲的批斗大会。到了喊口号的时候,她们也必须在众目睽睽下举起自己的手。"那时候,到处都能听到那种《大海航行靠舵手》。"

"说不定我小时候听到的宣传车,就是你们学校的红卫兵开出来的呢,我家离你们学校很近。"我说。

"可能啊,我们学校的红卫兵常常出去宣传毛泽东思想。"仲婉说。

"说不定你和姚姚正在车上呢。"我说。那时,我已经看到过她们在毛泽东思想宣传队里跳忠字舞的照片,后排那个戴眼镜的青年,就是当时上海音乐学院唯一的指挥系学生桂未殊,他将手臂平举在胸前,迈着工字步,那是忠字舞的标准造型。可他的脸看上去却像一个沉浸在自己世界里的科学狂人。小时候,我常在街头看那样的忠字舞表演,跳舞的人,大都是从校园里来的学生。他们年轻的、喷红的脸上流着汗。他们的动作都很有力。当他们高高地抬起手臂时,可以看到他们腋下有一大块衣服,被汗水浸湿了。用木板搭起来的舞台在他们的脚下浮尘滚滚。

"那不会。"仲婉摇着头,"不会不会,那时我们都是家庭出身有问题的学生,姚姚就更不用说了。她生父在美国,美国那可是中国人的头号敌人,她妈妈又是旧上海的电影明星。我们老实说,没有资格在宣传车上。刚开始的时候,我们只能属于在边上看的那一类。出身好的学生先起来造反,大辩论啦,斗反动学术权威啦,贴大字报啦。像燕凯那样的红五类干部子弟,他是我们学校第一批起来造反的学生。"

"姐姐告诉我,建国路的家里,贴满了妈妈的大字报。有的话说得很难听。大字报一直贴到家里的大门上。门上被来抄家的人砸得全是洞。开始还关着。后来常有人来砸门,贺路怕把门砸坏了,也怕砸门的声音吓着妈妈,就一天到晚敞着门,谁愿意进来就进来。妈妈那时候头部已经动了手术,常有思维障碍。她不明白发生了什么事,有人砸门她就怕极了。就是那一年,妈妈的所有照片,包括剧照,全都被烧光。一些是抄家的人烧的,还有一部分是贺路害怕,自己动手烧的。到20年以后,要为我妈妈开平反昭雪的追悼会时,家里连一张妈妈的照片都找不到。"灯灯说。

那一年街上常有火光,人们在街上烧书、唱片、高跟鞋、口红和画轴。火光在绿色的梧桐树下金灿灿的,像孩子舔着蛋筒冰激凌的柔软而灵活的舌头。在大街上看到有女人被剪了头发,用两只手捂着头上被剪得不成样子的地方哭。树上婆娑的绿叶遮住了太阳光,但街上还是很热。也许是因为那些到处燃烧的火光,它们冒着黑烟,蒸发着焚烧的臭气。到火灭了的时候,在灰烬里能看到各种各样被烧焦了的皮鞋。

"街上到处都是红卫兵,他们恨穿得好看的人。看到有人的裤脚管窄,就剪别人的裤脚管。"张小小告诉我说。

"你被剪了裤子吗?"我问。

"我没有。"张小小说。

但是姚姚在雁荡路淮海路上,被人剪过裤脚管。听说她被人在路上拦下来,说她穿小裤脚管裤子,就剪开了她的两只裤脚管。她弯下腰,把剪成一块布的裤脚管挽上去,使它们看上去像一条中裤的宽宽的翻边,姚姚当街整理妥帖了,然后转头走开。"姐姐就是这种人。"灯灯说。

这时的姚姚,可以在1966年火光熊熊的街道上镇定地整理自己被剪坏的裤子,看不出害怕和惊慌。姚姚在这举动里,除了爱美,一定还有不甘,她不肯让人那么容易就摧毁她在大街上、广众前的仪态。可这不甘又是从哪里来的呢?仲婉在看姚姚扮游击队员时曾感到她的"不像",在这"不像"里,大概有什么东西,被深深地埋住的,是和这一天姚姚的不肯示弱有联系的吧。有时候,有的人也把这样的心劲,叫作"虚荣"。那是一种没什么理性的心劲,而不是理想。像一股河水在激流中撞上了石头,看那惊涛骇浪的样子,好像充满了斗志,可是,水的本身一丁点要一往无前的意思都没有的。

当姚姚回到学校,和同学们一起收听了中央人民广播电台播出的北京大破"四旧"的消息以后,她看着学校的红卫兵同学马上冲出校门,上淮海路破"四旧"去了。

"街道上到处烧着火堆,有人家被抄了家,抄出来的东西就堆在人行道上烧。开始的时候还觉得新奇,别人家的东西一下子全都暴露在外面了,这是从来没有过的。后来不久,我家也被抄了。那是9月2号。差不多同时,姚姚家也被抄了。"张小小说。

"你到她家去看过?"我问。

"姚姚后来告诉我的。她妈妈看到红卫兵来抄家,吓得躲在门后面发抖。"张小小说,"那么漂亮的人,那么要强的人,真的很可怜呐。"

"姚姚她怎么说?"我问。

"她说,妈妈真可怜。"张小小说。

那一年姚姚也参加了小分队。小分队将要在外面过冬,姚姚回家去取了一些衣服。

这时的家,漫骂上官云珠的大字报仍旧从公寓的大门楼梯上一直贴到29室的门口,那都是些不堪入目的话。整个楼道上散发着纸张、化学糨糊和墨汁的酸气,那是姚姚在学校里已经非常熟悉的气味。她的家已经被抄了无数次,什么人都可以来,有一段时间,连大门都不能关。学校的学生来了以后,工厂的工人来,居委会的人也可以来抄一次,就是社会上的闲人进来抄一抄,也没有人敢挡一挡,要金笔、要钱,看到喜欢的东西就拿走,临走再把吓得发抖的上官云珠打骂一番,原来一丝不乱的家,现在不再有了。上官云珠脸上身上伤痕累累,还有更多的,是被人用包着橡皮的铁条打的内伤,皮肤上并看不出什么痕迹。打她的人,不许她说出逼她交代的到底是什么,也不许她告诉别人,她曾在审问时被打过。"那些事,是死也不能说的。"上官云珠告诉姚姚。

姚姚很快就回到学校,准备出发。知道上官身体不好的同学,劝她不要去了,回家照顾妈妈,她说:"她不愿意我留下。"

1968年11月23日清晨,仲婉听到楼道里有人叫:"韦耀,家里出事了,快回去一次。"

在这以前,已经有一个叫唐群的同学,也在一个清晨,被学校办公室里的人叫回家,结果是母亲自杀。

仲婉从床上起来,打开自己寝室的门,正看到姚姚从楼上匆匆下来,女生们已经纷纷起床,站在门口看着她。姚姚垂着眼帘,脸上什么表情也没有,谁也没看,穿过女生们的注视,跟着学校来叫她的人下楼去了。

"你会写到上官云珠的自杀吗?"有一个在那个街区长大的人问我。他在1968年10岁,是复旦大学历史系的毕业生。"要是你会写到她的自杀,就把我听到的细节写进去。上官云珠跳楼的时候,正好跳在楼下正在歇脚的菜农的菜筐里。那时候是凌晨,小菜场还没有开门,送菜的农民在她家楼下等着。你记得我们小时候小菜场用的那种大菜筐吗?用粗铁丝编的,有圆桌那么大。她正好跳在一筐青菜里。11月份,那种一烧就酥的小棠菜,碧绿生青的小棠菜。那筐菜里全都是她的血。跳下来的时候她还能说话,告诉人家她住在哪里。你知道那筐菜后来怎么办?小菜场的人用冲垃圾用的橡皮水龙头,打开水龙,把菜上的血冲掉,卖给了那天来买青菜的人。"

1970年的秋天,急风暴雨的红卫兵运动已经被上山下乡运动所代替,上海的青年一批一批地被送到北方的农村去,在街道上呼啸而过的锣鼓点子,大多数是为了欢送中学生到农村去接受贫下中农再教育。惨烈的锣鼓声显出了越来越沉默的城市。从烈火和红旗的日子里走过,那个夏天,城市像一个剧烈运动后的中年人,瘫软在那里,突然就老了。在白色的路灯光下,房子是失修的斑驳,残破的落水管四周的墙面上有发黑的水渍。梧桐疯长的枝条在街道上空纵横纠缠,墙上的红油漆已经不再鲜亮。

张小小走上建国西路上姚姚家旧公寓的楼梯时,楼道里本来一层层贴满的大字报已经被人清洗过,在大理石的护壁板上,留下了隐约的墨渍。楼道里寂静无声,人们很早就睡下了。

给张小小应门的是一个陌生人,上官云珠的家里现在住了三户人家。

"姚姚看到我们来了,很吃惊的样子。她穿着一件咖啡色的旧呢外套,头发盘在头上,很瘦。"张小小说。

"姐姐把头发养长了盘在头上,为了遮掉她头顶上的一缕白发。那是她知道男朋友燕凯自杀的那天长出来的。"灯灯说。

姚姚家房间里,留着一张妈妈买的红木雕花的圆桌。上面铺着报纸,报纸上盘着一些晒干的面条。那是在上海的粮店里,早上可以买到的新鲜面条,用标准面粉做的,一毛七分钱一斤,看上去比较黑,下锅煮的时候,水会变青,因为面条里放了不少碱。还有一种是用精白面粉做的,精细一点,两毛一分钱一斤。姚姚晒的是黑面条。她把新鲜面条卷成一小团一小团的,垫着报纸晒干。如果是买干面条,上海人叫卷子面,要三毛一分钱一斤,煮熟的时间也会略长。每顿饭,姚姚就吃一小团面条。

"你到我家来吃饭吧,我们吃什么,你也来吃什么。"张小小说。她把自己新家的地址给了姚姚。

"她哭了吗?"我问张小小。

"没有。她看上去很恍惚,不知道在想什么。我一个字也没提燕凯,她太可怜了。"张小小说。"燕凯的死,对姚姚的打击真的很大。她后来告诉我说,开始的时候,她根本静不下来,也不能看报纸,整个人好像是在梦游一样。一单独静下来,就受不了。过了好几年,她才能和人说燕凯这个名字。"

从此,姚姚差不多每天都到延庆路上的张小小家里去,张小小的家安在一栋洋房底楼的一间六平米的小房间里。花园里的树,一直得不到修剪,看上去营养不良的样子。花园的对面,是一栋高楼,有人从上面跳下来自杀,尸体很快运走了,可那个人的鞋却一直丢在人行道上,整整一天,那双鞋躺在路牌对面的人行道上,散发着死亡的奇怪气息。人们都绕着它们走,不敢碰到。靠马路的阳台上,常常有自私的人,把家里正在滴水的湿拖把搭在扶手上,亮晶晶的水滴,下雨一样落在行人的头上,泼辣的人,抬起头就骂:"啥人家介勿要面孔!"

张小小要用煤球炉子烧饭,姚姚要是去了,也会一起帮忙。她们都是小时候没有学过多少厨务的女子,长大了,才慢慢地摸索做饭的手艺。小小的邻居是个小资本家,太太是个大学生,做家庭妇女,照顾着一个温暖的家。她教会了她们怎么生煤球炉子,怎么照顾炉子里的火,怎么把家常的小菜做得可口。隔着一道墙,旁边是华亭饮食店,旧旧的老平房里,墙上落着油锅子黑黄色的油污,做油条和大饼的木头案板上有雪白的麦粉和切小了的青青的葱花,客人们都坐在方桌上吃面和馄饨,面汤上浮着厚重的油花。下午的时候,饮食店里开油锅炸油条,喷香的油气在刮西北风的秋天里传过来,在越来越冷的下午,这样暖而且香的油气,让人感觉很笃定。

马路的对面,是从前的丽丽鲜花店,现在已经关门了。原来丽丽鲜花店的老板娘,把新鲜的玫瑰花拿到街上去卖。她将花放在一个竹篾编的扁篮里,有时在路边,有时到小菜场里去。夏天到来的时候,她还会卖白兰花,那像冰一样清洌的香气,混合在露天鱼摊散发出的小黄鱼咸咸的腥气里。"栀子花来白兰花。"她在路边吆喝。

走到五原路上,就能看到一个红砖的小基督堂,教堂上的彩色嵌铁玻璃早已在"文化大革命"开始时,就被破"四旧"的红卫兵打碎了。它在五原路上的梧桐树影里,是红色的废墟。教堂边上的小学教室里,常常传来风琴的声音,那是小学生们在上革命文艺课,木头的老式风琴就算是在演奏最欢快的音乐,也有一种呜咽。"金瓶似的小山,山上虽然没有塔,"小学生们用尖厉的声音唱着歌,也许那里面也有我的声音,那就是我的母校。上课的时候望出窗子去,能看到对面人家沿街的新式里弄房子,小格子的钢窗里,挂着利用蚊帐布做的白色抽纱窗幔。

再往前去,就是五原路小菜场。像大圆桌似的树桩子上,摆着带皮的肥肉和宽宽的大刀,那是卖肉的大刀,像一本杂志那么大,那么厚,就像是武松用的。猪身上最大的骨头,连着冒着白气厚厚的冻肉,一刀剁下去,也就整齐地裂开了。卖肉的人都是油腻腻的胖子,而卖青菜的人都长着一双生冻疮的手,指甲缝里满是污泥。卖蛋的摊子上是一个长相斯文的女人,小心地把打碎了的蛋放在一边,每个买蛋人必须买两个碎壳蛋:"大家搭了买,谁也不要吃亏,谁也不要占便宜。"她说。物资匮乏的年代里,小菜场里挤满了抢购的人,买到东西的孩子,小脸上放着光回家。小菜场的肉摊子后面,就是程述尧和吴嫣的家。他们被人从淮海路沿线赶了出来,因为淮海路沿线是通往飞机场的道路,不让有问题的人家住。于是,他们搬到了隔一条马路的五原路上。

姚姚也开始到程述尧家走动。"爸爸!"他已经与她的生母离婚多年,可她仍旧这样叫他,带着女孩子的娇气。

"是宝贝啊。"程述尧站在门前的暗影里这样叫。

在楼下的公共厨房里,姚姚和吴嫣一起做过上海色拉,她们把煮熟后切成小方块的土豆,剥了皮切小块的红肠,新鲜微甜的小豌豆再加上一个去皮后切成小块的苹果,用一只蛋黄,加上色拉油,拿筷子把它们搅成蛋黄酱,和土豆它们拌在一起。这是70年代五原路的家庭里在重要的家庭聚会要做的一道西餐。有时姚姚已经离开程述尧的家了,程述尧会追出来叫:"宝贝,明天来噢,我们做色拉吃。"

这是一条充满了规规矩矩的日常生活气息的小街。即使是在1971年的夏天,在五原路上还可以看到,小孩子提着家里的热水瓶,去华亭饮食店打一瓶生啤回家给爸爸妈妈喝,只花一斤面条的钱。

不知道是不是那个街区呈现出来的上海的日常生活抚慰了姚姚的心,每天每天,她走在这些还是充满了沉着的生活情调的小马路上,坐在张小小家的小房间里,闻见油炸面团的香气,听着家常的琐细的声音,渐渐地,姚姚的脸上又有了笑容。我想起了从前音乐学院那弦歌声声的琴房,当爱情也使姚姚白了头发,最最家常的生活,带着那一年上海人默默的珍惜的气氛,来救姚姚了。姚姚在那时学会了烧上海家常小菜,色拉,炸猪排,香菇鸭汤,炒素。不是理想,不是欲望,也不是贺元元那种"我就是要活下去,看看最后的结果"的斗志。

程述尧和吴嫣一起住在五原路一栋小楼房二楼的房间里。他成了一个无论什么侮辱都不动气,只要能在门口的肉摊上买到排骨,就可自得其乐的人。为了能多买到凭人口定量供应的肉,他用电影票贿赂卖肉师傅,和大胖子成了朋友。他戴着黑框眼镜,穿着打补丁的咔叽布裤子,坐在吴嫣家留下来的柚木雕花高背椅子上,以翻译莎士比亚喜剧为消遣。只是那椅子面已经又脏又旧了,到六月黄梅天时,它们从深处散发出老椅垫子复杂的气味,维多利亚风格的雕花里藏满了纤尘。程述尧坐在那样的椅子里,并没有如人们想象的那样,会感怀伤时,而是带着温和的愉快逆来顺受。"他不光是逆来顺受,简直是逆来而兴高采烈受,热烈欢迎受。所以他老是乐呵呵的。"他的燕京同学黄宗江说。

吴嫣已经老了,在五原路上被监督劳动,天天在弄堂里扫马路,通阴沟,穿的是五原路上老太太的蓝色细布的对襟罩衣。知道她底细的女孩子,有时会好奇地多看她两眼,然后很失望地嘀咕:"她的好看,怎么我一点也看不出来。"但她脸上仍旧留着强硬自尊的神情,让小孩子发贱的时候,不敢轻易欺负她。比起上官云珠来,程述尧和吴嫣几乎没吃什么苦,吴嫣几乎没有被斗过,程述尧只是在电影局系统陪斗,"我们都是死老虎了,没有什么搞头。"吴嫣这样总结说。程述尧和吴嫣,在被监督劳动回家后,照样要炸猪排吃。吴嫣在楼下的公用厨房里,咚咚咚地,用刀背把大排骨上的肉拍松,这样炸出来的猪排就会松软。

然而,像程述尧吴嫣这样身份的人,还是主动断绝了和老朋友的来往,自动隐名埋姓,大隐于肉摊后面的旧木门里。这样的人,大多数也都被迫搬了家,不是偶然遇到,就要刻意去找。

这一次,姚姚的出现,给蜷缩在一小栋陈旧的灰色房子里的程述尧和吴嫣,带来了生气。姚姚还像从前做小女孩那样,对程述尧撒娇。这一次,他们还是像姚姚9岁时的那样,对姚姚的经历和心情,什么也没有说,就像这些年,在生活中并没有可怕的事情发生过。

闲着无事,姚姚就唱李铁梅给吴嫣听。吴嫣在长三堂子的时代就为生意正经学过京戏,她唱老生。后来,余派老生的唯一真传张伯驹将余派的名篇一一传给了吴嫣。吴嫣从前是个交际极广的人,鲍吉祥、李少春都教过她京戏,孟小冬是她要好的小姐妹,梅兰芳的小儿子梅葆玖认了她做过房娘。到上海解放时,上海各界劳军筹款演出,就是程述尧主持筹款的那一次,吴嫣与梅兰芳、周信芳同台演出,她唱的是压轴大戏。这时,她在自家唯一的一间房间里,用旧京戏的招式,教姚姚唱《红灯记》里的李铁梅,"我家的表叔——"吴嫣把古汉语里"叔"的这个入字音唱出来给姚姚听,"叔——"她唱,然后说,"你张那么大的嘴,算是什么京戏。"姚姚就笑着学。

来往在五原路和延庆路上的人,于是常常能听到姚姚的歌声。"姚姚真的很可爱的,她很大方,很高兴。只要有人邀请她唱,她就说好,就唱,从来不别扭。她只要在,我家就热闹,大家就会有很好的兴致。我家的朋友和邻居都喜欢她。"张小小说。"只是她不能停下来,四周要是没有人,只有我们两个人,她就会很难过,人也一下子就显得老了。"

"她对你哭过吗?"我问。

"常常讲讲就要哭的。她的眼睛就那样定定地看着你,然后,眼泪哦,扒拉扒拉,落雨一样地落下来。她很想她妈妈,也很想燕凯。她想要把她妈妈的事搞清楚,让她妈妈好安息。我问她那样对她妈妈,后悔了吧,她说是后悔,她怪自己太不懂事。"张小小伤心地说,"一提起来,她的样子就在我眼前一样。她真的伤心,就是在别人面前不肯表现出来,不肯让别人看笑话呀,她也是要强的人。所以在别人面前,她总是最高兴的一个人。"

"所以有人说她这个人十三点兮兮。"我说。

"他们不懂。"张小小说。

"那时我们常常在马路上散步,因为住的地方太小了,又请了一个保姆照顾孩子,说话不方便。所以我们常常就到马路上去散步。在路上说说体己话。"张小小说,"我抱着我的孩子,姚姚推着她的自行车,她从来不碰我的孩子一下,也从来不逗我的孩子。后来我想,那是因为姚姚自己的孩子没有了。"

姚姚的那辆女式车,车上的链条格拉拉地在她们身边响着。她们走在五原路上。那时,五原路上红砖的小教堂,已经被关闭多年,在一场大火中,小教堂被烧塌。在夏天,教堂外面的废墟上长满了高高的青草,还有紫色的牵牛花。小教堂变成了仓库,原来放在紫红色帷幕后面的上帝画像早已经消失在烈焰之中。上帝已经不在他的天堂里了，孩子也不在他的摇篮里了，放眼望去，长长的街道上，在梧桐树的树梢上看不见一个鸟巢，也看不见一只小鸟。然后，她们拐到永福路上，再到永嘉路上，然后，从淮海路再回五原路。

　　这时的姚姚，居然还是这样严肃地与小小讨论爱情与婚姻的事情。在她第一个爱人自杀，第二个爱人分手，自己经历了产下非婚生的儿子，又将儿子遗弃这样的事，正面临没有工作，没有收入，没有名誉，没有一张属于自己的床的绝境，她将自己唯一的细软天天背在书包里带来带去，可在与女友散步的时候，仍旧在讨论爱情。

　　爱这种感情，在姚姚的生活里，伤得她那么厉害，从小时候开始，爱情就像一把长长的大锯子一样，在她细如柳枝的生活里，一个锯齿、一个锯齿地拖过去，无穷的伤害，就像无穷的锯齿一样，总是排好了队，一个一个密密地，紧接着向她锯过去。可是她，仍旧把爱与不爱当成了取舍男友的理由。爱情这个东西，在姚姚的心里，还像一个纯洁而诗意的女孩子那样，被放在一个至高无上的位置上。要是不是出于爱情，还是不能忍受。

　　经历了1966年对人性的凌辱长大的孩子，爱情是在日常生活中完全消失了的字眼，男女的关系，被演化成同志加生殖的关系，与爱情无关。那时，偷看在黑暗的马路上散步的情人，成了青春期少年人激动人心的节目。当情人们把手拉在一起，身体犹豫着互相靠近的时候，少年们就用变声时奇怪的嗓音大声起哄，看恋人们像麻雀那样惊惧地分开，像放进热水里的砂糖那样迅速地消失在街道的拐角之外。但女孩子们并不叫嚷起哄，而是躲在那个同学家靠街的阳台上，在一只漏了的脸盆里和了软烂的泥团，看到那样的情人经过楼下，就将泥团丢在他们的身上。那时，这种孩子的恶作剧并不会遇到情人们的反抗，软烂的泥团粘在了情人们的身上和臂上，他们总是默默地互相擦拭，然后走开。

　　而姚姚在这样的情形之下，几乎是早春时被万人踩过的泥一样的人了。凯凯的家人曾找到灯灯，对他说："我家凯凯还是个孩子，可是姚姚，都不能说她是个女孩子了吧。"

　　就在这样的时候，姚姚还想着爱情的事，还想要在自己的生活里找到它。

　　原来她那人人都以为已经泯灭了的女孩子供奉爱的痴情，仍旧是这样坚强地在心里成长着，像无人的沼泽地里的野百合花那样，触目惊心地成长着，让偶然闯进去看见的人吓了一跳。

"我爸爸和吴嬷希望姐姐能够得到一点亲情的温暖,能安定下来。后来,他们也发现,姐姐即使是落到了几乎无家可归的地步了,心里还有她对自己生活的要求,而且一点也没有放弃。她不是爸爸,可以高高兴兴地逆来顺受,自得其乐,也不是叔叔,宁为玉碎,不为瓦全。她要按照自己的理想生活。就是到了那种当时已经身败名裂的地步,她也有自己对生活的要求。程钰是个好人,可是,不是姐姐心里要的那种人。"灯灯说,"后来爸爸和吴嬷也明白过来了。"

她像一个在水里的气球,不管怎么压它,它怎么也不会沉到水下去,要是能沉下去,就也不是气球了。

姚姚和张小小,一路经过了小菜场地上堆着的那些砖头和破洋铁碗,拐进安静的五原路尽头。在秋天的时候,有院墙凋败的院子里传出桂花甜蜜的香气,有落了一地的最后一批夹竹桃花锈了的白花瓣,还有窗上晒着的水红色的女用棉毛裤,裤裆上打着圆圆的补丁,窗台上有正在晒干的橘子皮,小孩子总是去摸它们到底干了没有,真正干硬了,就送到路口中药店里去卖钱。我无数次地看到路上有两个女人结伴走过,抱着孩子,推着自行车,说着话。那是马路上最平常不过的情形了。她们中的哪一对是姚姚和张小小呢?我不知道。

我记得五原路上的那些女人们,常常肩并着肩,有一种家常的亲昵。

1975年9月23日上午,下着小雨,秋天就要在雨中回到上海。姚姚也将在第二天离开上海,开始她的工作。行李已经准备好了,就堆在商阿姨家的走廊里。早上姚姚告诉商阿姨要去朋友家辞行,骑上车就走了。

"那天好像下雨。我正在上声乐课,突然韦耀推开门闯进来。我和她是同一个声乐老师,她是我的师姐性质的。她跟老师告别,说找到工作了,就要去上班,特地来向老师告别。我记得那时在下雨,因为她进来的时候身上还穿着雨衣。"我的一个朋友告诉我说。我们偶然在一家小唱片店里遇见,他问到我在写什么,我告诉他,他就马上这样说,"她看上去很高兴,很活泼,因为我在上课,她很快就告辞了。走到外面,我还听到她和别人高声打招呼的声音。"

那天墨西哥体育代表团要离开上海回国。按照"文化大革命"时期的规矩,外国人的车队将要经过的街区都要封锁交通。十点四十五分,姚姚经过交通已经封锁,不许机动车行使的南京西路时,一辆长江航运局的载重卡车突然出现在南京西路上。驾驶楼门上的钩子挂住姚姚的塑料雨衣,她立刻被拉倒在卡车后轮下,两个结实沉重的黑色橡胶后轮碾过她的胸和头,将她的上半身压扁在南京西路上。

此时,程述尧的一个熟人正好乘在经过江宁路路口的公共汽车上,他听到江宁路上的人向前面的南京西路奔去。"轧死人了,轧死人了。"他们这么说。他远远地从挂着雨痕的车窗望过去,看到了湿漉漉的南京西路上,有鲜血像浮云一样化开。

张乐平早上在五原路上散步,碰巧遇见一个在电影厂工作的熟人,才听说姚姚死了。"那天我正好在家里,就听到爸爸一路往家里走,一路大叫我的名字。我爸爸从来都不这样大声叫喊的,所以家里的人都以为他出了什么事,或者是在路上摔倒了,那时候他的腿脚已经不怎么灵活了。我跑下去,爸爸跌跌撞撞跑上来,说姚姚出事了。"张小小说。

邻院的那棵橙子树,深秋的时候仍旧挂了一树黄黄的果子。1998年的一天,我离开我家院子,沿着五原路窄窄的人行道向西而去,经过程述尧和吴嫣从前住过的房子,穿过乌鲁木齐中路的街口,去张小小家。张爸爸已经去世了,不过他那张画画用的大桌子还放在家里。在楼下,我又看到那棵果实累累的橙子树。那时,姚姚已经去世二十多年了。

永不拓宽的街道钩沉:
五原路/p.258,延庆路/p.247,建国西路/p.257,汾阳路/p.254,宛平路/p.256,永福路/p.246,永嘉路/p.244,北京西路/p.259

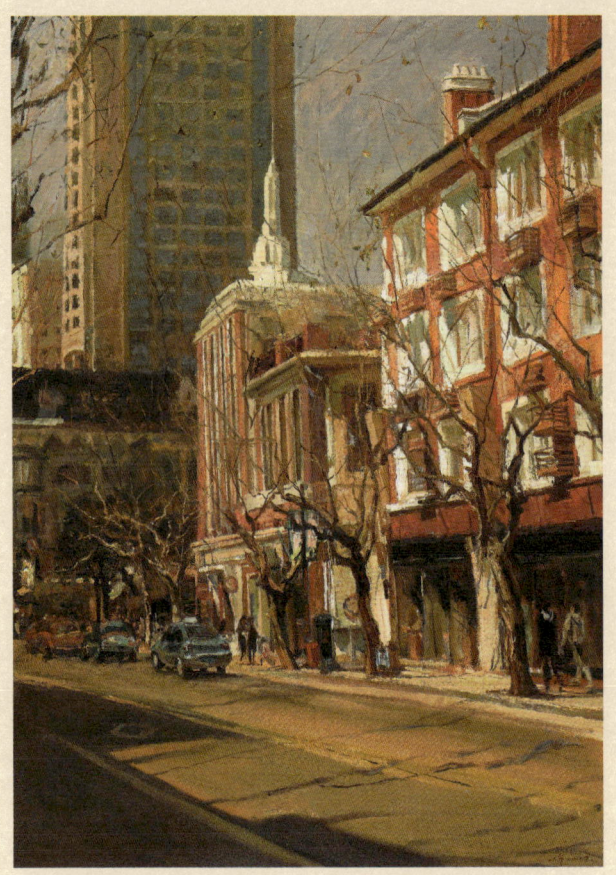

崔小冬　淮海路上的国泰公寓外　130×93 cm

幸存者

第一次见到韦然,是在一家叫东海堂的咖啡馆里。1998 年。他在幽暗的光影里欠了欠身,那是讲究礼数的北京四合院规矩。

眉目清秀的男子,殷勤地微微笑着,他就是韦然,图书编辑。

旁边有人问我:"你看他长得像谁?"旁人会问出这样的话,他总该与名人有瓜葛才是。

有种水银灯似的炫目藏在他的谦和收敛里——他像个艺人。

知情人呵呵地笑,说:"接着猜。"

却猜不出来了。也是不愿意这样死死地打量别人。

他是上官云珠的儿子。

惊问:"姚姚是你什么人?"

几年前读过的一篇对上官云珠的女儿姚姚的回忆文章。当时读得惊心动魄,往事汹涌,好像我在五原路渡过的青少年时代全都复活了似的。当时,我就存了写本书的心思,只是不知如何才能找到姚姚的家人。"文化大革命"的时代如沉船般消失在生活中,如今大海风平浪静。我曾辗转找到那篇回忆录作者的妹妹,但得知作者的神经系统疾患刚刚反复过,不宜再受到刺激。也就是说,不能采访。

那个时代如一条沉船,难以触摸,但可眺望,并看着它渐渐分崩离析,轮廓走样。是的,这是一个黑暗的时代,也许正因为它太黑暗,这样悄悄从人们的记忆里溜走,就是不道德的。

"姚姚是我同母异父的姐姐。"这是韦然对我说的第一句话,姚姚与上官云珠就这样,透过这个有一口北京口音的人,来到我面前。

与韦然的谈话,是我经历过的最残忍的谈话。我们总是回到最令他难过的时代里,让他细细地叙述本已过去的痛苦:寄居的童年和少年时代,丧母之痛,相依为命的姐姐的痛苦一生,生活中本可以回避的隐私的黑洞。我的问题,如同将他推入深海,让他独自潜回那条沉船,看亲人在重压下如何渐渐被毁灭,留下他一个人,如同一个文件夹,保留回忆。

他向我打开了一家人客厅的门、卧室的门和壁橱的门,这是写一本书的基础。

我有一沓用过的电话卡,是当年向身在北京的韦然补充采访时用的。在电话中,有时能听出他的痛苦和抗拒,每个人都有自己不想再说起的事,他的声音变得干涩,反应变慢,但他从没有放弃,也不曾拒绝,更不曾让他的回忆情绪化,能感受到他同时在和流逝的时间和亲人的感情搏斗,他是个有智慧分辨情感中的人与事和史实中的人与事关系的人。他从未放纵过自己的感情。

后来,《三联生活周刊》来为他做口述历史,他又再次复述了家庭的悲剧,风格依旧。这次,离我当年的采访已经相隔十年了,他已再次搬回了上海。

这十年里,他为母亲和姐姐建了衣冠冢,使她们入土为安。

他有时路过母亲和姐姐当年住过的房子,会停车,为那些房子照一张相保存起来。

那里的楼梯是当年妈妈和姐姐飞奔下来迎接他的;

那里的阳台是他和母亲纳凉时坐过的,母亲在那里给他讲过故事;

那条街道是他与母亲和姐姐晚饭后散过步的;

有普希金雕像的街角,是传说中母亲和姐姐最后一次见面的地方,那时,他远在北京,与她们断了消息。

大多数时间,他做着自己的事,喜爱着自己那在美国学设计,又想到法国学时装,到意大利学烹饪的女儿;在我感叹说"如此学历的女孩子只能嫁给国王"时开怀大笑;与自己童年的好友喝酒夜宴;风和日丽时到乡下看望自己的老奶妈;参加环保协会的活动;参加电影界的纪念活动;在为父母的老朋友照相的时候,听到老人们望着他感慨——述尧和上官的儿子,没有去拍电影。老人们的闲话温暖了韦然。

他在废墟上建立了自己的生活。

十年后,再次对人回忆母亲和姐姐的往事,他心中还是一样的痛苦。"每次都一样。"他告诉我说。

"我想人们通过她们的故事,可以问一问她们为什么死了,这是非正常死亡。"他向我解释自己能再次忍受痛苦的原因。

"你有了结论吗?"我问。

"没有。"他说。

真的,转眼十年就过去了。

我们又在上海的咖啡馆里见面,再次补充采访。当年长谈的咖啡馆已经关了门,现在我们在星巴克在淮海路的连锁店里见面。当年我们靠着窗坐,现在还是靠着窗。十年过去了。

"过去的噩梦还在做吗?"我问,"那个爬楼梯的噩梦。"

拿这种问题当作问候,我知道自己脸色有些尴尬的吧。

对韦然,有时我摆不好自己的态度。不知道像我这样一个深深了解他家过去,却忍不住回避那些渐渐显露出来的隐私黑洞的姚姚的传记作者,是他的亲人、老友,还是一个作家,一个朋友,我不知道用什么尺度相处最合适。有时我感到自己像一只充满目的性、伸向别人的手一样,令我暗自难堪。可有时,我又感到历史透过虚无的时空,在我肩上重重按了一下,好像郑重的托付。经历过这样的心情,对姚姚家的幸存者韦然,似乎总也不能自然而然地相处了。

写完姚姚书的几年里,我常想,他应该到我家来过年,他应该成为我们家庭中的一员。但我又希望见不到他,自己能从姚姚的故事里跳脱,轻松地生活。

"是的,有时还做。"韦然说。

我看见他发根上短短一层白发,是染过以后新长出来的,像穿过云层的阳光那样刺目。

在噩梦里,他已经疲惫不堪了,还沿着楼梯往上爬,他心里知道,爬到尽头,是为了跳下去。

他从小就容易梦见一个50年代漆着红白相间条纹的儿童攀登架,在中国各地公园里的儿童乐园里常能见到这样的木头攀登架,在梦里,是一个小孩仰视的角度,所有的东西都有些变形。后来,母亲跳楼死了,他兼了建筑摄影师的工作,常常需要爬到大楼高处去拍照,儿童攀登架的梦便渐渐变成噩梦。

"去找过医生释梦吗? 也许应该找个医生催眠。"我说。

他笑着摇头,责备说:"说什么呢,每个人都有梦,不过梦境不同而已。哪里就犯得着这样兴师动众。"

咖啡都凉了。

按照历史的说法,韦然是典型的黑暗时代的幸存者:劫后余生,心中留有创伤。有人在余生中挣扎着要从回忆里逃出来,竭力忘却。有人则一味沉湎下去,无力自拔。围绕着姚姚的故事,我见到了各种逃离之路。那是种逃生,没有从容可言。

韦然却有一种从容。

他经得起不同的人来翻检。姚姚的书出版以后,我接到过一些知情人的信,知道了一些在书里没能证实的事。

在香港,准备和姚克一起去罗湖接姚姚的老先生带口信来给我,告诉我当时在香港的情形。他开车去与姚克会面,但姚克却一直没到,于是他到姚克家去找,他却藏在卧室不见,由太太出来说,从上海接到消息,姚姚已经被抓了。

在美国,当年与姚姚一起下放到劳改农场的同学写信来,回忆了当年姚姚的故事。解放军用管劳改犯的方式管这批学音乐的学生,逼他们跪着插秧。姚姚不肯跪下。

在上海,辗转从姚姚当年的邻居那里,证实了关于姚姚与贺路的传闻。

那段时间,我给韦然打电话,就是通报这些消息。他大多数时间是平静的,有时长久地沉默,那便是真的被刺伤了。他隔着时间的洪流,束手无策。

电流的沙沙声,如一个小兽舔伤口发出的声音,它连接着我和韦然。

母亲和姐姐不必去面对的事,韦然却要去面对它们,这就是幸存者的生活吗?

我不知道自己做得对不对。

韦然接受真相,有一种清醒的勇气:他分得清时代的责任和个人的责任,辨别得清人性的弱点在时代推动下爆发出来的杀伤力和人性在黑暗中散发出来的善的光芒。那种勇气因为有这样的清醒和理性而明澈无私。这也是我觉得自己能将一切真相向他报告的原因。我像一块试金石。但是有时我怀疑自己的行为,谁赋予我做试金石的权力呢?人们对历史的责任,都是自愿担当的,所以不禁有时要质疑这权力。我想韦然也会受人怀疑,并且自问。

本可以好好喝一大杯热咖啡的,在隆冬阴霾的早上,偏要向后堕入往事,直说到咖啡都凉了,奶沫在咖啡表面结成一些灰白的碎片,看上去更像湖上肮脏的浮冰。

"假如时光倒流,又回到1967年,你可有勇气再经历一遍?"我问过韦然。

"想过这个问题。这一次,我就不再是个无辜的少年,我会首当其冲,像我妈妈,我叔叔一样。"他说。这两个亲人都自杀了。

"那怎么办?"

"要看熬不熬得过去。"他说。

那么,他相信还可以熬得过去。

"大家都这样熬着,你为什么就不可以。"他说,"大家都一样。"

大家都这样熬着,你为什么就不可以——我想这该是韦然多年来一直想问的问题。做口述历史的时候,他分析过母亲的死,他说,导致一个人自杀,有时不是外界对你如何,而是你生活的环境对你如何,母亲的丈夫已吓破了胆,姐姐贴大字报与母亲画清界线,他自己与母亲失去联系,母亲癌症复发——"母亲一定对生活完全绝望了。"这是黑暗时代幸存者的经验。

那么,他相信自己的生活还有温暖之处。

"你以为这只是假如吗?"韦然问,"我觉得很可能还会在中国发生这样的事。"他对我说的"假如"不满。

"现在吗?"我望着咖啡馆下面的淮海路,街上一派繁忙,春节快到了,人行道上走着漂亮女人,快车道上能看到最新款的美国轿车,我们旁边桌上有三个衣着入时的中年妇女,围着桌子吃忌司蛋糕,侍应生正在分派店家奉送品尝的榛果拿铁咖啡,是圣诞节时的存货。店堂里播放着挪威歌手唱的轻摇滚。此刻要掉头过去,想一想自己能不能过姚姚那样的生活吗?

我说:"不敢想。"但是我理所当然地要求他设想,好像对他来说是应该,对我来说却是意外。这是人们心中暗存的歧视吗?即使是幸存者,也已伤痕累累,无法完全逃脱干系。苦难深重,丧失过命运的眷顾,有时是古怪可耻的人生,是失败的人生。

人们如今回避提起那样的往事,也许也出于这种羞耻感吧。

最好能忘记命运的重拳。

"'文化大革命'没有彻底清算,就意味着它会再来。"韦然说,"'文化大革命'再来一次,就意味着我的亲人们当年都白白地赔上了性命,没有意义。"

这话他十年前就说过了。一边紧紧盯着你,表情也是一样的。

幸存者的责任,就是与忘却做天长日久的斗争,他们和纪念碑一样,永无轻松的可能。

"姐姐的孩子已经 30 多岁了,应该成家立业,是个男人了。"韦然提到了那个男孩。书出版后,有一天,我的同事接了一个男人找我的电话,那人说是开开的远房亲戚,读到了书,因此知道了姚姚弟弟的下落,想与韦然联系。

我转告韦然,他第一个反应是:开开想要通过他找到孩子。

我将韦然的电话转告了那个男人,也将那男人留下的电话给了韦然。但他们却始终没联系上。那个男人再次消失了。

韦然说,也许开开已经找到了孩子,便不再联系了。

"这个孩子,一直不跟我联系,说明他不想与我联系。"韦然说。

"也许他不在中国。"他又说。

从姚姚去世那一年,断断续续 30 年,他一直找这个孩子。似乎那孩子是一个家庭唯一留在世间的体温那么虚无和实在,那是命运没来得及夺走的东西。如今,姚姚连骨灰都没能留下,但留下了一个后代,一个少年时代喜欢唱歌,而且唱得不错的孩子。

"等这孩子也愿意找我的那一天,我们那时再见。"韦然说。

所以,他就一直等着。

戈多什么时候来?

戈多到底意味着什么呢?

"等着吧。"韦然说,"无论如何,这是姐姐的血肉,我只想怎么关心他,怎么爱他。"

2005 年,中国电影博物馆建成,博物馆的工作人员来上海宴请捐赠者。韦然捐出了他收集多年慢慢积累下来的母亲的照片。从 1978 年上海电影制片厂为上官云珠开追悼会,找不到一张她的照片,到韦然能向电影博物馆捐赠母亲的照片,已过去了30年。

  那天博物馆邀请的名人之后,还有郑君里的儿子郑大里,赵丹的儿子赵劲,王云阶的儿子王龙基。济济一堂。郑大里从未见过韦然,但他穿过众人,直接向韦然走去,对他说:"你不用说自己是谁,我一看到你的脸,就知道你是谁的儿子。"

<small>永不拓宽的街道钩沉:
淮海中路/p.239</small>

姚尔畅　东湖路大公馆门前　70×90 cm

我的手风琴伙伴

我的手风琴伙伴比我高一级,我认识她的时候,我中二,她中三。那次是中学为庆祝什么演出彩排,礼堂从前是个教堂,台旁边的走廊又暗又窄,放着老式的木头凳子,让我们这些还没轮到上场的同学坐。她们班的节目排在我们班前面,她背着绿色的手风琴坐在暗处,在她头顶上有一扇彩色玻璃的长窗,玻璃很脏,但那么好看地把彩色交织的光投到她的琴上。第一眼,我就喜欢她。可那时候我16岁,是害羞自尊得要命的年龄,我在她对面坐下,把自己的红手风琴抱在膝上,装作毫不注意她的样子。四周充满了喜欢唱歌跳舞的中学女生的低语。有一个漂亮的女孩在用发夹卷额发,那头发被她弄得像一圈圈绕环的线圈。

我很不喜欢拼命打扮自己的女同学,我恨她们身上的浓郁的女人气,虽然我也是女的,可我真心实意地喜欢像男孩子一样的洒脱、随便,有一点脏,有一点不修边幅,有一点指点江山的丈夫气。所以我老是不能交到特别知己的女朋友,在精致的女孩子面前,我老觉得自己笨拙得要命,激情得很可笑。这一直使我沮丧。

我就那么浑身不自在又很严肃地在她对面坐着,看着她穿的一双黑色面咖啡底的布鞋,那时干部子女都特别喜欢穿这样的鞋,我心里有一点亲切。我抬起头来看她,发现她也在看我,我立刻移开目光。后来她告诉我她那时正准备对我笑一笑,可我那么惊慌自尊地闪开眼睛,使她想起了她小时候,她说因为小时候受人冷遇,就不敢先对人表示友好。

台前有人在唱"远飞的大雁"。那是首民歌,虽然歌词写的是思念毛主席的牧民,但曲调别有一种忧伤和失落,像一个人遥望着那么模糊又那么美好的地方却走不到那儿,也不知该怎么走。女生们都喜欢这支歌,工宣队干瞪着阶级斗争的眼,不敢不让唱。

她那儿传来了一个和弦贝司,我抬起头,她的脸在暗处亲切地向我笑着,不容我再移开目光。她打开风箱扣,轻轻拉出一句"冰雪覆盖着伏尔加……"的旋律。我直觉得脸一阵阵红上来，红上加红，我也轻轻按动我的手风琴，和着她一起继续下去：小伙子你为什么忧愁，为什么低着你的头……在四周叽叽喳喳的低语和前台热火朝天的"要学那泰山顶上一青松"里，我们俩一起拉完那支苏联歌，在那时这歌是某一种友谊的通行证和档案袋，它像一只手抹掉那个年代人人都得有的一份虚伪的"革命"外表，表示出一种追求和一种背景，那是支美好的歌。

老师突然在台口探出脸来叫："中三的同学上场。"一个劲儿地整治头发的那个漂亮女孩懒洋洋地掩着得意和激动在我们之间窜过，像许多总不满这个，又不满那个，却没有什么激情的女生做的那样娇声说："快一点，烦死了。"她背好琴站了起来，把手按在贝司上，对我说："我叫王铃儿，中三（1）班的。"这时台上冲下来刚演完节目的中四同学，有个女孩膝盖一拱，把用被面做的朝鲜裙踢散下来，她恼怒得满脸泪水。

挪到紧前头，我闻到大幕灰扑扑的气味。从窄小的、本来是神甫出入的小门里，我能看到一半舞台，非常高旷的天花板上油漆剥落，露出早先天蓝色的教堂顶和半个白色翅膀，那是安琪儿的。王铃儿就在那翅膀底下拉琴，她们在唱歌，她满脸红晕地笑着，薄薄的嘴唇弯成一条虹，她光洁的突出的额头上没梳一点额发，像站在山巅迎受八面来风。我好喜欢她那热情的样子！

那会我正没有一个朋友，由于"文化大革命"血统论的缘故，从童年时代我就很少有朋友，有过一群结伙出去打群仗的朋友，但心里不喜欢报复的生活，每次看他们出生入死心里总充满了绝望和自暴自弃。我看着从小一起长大的朋友死在医院的长凳上，再也不愿和他们一起出去。我心里有一种模糊的渴望使我心焦，使我拾起一种友谊又放开去。我还有过一个朋友，在那窄小的门里，我能看到她端正地坐在一群嘻嘻哈哈的同学中间宛如落难公主，她的脖子长而优雅，她有一种天生的高贵气质，她的爷爷从前是个大银行买办。"文化大革命"使我失去了许多，也使她失去了许多，这使我们成了朋友。在她家终日晒不到太阳的窗前我们看着被反复抄家踏烂了的一方草地，想象着草地嫩绿柔软的样子，怀念着依稀记得的过去的好时光。她的脸颊越来越丰润，像黎明时分，但她的眼睛却没有一天明亮过，她像一块洁白的老式模子冰出来的冰。直到有一天，我喜欢上了手风琴，我唱《小路》给她听，穿过她的瘦削的肩。我看着南方早春静静地呈满绯红的黄昏天空，心里被这歌感动得紧紧缩着，我希望能有一种东西被我热烈地温柔地爱着，能像卫国战争时候的苏军一样英勇而热情。那时人们恨死了感情,因为虚假的它使人们累得要命,但如果没有它,生活像个什么样子?我脊背上掠过一阵哆嗦,我想使自己过一种激情激荡积极向上的生活,那时这心愿嫩弱得像一块没长好的皮肤和新肉,碰不得。我闻见干枯草地里潮湿的草芽的清香,我满心向往着那模糊不清的亮光,而她却抬一抬下巴说:"罗宋佬的玩意儿,粗俗。正经学的话就学钢琴。"她卷发环绕的脸透出了一种遥远高傲的陌生。那一天黄昏温暖潮湿,万物都在苏醒长大,我们就要随着春节走到16岁,但我们的友谊却死了。在灰扑扑的大幕后看着她矜持骄傲地坐在那儿,我心里回荡着刚才我们俩的手风琴声,心里的那个面目不清的渴望的小鸟,又在悄悄扑扇它的翅膀了。

第二天下午,我放学走过操场回家,王铃儿斜背着书包站在破败的篮球架下向我笑着,我们一路回家。她家住在一栋两层的红砖楼里,窗台上有一个木箱,里面种满开着小紫花的紫罗兰,木箱风吹日晒都变黑了,但很美。她请我上去玩。那天似乎是父亲从干校回来探亲的日子,每次我都争取在院子里等父亲从满满一车黑而憔悴的人中向我走来,我帮他提东西,让所有的人都看到我家的骨肉温暖,让他发现我又长大了,这是好多年来我和他巨大的乐趣。她轻轻握住我的手,说去吧快去吧,我发现她脸上有一种热烈的祝福的真情,又奇怪又感动。后来才知道,由于她父亲当时是"六十一个大叛徒"中的一个,已经关了十年没消息了,她像一个没有父亲的孤儿。

我是在书包里揣了两包一斤装的面条去王铃儿家的,我总记着我父亲停发工资时我们家的窘迫,我想象得出那家徒四壁的凄凉。她站在楼梯口微笑着等我上去,她那微笑像干干净净的太阳,我从来没看过这么友好热情令人喜欢的朋友的笑。

屋里充满了阳光。她的小床罩着白床罩,床罩旧而干净,绣着粉红的小花,线有点开了。床头有个木箱,上面铺着红格子布,上面放了一盆清水养着的紫罗兰。她拿出一大瓶爆米花,然后坐在床上,完完全全像个宁静愉快得要命的女主人。

我吃了好多爆米花,听爆米花被牙咬碎那一刻的一声轻轻的脆响。看我拿来的面条,像呆头呆脑的傻瓜。

我随她去拿琴来拉,发现墙上挂着嵌了黑框的照片,照片上是一个酷似王铃儿的小伙子,微笑着看着远方。他穿着一身旧军装,胳膊上套着红卫兵袖章。王铃儿背着琴走过来,我想避开但来不及了。她说:"这是我哥哥,他从水塔上跳下去死了。"

我说:"我哥哥在西北。"哥哥当时在当兵,那时这是最好的出路,我不好意思说。

刘曼文　巨鹿路上的文学会堂　100×80 cm

她抱着琴坐在桌角上,那是张很大很有气派但很旧的写字台,一定是她父亲唯一留下来的东西了。她说:"有哥哥多好!我哥哥跳下去的时候没死,他的同学把他送到医院,他自己把氧气瓶拔掉,就死了。"

我从小一起长大的朋友"地主",他死在医院的长凳上,他最喜欢打架,他要人人都怕他。他的爸爸妈妈都十年不知去向了,临抓走时,他爸爸只来得及对他说:"现在家就算没有了,你好好地生活吧。"他额头上被刀砍了条大口子,但医院规定不给打群架的孩子治疗。

王铃儿在手风琴上拉出一个明亮而忧伤的曲调,接着轻轻唱起来:五月的鲜花开满了原野,鲜花掩盖着烈士的鲜血。那是母亲参加革命时唱的歌,有一点悲壮,有一点明朗,有一点凄凉。她的声音细而纯正,自有一种敞开心扉的动人。我随着她唱,原来我和她都有一个破得不敢认识的幻想:做一个解放军歌手,像王芳歌唱王成那样唱歌。

我们唱了"亲爱的同志让我们登上列宁山",又唱了"西班牙有座山叫雅拉玛,人们都在怀念着它",还唱了"再见吧妈妈,别难过莫悲伤,祝福我们一路平安吧"。我们都是从一本《外国名歌二百首》中学的,她那本破得从 37 页开始的,我的那本书脊已经裂成两半,装订线像鱼肠一样需要塞进塞出。我唱得嗓子直冒火,但还来不及地说"我还有一支歌,棒极了"。她说:"我也还有一支歌,从幼儿园的时候我就把最好吃的东西留到最后吃。"

她吸了口气,使劲捶捶酸起来的右肩,拉出我正想唱的前奏,《孤独的手风琴》。在夜深人静的街上,只有一架孤独的手风琴在唱,它唱个不停,却没人知道它在寻找什么,只有孤独的手风琴忧伤而渴望地在游荡。我满心感谢地看着她,她的胳膊在有点漏风的旧风箱上长长地伸着,头有一点侧,像只谛听着召唤马上准备飞翔起来的鸟儿,一只瘦而年轻的鹰。我们两个人的歌声手拉手地在家具少而显得大得要命的房间里徜徉,遗像上哥哥微笑的眼睛越过我们,看着遥远的地方。穿过陈旧褪色的屋顶,远处是蓝而一望无际的柔软芬芳的天空,鸟儿在那儿能想怎么飞就怎么飞,完完全全地舒开翅膀。孤独的手风琴啊你在找什么?孤独的手风琴啊你为什么扰得人们不能安眠?世上什么也比不上有个朋友和你齐声唱你们倾心喜爱的歌,说不出的又喜又悲挤满了窄窄的心,灵魂从身体里走出来相互拥抱。在那阳光灿烂的逃学的下午,那是个风和日丽,使人想到尚在受难的过去和现在心里疼痛的下午,又是一个年轻的热乎乎但又孤寂的生命在莫名地寻求时碰到同路伙伴令人要欢呼的下午,我们在阳光里反反复复地唱着这支歌。

我们俩在中学时代一直是最好的朋友。我们俩彼此倾诉着心里那烧灼着的东西。我们坐在她总是干干净净的白色小床上看窗外不修剪的柏树,沉思般地站在星光灿烂的夜空下,竭力想抓住那个看不清形状也辨不清面目的它,它随着沉闷无聊那么禁锢又那么自由的青春岁月一天天过去涌动跳跃,像在母亲腹中不耐烦地踢腾着的胎儿。我们找得苦仍旧找不到,但却不愿意放弃寻找。我们唱《孤独的手风琴》,闻着风箱散出来的赛璐璐气味,我总觉得我们像两个站在跑道上的运动员,两手撑地很久很久,但却不知道要跑到什么地方去,也听不见信号枪的发令声。

直到有一天,她到了中四最后一学期,学校里锣鼓齐鸣地动员上山下乡,但毕业班同学没一个眼睛里有参加战斗队的热情,许多人闻风丧胆,挨到两丁抽一的同学又愤怒又沮丧。老师得意非凡地找这个谈话,找那个谈话,动员革命。王铃儿告诉我她要去插队,照理说她哥哥插队去而且死在北大荒,她能留在城里了。后来她又告诉我,她把动员她站出来给同学做榜样的老师骂出了门,她站在没有旗的旗杆旁说:"我最恨那种榜样,每个人都应该走自己的道路。但是我要去苏北,我爸爸在那儿打过仗。"

"听说那儿很苦。"我说。

"我不怕。"她说。那时已是冬天,她胖乎乎的手背上布满冻疮,说话的时候她老去搔它,她一激动,脸会涨得通红,连眼皮都会红。那天是一个温暖无风,空气清凉柔和的日子,那黄昏轻轻撩动起心里的有一点忧伤的渴望,她眯起近视的眼睛长长地出了口气,说:"我实在不愿意过平凡的生活,过那种不哭也不笑的生活,我要去献身于一种东西,我要去熬炼自己。"

那天不断有人来叫王铃儿,贴一张决心书,参加一个什么战斗队,全是慷慨激昂的名字,但王铃儿只是摇头。红砖教学楼前有几个女生雄赳赳地嚷着贴标语,她们也要去苏北根据地,据说她们也是些干部子女,那么咄咄逼人的大红纸。十多岁的孩子表达激情的方式很可能十分雷同而且不恰当,但我和王铃儿肩并肩站着,我相信在那年代充斥着的虚假的被愚弄的别有用心的种种假激情里,也有一种是真诚的,那就是王铃儿的。我对她说:"怎么用我,你尽管说。"

她并没有用我,自己说通了母亲,领了安置费买好东西打好包。她走的那天,天下着冰凉的小雨,很难相信这竟是春雨。晚上学校有车去码头,一辆遮篷的卡车,学校的前厅里挤满了送行的人和神色凄迷的中四同学,不少人哭了。许多战斗队员都没有在场。

我送王铃儿到学校,行李已经放上了车,手风琴也随大家的行李托运走了,她斜背着一个大书包,从此她家只剩下哥哥的骨灰和母亲了,但母亲没有哭,只是最后说了一句:"18岁就是大人了,铃儿。"一路上我们合撑着伞,听雨点在伞布上滴滴答答,突然她说了一句:"我倒是真想拉琴。"后来她又说,"咱们来唱一支歌吧,再见吧妈妈,别难过莫悲伤,祝福我们一路平安吧。"

前厅响起了哨子,招呼中四同学上车,更多的人哭了起来,我们旁边有个妈妈不住地说"短命的短命的",她紧紧抱着一卷草席。王铃儿伸长脖子望了望,拉着我往外走,她的眼睛在前厅黯淡的灯光下有一种准备好了去迎接什么的表情。

我们走到雨里,雨水流在脸上像泪水爬过一样舒服,她伸出手来握我的手,这是我第一次像大人,像同志一样紧紧地和别人握手。有人大声抽泣,在这声音里我听见她对我说:"好好干。"我也说:"好好干!"我甚至微笑了一下。她第一个爬上卡车。

永不拓宽的街道钩沉:
东湖路/p.255,延庆路/p.247,巨鹿路/p.243

冯真敏　汉口路上的老建筑一瞥　70×90 cm

裘小龙

又是一个渥热的6月中午，又是雾蒙蒙的阳光。外滩熙熙攘攘，仍旧挤满了游人，人行道上因为太多人来人往，加上空气中潮湿的暑气，变得黏糊糊的。此刻，公园又大变样了。大门口被挖开了一大块，露出水泥和柏油下面的泥土，从大门口往里面看过去，沿途堆满了石块、地砖和烂泥堆，如同上海的每一处建筑工地。公园关闭了。我兜兜转转地穿过一个站在门口张望的旅游团，他们大概是从德国来的，导游手里握着面小旗，对围着他的游客们用德文解说："在1949年前，上海的公园是不允许中国人进去的。这就是那个特别在门口竖着'华人与狗不可入内'牌子的公园。这是上海在半殖民地时期最典型的情形。"我看了他一眼，他年轻的嘴角被淡淡的、讥讽的微笑扭歪了，在他整洁而精明的脸上，像一个耐克的标记。

来到公园门房间外面，我再次看到多年以前看到过的那把黄色的木头椅子。它仍旧摇摇欲坠的，但仍旧用着，甚至也没显得更旧。门房间仍旧对着那尊诸红色的雕塑，花坛里的草花也仍旧是从前的品种。

"公园关门了。"里面的门卫向我宣告，他也是个中年男人，也穿着夏季保安的制服，但不是原来那个。他是个富态而和气的男人。

"为什么？"我问。

"公园大修。"他说。

"要修成什么样子呀？"我心里一喜。眼前浮现出泰晤士河沿岸旧码头区的样子。不是金丝雀码头，我并不喜欢那里，我更喜欢对岸铁锚酒馆周围的样子。那些起伏的窄街里浮动着伸手可触的，寓意无限的旧意。旧码头区对殖民者和被殖民者有截然不同的含义，但那些窄街保存了两者都能把玩的内涵，又没有因此而损伤历史的原貌。我听说过在外滩源改造规划中，要将这个公园与从前英国领事馆的大草坪连成一片，成为外滩最大的绿地。这天当我沿着北京东路走过来的时候，看到原先占用英国领事馆草坪建造的友谊商店已经拆除完毕，所以，我以为这就轮到公园了。

"停车场搬掉了,原来的地方要变成花园。"门卫指指里面。

"原先那里就是花园呀。"我说,"现在应该算是复原了吧。"

"修好以后,肯定要比从前气派多了。现在正在那里造一个大喷泉。"门卫说。

"原先那里就有过一个喷泉呀。"那是19世纪末的事了,当时英租界为了庆祝伊丽莎白女王登基,在外滩张灯结彩,还将一个小喷泉装在公园的草地上。为了阻碍华人入园参观,工部局还专门在董事例会上研究要不要让喷泉永久性地装在公园里。后来,喷泉果然没有继续留在公园。谁也没见过那个工部局董事们讨论的喷泉。没想到,现在大修公园,倒真的要由中国人在这里装上一个永久性的喷泉。

公园发生的事,总是带着些戏剧性,简直让人想到它的风水就是如此。

我问他认不认得从前那个门卫,又瘦又高的那个。他摇头否认,他是新来的,没见过从前的门卫。

正说着,门房间里面传来"叮"的一声响,微波炉里面的热的东西好了。我闻到一股肉糜红烧茄子的香味,那是门卫带来吃的中饭。他过去拿出饭盒来,放在微波炉上,茄子旁边还放着一块葱烤大排骨,也是红烧的。上海小康人家的家常菜至今还多是重油赤酱的,安稳而且实惠。

"那么,纪念馆开着门吗?"我问,也许等一下裘小龙会想去看看纪念馆,我想。在他的小说里,那具穿瓦伦天奴丝绸睡衣的尸体就躺在沿江的灌木丛里。那片沿江的灌木丛,应该就是现在的纪念馆的位置。

他小说里的陈超探长清晨就去那里读书。其实,裘小龙中学毕业后,就每天清晨到公园里读书,在这里度过他一生中最黯淡的"病休青年"的日子。陈超在工作时,常常会吟些柳永和艾略特的诗歌,这来自于裘小龙对诗词的强烈爱好。其中淡淡飘荡的文人酸气,正是裘小龙在80年代的风格。现在他是否还时时在心中浮起那些诗歌,已经不得而知。但他一定是留恋自己当时的生活的。所以,他将自己的个性和经历赋予陈超,让自己的好友围绕在探长的周围。或者说,他将自己附身在一个虚构的人物里面,从美国中西部的圣路易斯万里迢迢魂归上海。他让陈超在中央商场里的小饭馆里吃生煎馒头和油豆腐线粉汤,去德大西餐社二楼吃蛋糕,喝小壶咖啡。更重要的是,他可以一直在公园和江岸上散步,不论清晨和傍晚。

当然,那公园,那江岸,那街市,都是70年代初的上海。"那时的外滩公园显得相当简朴。除了公园最初落成时修建的几个亭子与一条蔓延着常春藤的长廊外,就是绿色的长凳了。凭栏眺望江水,一片开阔。公园后面处有一栋两层的建筑,好像是办公室,有时也办一两个阶级斗争展览会,还给人印象的是无处不在的高音喇叭,挂在电线杆上,或悬在高树丛中,一大清早先播放一遍广播体操音乐,然后就一遍又一遍地新闻联播。"裘小龙离开上海20年后,在自己结构的故事里,越过地理上和心理上的千山万水,一步步回到上海,感到自己就像当年翻译过的乔伊斯。

"纪念馆也在大修。"门卫说,他在桌子上铺了一张看过的旧报纸,准备吃饭了。

"我进去看看行吗?"我问。

"现在什么也看不到,到处都是挖开的,路都不好走。"门卫说。

"其实,我约了一个朋友来公园见面,没想到你们大修。这个人现在住在美国,不过,他小时候就住在山东路。总是来这里看书,学太极拳。后来他在美国当了作家,写了一本小说,就用这个公园做故事发生的背景。这本书出版以后,不光在美国卖得很好,在法国也卖得好。外国的旅行社专门组织读者来上海看小说里面写到的地方。这个星期他回上海来,我们约好在公园见面的。我想先去看看,能给他看到什么。"我打出裘小龙的旗号来,但我说的都是真话。法国的旅行社组织书迷来上海做"跟陈探长一起去上海"的主题旅行,法国杂志派了记者先来打探。"实际上,我们约定的时间已经过了,就是他还没有到。"

"那么说,他现在是华侨啦?"门卫问。

"他是上海人。"我说,"就是好多年没回来了。"

"那他现在总归是华侨了吧,在外国混了这么多年。"门卫问。

"那倒是的。"我犹豫地回答,我不知道门卫为什么要调查户口,"他现在住在圣路易斯,那里也有一条像好莱坞一样的星光大道,在那里住过的名人,就能将自己的名字刻在其中的一颗星星上。他就要把他的名字刻上去了。所以,他很有名。"

他见我肯定了裘小龙的华侨身份,马上就说:"那他的情况比较特殊,海外赤子呀。等他来了,你们可以进去兜一圈。"见我笑,他赶快补充,"按规定,一般游客在施工期间是不可以进公园的。你们在里面被碰伤了,责任是要自己负的。这先跟你说清楚。"

我自然是点头答应。

"华侨"这样的称呼，让我想起一个泪眼蒙眬回乡来的旧金山老劳工，穿了一件花衬衫，抱着棵大树一直哭。一边哭，一边说，当年自己就是从这里离开家的。我从来没想过裘小龙和这个卡通化的形象有什么瓜葛。"华侨"一直是个卡通化的形象，即使是在裘小龙的书里出现的那个华侨，也是卡通化的，带着某种疏离的含意。不过，也许将"华侨"这个称呼给他也并不错，公园就是他的那棵大树。当他开始用英文写一部以上海为背景的侦探小说，除去种种现实的考虑之外，还有对外滩情不自禁的怀念。他忍不住写到那里种种细枝末节，使一部侦探小说从开始就表现出散文式的抒情。

上海警察局的陈超探长正在晨雾中向外滩公园走去。

尽管这个小公园只有十五英亩，但它所在的位置使这个公园成了上海最受欢迎的地方。在外滩的北端，它的前门面对着街对面的和平饭店，它的后门连着外白渡桥。这个公园最让人赞赏的是它的彩色石板散步道，长而曲折的小道渐渐向上蜿蜒，伸向波光粼粼的辽阔水面，那时黄浦江和苏州河的交汇处，人们站在公园的高处，可以看到远处吴淞口外的海面上浮动的大船。

在公园前门，守在票箱前面的头发灰白的周阿姨，带着值勤的红袖箍，一边打着哈欠，一边对陈超点了点头，他将手中绿色的塑料筹子丢进票箱。有些在这里工作的人早就认识他了。

那个早晨，陈超是几个最早到公园来的人。他走到公园中间那块开阔地，那里被白杨树和柳树围着。一座带有宽大回廊的、欧洲风格的白色凉亭舒展地站立着在那里，四周还有些新上了绿漆的长条椅。破晓时分，露珠在草地的植物上闪烁，像无数清澈的眼睛。

对陈超来说，对公园的联想也很吸引他。在他刚上学的时候，他读到了关于这个公园的历史，那时一本正式使用的课本里提到了公园，说在上个世纪，公园只对西方人开放，在大门处挂着"华人与狗不得入内"的警告牌，裹着红头巾的锡克巡捕站在那里把门。1949年以后，共产党政府认为，这是西方势力在旧中国横行霸道的好例子，常常在爱国主义教育中提及。这样的事当真发生过吗？现在很难确定。这情形就像事实与虚构总是被建构与解构一样。

他拾阶而上，呼吸着从水面潜来的新鲜空气，海鸟在波浪上飞翔，它们的羽翼闪烁着灰色的微光,好像是从模糊的梦境里飞出来的鸟一样。黄浦江和苏州河两股水流之间的分界线清晰可辨。

这个公园吸引陈超的,不光是它的美和历史,更多的是他个人成长的记忆。

70年代初,他是个在家待分配的中学毕业生,从学校出来了,又没有地方可以工作,他便来公园学太极拳。两三个月后,一个雾茫茫的清晨,他半心半意地练了一套太极古法,突然在一张长椅上发现了一本用旧的英文课本。他至今不知道这课本为什么留在椅子上。有人会将自己读过的旧报纸或者杂志垫在公园椅子上隔潮,但从不垫课本。他好几个星期将英文课本带到公园里,等有人来认领,但是没人来。后来,一个早晨,他怎么也学不会一招太极,灰心之下,他坐下,打开那本没人要的课本,从此,他开始学英文了。后来,他每天到公园来,不再是为了太极,而是为了英文。那些在公园里的早晨,就这样支撑他度过了"文化大革命"。

在四月微凉的清风里,从海关大楼的塔楼里传来悦耳的钟鸣声。六点半了。在"文化大革命"期间,大钟敲的报时曲曾是《东方红》。现在又恢复了原来的钟声。时光如水而逝。

是的,时光如水而逝。在公园门口,我注意地听了听海关的钟声。现在,大钟又从英国报时曲改回了《东方红》。我想象裘小龙再次听到大钟敲《东方红》,会有怎样的惊喜。记得我在外滩再次听到它的时候,心中一沉,恍如回到从前。十五分钟过去后,《东方红》的曲调再次遥遥从黏稠的空气中飘荡而来。我看了看门卫的手臂,当然,他早已没有小说中周阿姨臂上的红袖箍了,那是80年代的风尚。

裘小龙在小说的死尸出现之前,抢先让他的主角像他自己当年一样在公园漫步,并回忆自己的少年时代,他让"他"代替自己观望海鸟像模糊梦境中那样在清晨飞翔,代替他看到江边凌晨的雾气,代替他坐在漆成绿色的长椅上读书,并默默想着那些诗歌里的句子。感慨生活中充满了偶然,一件事导致了另一件事的发生,环环意外相扣,终成了意外的结果。当他在与上海几乎没有相同之处的美国中部,默默享受写作带来的返乡之乐,他一定也没有想到过,这本小说将大获成功。这样的成功,将他再次送回上海,重访书中再现过的公园。

当他写完这本书,他妻子读完,对他说,"你至今没有走出外滩公园。"但他们一定没有想到,裘小龙再次进入公园,要以"华侨"的借口。

"不晓得我这个朋友看到公园成了这副腔调,会不会连哭也哭不出来。"我对门卫说。

"他来得不巧,要是等我们修好了再来看,就漂亮了。"门卫很有信心地说。

门卫用筷子搅动饭盒里的食物,空气里渐渐充满了红烧茄子柔软的暖香。

超过约定时间快要一个小时了,可裘小龙还没到。他说过,早晨他先要到山东路去看一下,然后从那里过来会我。他山东路的家早已散了,父母都已经过世,他的兄妹也都相继搬离那里,现在房子是空关着的。

我记得他家窄小的木头楼梯一踩上去便吱吱嘎嘎地响,底楼曾经是他爷爷当年开过的帽子作坊,早在解放前就倒闭了。当年山东路上的中国人作坊几乎是和外滩的发展联系在一起的,写上海20年代外滩生活的著作里,有好几个作者都提到过山东路上密密连成一线的中国作坊,各色的杂货铺、小饭店、小作坊和油酱铺子,弄堂口的算命先生和代人写信的先生,还有那里有声有色的日常生活。在外国人看来,那里曾是上海属于亚洲城市的证据。在楼梯间的一团昏暗中,裘小龙点给我看原先他家里的帽子作坊。那时,底楼沿街面的作坊已经属于另一家人家,那家人贴着楼梯起了一面墙,将一楼与二楼隔开。楼道里没有窗,暗洞洞的,一派劫后余生的偏安,但却能从门板缝里清晰地穿来街面上车水马龙的汹汹市声。他笑着问了句:"像《孤星血泪》一样吧?"那是部20世纪初的英国电影,一个潦倒的故事。

许多年前的一个节日,我去他家吃过一顿晚饭。那时他父亲已经过世,妹妹已经出嫁。我记得我和他两个人,在一张旧八仙桌上坐着,他家像大多数上海本地家庭一样,用大碗盛菜,将筷子搁在调羹上,他家的蓝边大碗里,盛着肉片红烧茄子。

那间房间里,靠墙放着两张床。床上睡着他忧郁的母亲和他残疾的哥哥,他们都一动不动地躺着,用棉被蒙着头,只露出乌黑的、打结的头发。

我们就在那两张病床旁边,努力地吃了晚饭。一阵楼板响,他的老奶奶送来一沙锅腌笃鲜汤。宁波人家的口味很咸,我记得。

裘小龙那天用他粘着米粒的乌木筷子点了点灯影里的暗处,说:"'文化大革命'抄家的时候,我父亲厂里的造反派把我母亲存下的一点点金货都抄走了。我母亲招呼我们兄妹三个人过去,叫我们看一眼那些东西,她对我们说,以后你们是再也看不到的了。就为了这句话,她被抓去斗,她哪里经历过那种场面,当天晚上就精神崩溃了。其实,她哪里想得到要反对'文化大革命',她就是舍不得一辈子好容易存下的那点金货。老实说,那些金货也不值什么钱的。"说完,他又接着吃饭。我也假装无视四周那一派无法收拾的颓唐。

后来他去美国,一走再无音讯。我心里觉得,他做断线风筝,最理所应当的。但他却在心中如此怀念与珍藏。回来了,便去凭吊。

我想象,此刻他从山东路往外滩走,那是他少年时代天天走的路线。"在左边,混凝土的、花岗岩的和大理石的建筑——在外滩排开。然后,神话般的汇丰银行出现了,门口那两只铜狮子还在原处,它们见证了这栋建筑主人的数次更迭。在它旁边,新古典主义的海关楼顶上的大钟报着时。"在他的小说里,陈探长这样踩着他当年的脚步经过外滩,并东张西望。我猜想他今天也是这样,有些迂腐,而且走神。在如今急匆匆的行人里,常常半心半意行事的裘小龙,就像块溪流里的石头。

他在少年时代,曾经害怕待在阴沉寂静的家里。也许他一直就害怕山东路的家,他出生以前,他的父母已经经历过了"三反五反",他从小就感到家的阴沉,特别是当外面阳光灿烂、锣鼓喧天的时候,家里的气氛却格外惶恐。从前,他是害怕这个家的。当他长大,便像退休的老人一样,买了公园的月票。他每天一大早就到公园来,中午匆匆回家吃了饭,再回到公园里。冬天上海最为阴冷的二月,他也不在家里,只是路过中央商场小吃店的时候,吃一碗加了大量免费胡椒面的咖喱清汤面。辣得满头大汗,再奔往公园,依靠它的热量在公园多坚持半个小时。他随身带着英文版的毛主席语录和英文词典,以及一本英文小说。到了公园以后,将英文版的毛主席语录翻开盖在英文小说上面,预防有人过来检查他的时候,可以用毛主席语录搪塞过去。他每天都要在公园待到不得不回家的时候,才回家。那时他虽然成功地找出自己的病,为自己延迟了去农村的时间,但里弄里的人天天坐在他家里,等着动员他自愿离开上海。那时,这个小公园,是他逃避家中一潭死水的气氛和上山下乡动员的双重避风港。我曾经问过他,为什么没有像大多数想逃避家庭的学生那样,干脆去农村,脱胎换骨,一走了之。他笑笑说:"我还没那么傻,竟然离开上海。"

"我不能想象要是自己没有去公园,现在将是怎样的人生。"裘小龙说过。

我对门卫说起裘小龙:"他在公园里认识了一个退休英文教师,他想跟那个老师学英文,那个退休教师却不敢正式收他当学生,只是让他自学,遇到不懂的地方,就早上去公园问他。他的英文就是这样学起来的。"

"那他算是自学成材的。"门卫点点头。

"一直等到恢复高考,他考到北京去读研究生,他自学的英文到底派上了用场。后来,他又到美国去上学。毕业了,又留在大学里教书。那家大学的创办人,正是艾略特的父亲。他在圣路易斯安下家来,生了女儿,现在他的女儿又在艾略特家办的学校读高中。"我说。

我认识裘小龙的时候,他已是上海令人注意的年轻有为的翻译家,他翻译了艾略特和庞德的诗歌,还翻译了叶芝。他有许多年轻的读者。许多年以后,他的小说在美国得奖,被翻译成中文。中文译者就是当年他翻译艾略特诗歌时的读者。生活有时就像连环套一样,一步跨过去,便步步都跟下去。难怪他说,要不是他那时学了英文,他都不敢想象自己的一生。

"那他一定已经下岗了。"门卫说,"说不定像我一样,到这里看大门。"

"很可能啊。"我同意道,想象裘小龙将他家晚上吃剩的红烧茄子带来当中饭的情形。他有些迂腐,又有些狡黠。通常他是好性子的,还有些脆弱。他像19世纪欧洲小说里的男人那样,总记得给女人拉开椅子和开门,知道过街时轻轻握着太太曲起的手肘。但有时也会在刹那间突然显露出书生的锋芒和尖刻,还有出身于小资本家家庭而熏染出来的精明和谨慎。但他也会突然就颓废下去。"要是他现在下岗了,不知道还有没有兴致来公园。"我说。

"那倒说不定的。"门卫说,"下岗的人来这里消遣,比闷在家里强。从前我们这里这样的人就不少。还有老人,里面也有退休教师,一早来打拳,来唱歌。"

是的,就像他的少年时代一样。这样的人生,开始于公园,又将结束放在了公园。这是裘小龙虚拟的人生,但我却突然体会到公园对他的重要。当家都不能回的时候,这里就是他的安慰。当他衣锦还乡的时候,这里才是那一声最知己的喝彩。"陈超坐在他常坐的长椅上,那张绿色长椅后面有一棵高高的白杨树。在长椅的背后,还依稀留着'文化大革命'期间刻上去的流行口号:无产阶级专政万岁。'文化大革命'后,这张长椅被新上了好几次漆,但当时刻下的口号还能分辨出来。"裘小龙在小说里这样写过。他不怎么相信记忆的可靠,甚至也不相信人的不变,生活的不变,他时常感慨

"我何尝又是过去的我"。所以,公园长椅背后,新漆覆盖下的东西就变得极其重要,像一个他的人生的见证者。

约定的时间又过去很久,我终于看到了裘小龙。他磕磕绊绊穿过一群在公园门口点点戳戳的游客,手里握着一本书。他脸上等不到人的疑惑里,还能找到一些"凭吊"过从前的沉郁。

原来,他在堤岸上1989年新修的公园入口处等我,也已经在那里等了很久,还顺手读了几页书。"公园大修,我们从这里进不去的。"他说。

"你竟然还知道新的大门?"他不光知道公园现在正大修,这让我吃惊。

"当然。我回上海,总是来这里转一转,有时还来这里翻翻书。"他耸了耸眉毛,看上去还为自己对公园的熟悉有些自得。

"那你也看到公园成了这样了。"我再问。

"当然。"他点头,脸上没有痛心疾首的痕迹。

"你看,差不多就是废墟。"我强调说。

"是的。"他打量了一下四周,同意道。

我们经过狼藉一片的大门口。我看了看他,真的,他的确没有痛心疾首的表情。

公园里的草地被挖得到处都是沟壑,原来公园的地底下埋了许多管道。我们得在摇摇晃晃的泥块上走路。路过残留在树丛里的几块太湖石,和一个小小的水塘,我想起在19世纪留下来的照片里曾经见过它们,那时,照片里的中国园丁还拖着一条辫子。

裘小龙站在一堆挖开的烂泥上,向四周看了看,说:"这里应该就是当年我们打太极拳的地方,老先生原先也是来打太极拳的。这里原来还有个亭子,有一天,我看到老先生在亭子里教公园里的两个女孩子用英文版的毛主席语录学英文,才知道他也偷偷教人英文。我突然受到了震动。因为学太极拳并不能解答我未来"怎么办"的问题,学英语却或许能——两个女孩已经在这么做了。我从家里找到一本40年代出版的《纳氏英文文法》,也找了条长凳。慢慢的,我到公园来不再为了打太极拳,而是为了找到老先生问问题。或者来读书,当时我们那几个在公园里认识的男孩,差不多就是最要好的朋友了。有一个人,总说外国有多好,外国的糖有多好吃,外国人的东西有多高级。要是能凑够钱,他就带我们去德大吃西餐。我们都没收入,所以常常我们没有足够吃饭的钱,又实在想到德大去坐坐,就在楼下喝咖啡。德大的小壶咖啡很地道。他太爱外国了,我们就给他起了个绰号,叫他华侨。他是我这辈子见到过的最爱外国的人。"

"那就是小说里'卢华侨'的原形。"我说。

他笑着点头。

"德大是一家两层楼的餐馆,在南京路和四川路的街角上。它那欧洲式的门脸与旁边的中央商场形成了鲜明的对比。"裘小龙的小说里这样写着:"'文化大革命'时,它改名叫工农兵饭店,现在又改了回来,叫德大了,就是伟大的德国的意思。底楼有不少青年在座,抽烟,聊天,在他们的咖啡杯里搅动着欲望或者回忆。他带她去了楼上,那里可以叫些吃的。他们选了一张靠窗的桌子坐,从那里能看到南京路。他叫了一杯白葡萄酒,还要了咖啡和一块柠檬派。然后,他又建议她要了一块德大特色栗子蛋糕。"他在美国中部家中的桌子前写下这些句子。

我将门卫向我确认他是华侨的事告诉他,这个华侨的含义,却是为了确认他是海外赤子,才需要进公园看看。

裘小龙听着笑:"Well, I don't mind。"

"凯瑟琳问陈超:'他是个华侨?'

'不,那是他的绰号。'

'因为华侨都像他这样说话?'

'我不知道。在我们中国的电影里,华侨回家时都表现得很激动,很夸张。卢说起吃的来就是这样。但大家叫他华侨,并不是因为他说话的样子。'文化大革命'的时候,华侨不是个好称呼,要是叫一个人华侨,表示这个人在政治上不可靠,与西方世界不清不楚。或者是这个人与资产阶级的奢侈生活方式沾边。卢老是炫耀他颓废的品位——煮咖啡,烤苹果派,拌水果色拉,当然,还有正餐时穿正式的西式礼服。所以他得了这么个绰号。'"他的书里这样写。

"也许门房间师傅总结得也有道理。我也是华侨。"他想了想,又说。

"在你的小说里有那么多对上海追忆性的描写,它们像你描写的海鸟那样,半是梦境中的。在我看来,也有某种激动和夸张的感情。"我说,"它们具体,但不结实冷静。"

"怀乡呀。"裘小龙摇着头笑,"这就是老华侨的怀乡呀。"

裘小龙在门口处四下望了望,说:"那时,我父母知道我天天在公园里跟人学英文。那时私下里学英文,也是可以被人抓到小辫子的。他们已经被吓破了胆,最好我什么都不要做,整天就在家里躲着。他们怕我惹事。我记得,有一次我妈妈让我阿姨陪着,偷偷跟踪我,看我到底跟什么人在一起。她们俩一路上躲躲闪闪,以为我不会发现。结果,我在门口拦住她们,将她们赶回家。老先生为此还特地到我家去了一次,劝我父母说,小孩学英文,也算学个本事,将来总会有用。他来我家以后,我父母才不说什么了。但他们始终也没有支持过我。他们就假装不知道。"他点了点门口,那就是当年他一举将妈妈和姨妈赶回家的地方。

"老先生不容易啊,他不是连收你做正式学生都不敢的吗?倒敢到你家去说服你父母。"我说。

在谨小慎微的宁波本分人家长大的迹象,从裘小龙的笑容里闪现出来,"他也是防人之心不可无吧。在我认识他以前,上海已经枪毙了一个在公园里教小年轻英文的人,那个人有个外号,叫上海滩上一只鼎。他的罪名是教唆犯。老先生从来都不主动教我,每次都要我有了问题去找他,在亭子那里等他,他再讲解。后来他也借些书给我看。但他只借给我语法书,都是很老的版本了,那还是20年代的版本,他当年上大学时读的,抄家后的漏网之鱼。现在想起来,老先生真是不容易,他从来也没有收过我们的学费,倒教了我们三个那么多年。每次不过十分钟,十五分钟,解答读音和语法问题,但却是一个自修英文的人心里最大的依靠。我知道要是我真的读不懂,可以找他问。"

"我们三个跟他在公园认识,又跟他学英文的男孩,后来都考上了大学。去上大学前,我们还特地到他家去了一次。那时他已经过世,我们在他的遗像前略尽'勿忘告乃翁'的心意。"

"要是他现在知道你在美国用英文写小说,你演讲的题目是为什么你的小说能被英语文化背景的普通读者接受,老先生一定很高兴。"我说。那些70年代在上海公园里和弄堂里随处可见的老人,不知悄悄扶持过多少在困境中自学英文的青年。

"那是一定的。"裘小龙肯定地说。

陈伟德　九江路晨曦　83×100 cm

老先生的家就在苏州河上的华人公园对面,后来他们熟了,有时也去他家里去请教。裘小龙经过华人公园,70年代时,那里的长椅和石头喷泉还在原处,只是门楣上"寰海联欢"的木匾没有了。裘小龙过了四川路桥,经过一个小邮局,走进弄堂,就到了老先生的家。他去那里问过"鸳梦重温"的译法,带去过辗转搞到的《精华英语》课本和唱片,送去过他第一篇自己翻译的英国诗歌。过年过节的时候,他也尽量省下钱来,为老先生买一点礼物带去。

"我们当年跟老先生学英文的三个男孩,现在倒有两个在美国,而且居然都住在密苏里,常常来往。说到外滩公园,恍若隔世。"裘小龙说。

我们先后跳过一道挖开的泥沟。我看到一些被挖起的彩色砖头,那一定就是裘小龙小说里提到过的"令人赞赏的彩色散步道"。我点给他看,他点点头,表示理解我的意思。而他点给我看一些树,那都是原先长在亭子外面的树。现在,亭子没有了,草坡也没有了,但那些树还在。他跳过废弃的地堆堆,向那些树走去。伸手去——拍打那些落满白色粉尘的树干,又像抚摸:"你看它们居然还活着,还在原处。"

他只是对其他东西视而不见。

"那大多数人都不喜欢自己生活中重要的地方变得面目全非,你倒没什么反应。"我说他。他还是没什么反应。于是,我又告诉他三枪棉毛衫商标的事。可他根本就不知道上海有这样牌子的棉毛衫,所以,这个笑话对他来说一点也不好笑。我只得将这笑话的含义也指出来,"上海人好像也不喜欢它里面的报复意味。"

"我都明白,"裘小龙终于回过神来,重重地点头,"包括了门口那个苏联式雕塑对不对?不过,我接受它好像不是太困难。"他说,"我记得小学的时候,我们这些山东路的小孩一直被老师组织到这里来忆苦思甜。一搞活动,就是到公园。华人与狗,不得入内的事嘛。我小时候是真的欢喜来这里玩,不是什么翻身感,而是我欢喜这个公园本身,它给我快乐。和陈探长的情况一样。"

我们在水塘那里停下来,一前一后走过一堆堆的建筑材料,还有用草绳扎着树根的树,停车场那里的地面已经被完全翻起来了,那里有个正在成型的巨大的水泥碗,我猜想那就是门卫提到的喷泉。再往前,就是高大的人民英雄纪念塔了。我猜想,将喷泉造得这样巨大,不是为了配合公园的比例,更不是为了恢复19世纪的那个只在工部局文件里出现过的喷泉,而是为了配合人民英雄纪念塔的高度。看到那个巨大的水泥碗,就知道这里完全不是修复,而是再次重造。

裘小龙高高昂着头,还沉浸在他童年的愉快里:"有少数几次,我记得,春天的天气实在太好了,我爸爸心情不错,就带了我们全家出去吃午饭。然后一起来公园走走,那时叫踏青。吃了一顿好饭,又全家一起来公园,到江边去看轮船。那种孩子心里的开心,真是难忘得很。一家人,整整齐齐,都穿着出客的衣服,十分隆重。"

他重重地抿起嘴角,脸上出现了一种尴尬和疼痛的表情。我想他动了感情。他对袭来的感情有些尴尬,中国人总是习惯于沉默和平静,总是害怕地紧紧压着自己流动的感情。我在他的脸上看到了公园对他的不可剥夺。我想起了他在美国翻译的那些中国古代诗词,那几乎是存在于诗词里的感情了。

"原来的公园眼看着就没有了。"我为他点出前面的工地。

"也不一定。"他将目光落下来,但不以为然,一边端详着前方,"纪念碑前面配上一个喷泉,这倒是在西方顺理成章的模式。"然后,他评论说,"我只是不欣赏它的大,什么东西大了,都不会美。我们圣路易斯河岸边的拱门也不好看,也是因为太大的缘故。"

无论怎样,这已经是个面目全非的地方了。难道不是吗?

"那么,等两个法国人来了,你真准备带他们来这里吗?"我问。这次他回来,是法国的一家杂志请他回上海介绍自己小说中的现实情形,杂志派了一个文字记者、一个摄影记者来上海,记录裘小龙在他小说中的上海。按照杂志社安排的日程,第一站就是来公园,陈探长读书的地方。

"当然要来。门卫已经认得我了,还可能方便些呢。"他反问我,"为什么不要来?"

"这样乱糟糟的,丢脸呀。"我说,"你就不觉得?"我告诉他从前我遇到的那个坏脾气的门卫的故事。他垂着头听完,然后慢慢说:"这是现实,我们不需要为它羞愧,也不需要跟着现实来改变自己的感情。"

我们已经走到了公园尽头。再次看到那棵有 150 年寿命的银杏树,它此刻突兀地站在工地上,固守着那小小一方泥土。"那是棵老树。"裘小龙指点着它说。

一年以后,我和裘小龙在圣路易斯见面,这次他还带来了当年他外滩公园的同学。他叫他"小裘",他叫他"小车",都是当年在公园认识时的老称呼。

"我们那时都不愿意在家里蹲着,尽量到公园来消磨时间。那时候公园里能遇到各种各样的人,是个很开放的地方。除了老先生,还有一些从前在外滩洋行里工作的老人,也都来公园,他们彼此之间,有时悄悄讲讲英文过瘾,所以你注意听,常常还是可以听到那种老法英文的。

到了晚上,从延安东路一直到公园里,到处都是谈朋友的人,我们那时叫他们'插蜡烛',要到后来,才有那种抒情的名字,叫情人墙。远洋码头就在附近,有时香港烂水手也来公园,所以也有上海小姑娘到公园来搭识水手,就是想借他们做跳板,好跟着出国。公园里的人看到她们,表面上是看不起的,其实心里也是羡慕的。

有时候,在公园里也能看到人自杀,因为沿江的其他地方都有码头,只有公园里的那块江岸是空着的,所以自杀的人常常到这里来跳黄浦。我都看到过两次。那个人站着站着,突然就跨过栏杆,跳到江里,一步步往江心走,慢慢走到深处,就看不见了。"

我问:"怎么不去救?"

他说:"这是自绝于人民,是反革命行为,怎么可以去救?没人救。"

"那公园里的人就这么看着?"我再问,是不能相信。

"是的,大家就在他身后看着。一直看到他不见为止。"

"那你心里一定难过。"我说。

"还好。"他说,"我家里也有难过的事,也没有人为我难过的。这种难过,无法与别人分享,只能是自己兜起来。"

我拍拍裘小龙:"怎么没听到你提起这样的细节?你们天天在一起。"裘小龙的回忆里,公园里好像只有他和老先生以及他的同道的存在,没有别人。

裘小龙扬起头想了一会,困惑地笑了笑:"我好像没见过。"

"怎么没有?常常有。"他点点裘小龙,"你是个书蠹头,周围出了什么事,你一点也不知道。老先生的儿子也喜欢玩电视机的。开始我去老先生家是为了学英文,后来,倒是和他的儿子一起装电视机玩了。我更喜欢做这些事。"

他说着,看着目瞪口呆的裘小龙笑:"你一定又说不知道的。"

"我真不知道还有这一出。"裘小龙笑着摇头,"这个秘密竟然就藏了三十多年,今天才知道。"

"可见你只注意'海鸟在波浪上飞翔,它们的羽翼闪烁着灰色的微光,好像是从模糊的梦境里飞出来的鸟一样。'。"我拿了裘小龙小说里的句子来调侃他,但心里却惊奇于他注意力的选择性。

我们一起去公园的时候,他说过"我们不需要为它羞愧,也不需要跟着现实改变自己的感情"这样的话,但我到这时,才留意到这些话的重量。我再次想起他中年发福的身体小心地踩在被铲起的彩色地砖堆上,心无旁骛地向那些他还认识的树走去的身影。我的心里有些感动。裘小龙仍旧完整地保持了我们这一代在上海最封闭的时代成长的人对现实鸵鸟般的固执,和抒情的方式。他让我想到了我坐在沿江长椅上,将双脚长长地向前伸去的老师,公园甬道上穿着异常整齐的散步者,想到"华侨",想到李天纲对公园外江面上过往船只的回忆。裘小龙曾经注意过记忆在时光和人心中被微妙改造的过程,但他没想到,这些也正发生在他的身上。

"老实说,公园不论变成什么样子,都不怎么能影响我对它的感情。就像它是你的爱人,她生病了,难看了,你总是也要对她好。除了对她好,你还能做什么呢。"离开公园时,裘小龙总结说。

"这些话简直就像《情人》的开头,而且还是王道乾的译本。"我说,那是小说开始时扬对老年的杜拉斯说的话,"酸呐。"

他笑,接口:"你晓得,这才是门房间的人说的海外赤子呀。"

应该叫他"上海赤子",我想。

我们决定去南京路的一家老式西餐社吃午饭,"它家二楼的虾仁杯和牛排都很好。"裘小龙又搬出他固若金汤的记忆,"也许它家算得上是上海当年最地道的德国菜了。"

我想起他春天时在外滩开过的一个作品朗读会,是香港英语文学节在上海的分会场。他为一个澳大利亚作家用中文朗读了《浮生六记》的片段,接着,他又用英文朗诵了他自己的小说。在上海的协办人是 M ON THE BUND,一家西餐馆,所以,他被要求朗读有关上海食物的描写。

朗读后,有中国读者提问说,他在书里写那么多上海本地的风情,还有食物,是不是为了投英文读者之好,拿中国风情做卖点,借光上海现在在国际上的经济知名度,就像张艺谋的红灯笼。这种观点,几乎是中国本地读者对所有在海外用英文写作的中国作家的统一评论。

裘小龙想了想,回答说:"也许会有一点想要让读者更方便理解的考虑吧。写到人生活中都要经历的场景,比较容易让读者进入故事。不过更多的,是因为我馋上海菜了,靠写作也可以解馋。当然,也同时想到,怎么才能吸引我的英文读者,可以让他们从自己的日常生活出发,进入到故事的背景里去。而不是进入到一次政治性的事件中去。我写到外滩的公园,是因为我想念它,很乐于谈论它。"

我回忆起他当时的样子,他眨着眼睛笑,好像为自己的馋有些狼狈,但没有一点被激怒的样子,他完全不理会那里包含的贬义。说着,还向窗外伸长身体张望了一下,好像想看一眼不远处的公园,我很奇怪他可以绝缘得这样彻底。然后他说:"故事从自己熟悉的地方开始,心里有种舒服和稳妥的感觉。"他轻轻将话题拉回到家常之中。他的警察们、罪犯们和上海,都是一系列的寻常都市景物和大都市里反英雄的人物。

也许这就是那家法国旅行社可以想出花头,带裘小龙上海书系的读者来上海,看陈探长生活过的地方的原因。他们要来实实在在地坐一坐陈探长坐过的刷了绿漆的长椅,在简陋的木头方桌前吃一客中央商场的生煎馒头,还有德大的上海老式西餐。他们想来感受陈探长在上海的日常生活,感受一个带着文人酸气和自尊的男人的世界。那是一种带有普世意味的寻常生活,无论什么背景的人,理解它都不难。

我们离开公园,在一团闷热中,走到那家西餐社。我们上了楼,在一张靠窗的桌子上坐下,从那里可以看到下面的南京路的一个十字街口。中午过后,那里熙熙攘攘,到处是提着大包小包的人群,像一锅正在搅动的杂菜汤。远远地透过玻璃俯视那里,心里会生出一些浮生偷闲的自得来。裘小龙在椅子上伸长了身体仔细比较了一番靠窗的几个桌子,然后说:"看起来还是我们这张桌子位置最好。"然后,才安心地放松了身体。

那个路口正是一张著名的40年代南京路照片所拍摄的路口,也是后来好几张南京路照片取景的地方,将那些照片排列在一起,细细地比较这个繁华路口人群、公车、交通灯等等容貌的变迁,是一件对上海人来说有趣的事。李天纲用这些照片证明这里是一条"世界主义的大马路"。而比李天纲早了40年提到这个路口的美国记者豪塞,却用这里来做"上海无疑是个中国城市"的注解。

而这里,甚至就是这张桌子,也正是裘小龙笔下的一个场景。陈超和麦考尔在这里吃了下午五点钟的点心。陈超还为麦考尔朗诵了翻译成英文的唐诗。再退后30年,裘小龙和他在外滩公园的朋友,小车和华侨,来这里享用过一杯他们少年时代难忘的小壶咖啡。

"我还是很感谢老先生的。"裘小龙再次提起他早年的老师,因为我们提到了他正在准备去法国的演讲。"我学英文,不光是学习一门语言,那时候,这个行为也代表了一种价值取向。有时候我想,也许法国人和德国人,美国人和荷兰人,以及西班牙人、英国人,那些翻译了我的小说的国家的人,都能从人性的角度,而不是政治的角度去理解我的小说,认同那些上海的场景,也许因为那种普世人性的叙述。我想,那种对生活的看法和感受,是在学习英语的过程中获得的。"那是一条漫长的道路,直到如今才发现,在外滩公园的长椅上,冬天冻得手脚冰凉的病休少年,和今天被问及为什么能在不同的语种中都获得读者喜爱的小说家,里面有着什么一脉相承下来。

"我想是英文。"他说。

"你是说,那是一种普世的日常生活的角度,而不是异国情调的角度?"我问。中国文学在外国,常常是靠政治和民俗的异国情调才能被注意的,就像非洲故事的情形一样。对它们衡量的标准,不是文学、文字和创造力,而是故事耸动的程度。上海的被关心,常常让人联想起一个老人对自己失散多年的私生子的好奇与悲情。

"也许是的。你知道,一个人到分析自己的状况,常常会一头雾水的。"裘小龙说,"只觉得自己生来就是这样,没有刻意,也刻意不了。但是被追问多了,也会自己好奇,要搞搞清楚。想起老先生来,他没有任何自己私人的企图。在上海一只鼎被枪毙以后,还教我这个萍水相逢的人。何况他又是那么一个小心谨慎的人,为他想想,真是不容易。他只是觉得我们这些孩子应该学些有用的东西,不要鼠目寸光。他是谨慎的,但他到底见过世面,看得远。"裘小龙说。所以他总是说,公园是他的根。

"我记得那时候读《英语精华》,里面有个鲍勃的小故事。鲍勃是个潦倒的人,生活中遇到了很多麻烦。有天他简直对付不过来了,但是他想,不管怎样,先回家煎一条热狗吃,吃饱了,也许心情也会好一点。所以,他一回家,就先煎肠子吃。果然,吃完热乎乎的肠子,心情好多了。鲍勃就想,自己要吃热的东西,别人也一定想吃热的东西,何不将热狗煎好了去卖。于是,他就在下班时的路口摆了一个热狗摊。大家都喜欢到他的小摊上来吃热的肠子,他高兴极了,也因此走出了困境。"裘小龙说到他早年读过的一篇小文,"当时在上海,鲍勃的故事是天方夜谭,但那里面的乐观,给我很深的印象。只是觉得人生也能那么自主,那么好。还有文章里写到的热狗,那样的小文章能有多少描写,可是,当时我真觉得热狗是世界上最好吃的东西了。"

"又是吃的。"我望着他笑,看到他至今还有一脸的神往。我想起来,我在美国过春节的时候,他从圣路易斯的中国店里特地买了新鲜考夫寄来我住的小城,再打电话吩咐我,收到以后,一定要马上把考夫洗干净,将水挤干净,再放进冰箱,避免它发酸。他郑重地说:"过春节吃有考夫的炒素,是很重要的啊。"春节的时候,因为我家冰箱里有上好的中国考夫,所以我请了我的法国朋友来吃饭。说到考夫的来历,我的法国朋友大笑,然后,她说起圣诞节时她的家人从法国寄忌司过来的事,我们两个人响亮地碰杯:"为中国人和法国人的相似。为中国和法国的所有美味。"她的美国丈夫将自己的杯子凑过来,问:"你们难道认为我们美国人没有舌头吗?为在美国的中国考夫。"

裘小龙替我点的牛排来了。那是一块裘小龙在年轻时非常向往,但一直没有钱吃的招牌菜。但这却是一块连切也切不动的牛排,开始我们都怀疑是刀不好,服务生给我们的,不是在中西部的牛排馆子里切牛排专用的那种刀。然后,终于切了下来,却更咬不动。

裘小龙终于涨红了脸,招来年轻的服务生,恨声说:"你们真正将自己的牌子统统坍光!"

服务生一直赔着小心,当最后知道他不过是深刻的抱怨,并没有要退菜的企图,脸上立刻松了下来。

服务生防着我们变卦,赶忙避开了。

而裘小龙却真正动了气,他再三追问我对虾仁杯的意见,原来,他从开始就感觉到虾仁杯里的虾仁太硬了,煮过了头。

"那,你还准备带那些法国人来吃晚餐吗?"我又问。

"我不知道。"他说,"也许是的。不愉快的一餐,也是重要的经验。"

永不拓宽的街道钩沉:
南京东路/p.227,中山东一路/p.225,汉口路/p.230,香港路/p.237

来　源　武康路上的别墅　80×80 cm

永不拓宽的街道

伍 江

1992年冬天的晚上，不少上海人在傍晚的本地电视新闻节目《新闻透视》中惊奇地看到，一个矮个子，有南京口音的黝黑青年，激烈地挡在风尘仆仆的推土机前，向记者的话筒大声疾呼不可拆除浦东陆家嘴的陈宅。拍摄的现场正是陈宅的工地现场，这栋外在格局是严格的中式，而内在结构和装饰完全西式的四进老宅院，第一进已经拆除完毕，瓦砾遍地。

那些年，上海正在大规模地旧城改造，空气中终年飘荡着建筑灰尘，马路上到处疾驶着满装建筑材料或者建筑垃圾的载重卡车，站在旧宅子的废墟上，高举榔头拆房的工人，像帕拉蒙电影公司的固定片头那样，在旧城区的大街小巷处处上演。搬家公司应运而生，将许多户连根拔起的人家，运往城市边缘的新住宅小区。那些年，走在旧日熟悉的闹市街头，处处可见掀开屋顶的房子里残留着的生活细节，贴在墙上的美国篮球明星海报，带有绿色纱门的废弃碗橱，那种动荡的感觉，使人仿佛身处一个刚被空袭过的城市。出租车司机也不认识路了，地图需要每年更新了，人们在城市剧烈的变化中感受到多年沉闷的经济正在复苏，所以对此抱着好奇和欢迎。那时，住进高楼大厦，是人们的梦想。

这时候，一个南京口音的同济大学青年教师出现在晚间新闻节目里，对镜头大声疾呼，不要破坏城市的集体记忆。在机声隆隆的年代，这是个奇崛的声音。

他叫伍江。

"我还当学生的时候，就和老师一起去过陈宅调研。它中西混合的方式让我印象深刻。"伍江说，"后来居民找到我们，说这房子要拆了，让我们想想办法。当时我们说话没人理会。后来听到已经动工了，才急了，通过熟人找到《新闻透视》节目的记者，想出这么个办法。"

那栋剩下三进的宅子,就这样保留下来。如今,作为陆家嘴地区最有特色的建筑,成了陆家嘴开发陈列馆。如今,伍江是上海市规划局的副局长,负责上海全市的历史风貌保护区的城市风貌保护工作,在他手里,制定了上海中心城12片和郊区32片历史文化风貌保护区的详细保护规划,推动了城市风貌保护的地方立法,颁布了64条上海永不拓宽街道的细目。他从年轻时代为保护一栋老宅挡在推土机前,走到了今天能用自己的学问和权力保护27平方公里的老城区的历史风貌,保护这座东方的通商口岸城市在经济复兴过程中不会面目全非。

"一个城市有特殊的历史,这个历史里面可能有愉快的,有美好的,也有辛酸的,痛苦的,你都不能否认。应该说,从这个意义上来讲,我们对历史的保护也是应该从这个角度去理解它。上海是一个需要历史的城市,因为有了历史为借鉴,才有了今天发展的动力。"伍江是本着这样的历史观来做历史风貌保护区的保护规划的。中心城12个不同风貌的保护区,有租界的,华界的,有由不同时期的花园洋房组成的街区,也有成片的石库门房子,还有旧洋行集中的堤岸区。每个保护区,都有厚厚一套规划书,详细到每一栋房子,每一条街道上人行道的铺地和道板,行道树都有详细的规划和分类,每一个街区的历史变迁都清清楚楚。所有建筑,都分成不同等级,用了不同的识别色。红色的建筑,是从1989年以来上海地方政府逐步确认的632处2138栋优秀历史建筑,总面积400万平方米,需永久保留。黄色的建筑则是保留历史建筑,有接近1000万平方米,先冻结起来,不允许拆除。浅黄色的则是一般历史建筑,是街区历史风貌的组成部分,但建筑质量较差,所以允许改造,但必须按原面积原高度再建。街区风貌是一个整体,所以在保护建筑的同时,还必须保护住与那些建筑相连的街道,不得拓宽,甚至也不得随意修改人行道和行道树。这样,这个城市的记忆和历史就成为城市生活中可触摸的、可感受的一部分,而不再会消失得无影无踪了。

这是伍江的理想。1993年,当他还是一个研究建筑史的博士生时,他的毕业论文是《上海百年建筑史》,他试图将一个通商口岸城市奇特的建筑史固定在纸上。当他成为掌管上海城市规划的官员时,他就将这个理想固定在36大本的规划文本里。为了保证它的法律地位,必须得到市长签字批准。那36本规划文本,大约一米高,堆了满满一推车。它们吓了市长秘书一跳,从来都没有这样让市长签字的,但市长还是在36大本上一一签了字。

"保护城市风貌,第一要有详尽的规划,真正起作用的规划叫作控制性详细规划,有了这个规划,有了详细的控制指标,我们才可能对历史风貌区真正实施保护。然后我们要对政府管理的部门,有一个管理的机制来保证。规划是要实施的,光在学校里当教材讲是没用的,必须成为政府管理的依据,而且政府还要用管理机制来保证,所以后来我们才成立一个历史文化风貌区和优秀历史建筑保护委员会,这不是专家层面的,是政府层面的。这样就把大家的思想意识高度集中和统一。"伍江在建筑学会的年会上,向大家这么解释他做的工作。

他为此非常自豪:这样比较严密,就不怕人家来破坏了。以前做学者,充满了激情,只管呼吁不能拆。现在还要考虑可操作性,不光是"不拆"二字就能真正解决问题。所以他现在不当"禁止牌"了,更多的时候要当"指路牌"。这样的心得,就是1992年的热血青年到2008年的官员,伍江的变化。

现在的伍江发胖了,成了一个面团团的中年人,非常忙碌。

"你知道,当年在陈宅,虽说是我在电视前说话,但罗先生也在现场,我们师生一起去的,她就站在旁边看着我。"伍江说。

他提到的罗先生,是他的博士导师罗小未,外国建筑史专家,也是法兰西建筑科学院院士郑时龄先生的导师,1948年圣约翰大学建筑系的毕业生。她不光是伍江的导师,在师生的关系里,还有一层特殊的联系。伍江祖父是中国第一代建筑师伍子昂,与梁思成和陈植同时代留学美国,在哥伦比亚大学建筑系学成归国后,他在上海和青岛开设建筑师事务所。上海孤岛时期,他做了八年沪江大学建筑系的系主任,在艰难时局中培养了许多后来著名的建筑师。较为年轻的罗小未,是那批建筑师的拥戴者。她对伍江的支持和爱护里,包含着期盼。当时,伍江祖父的好友,沪江大学时代的同事,建筑师陈植已渐入老境,不再能为上海市政府确立第一批优秀历史建筑,骑着脚踏车满城奔波。他仍旧写信给学生,说自己"行将就炉,请抓紧时间多利用之"。伍江的祖父已经过世,他的一生颇多磨难,到晚年,他们这一代建筑师对中国现代化的作用,才渐渐被社会认识。但他感到自己没有完全实现年轻时代的抱负,而坚决不肯写回忆录。在他的暮年,他已经看到中国将要走向开放,所以他支持伍江学习建筑。罗小未陪同伍江到陈宅,站在旁边看伍江慷慨陈词。就着伍江的话,想象,如今站在镜头之外的她,仿佛代表了那些 20 年代始,怀着大抱负的中国建筑师们深藏在磨难中的期待。

"那么,你对上海城市建筑的研究和保护,有没有个人家族历史的影响呢?"我问伍江。

伍江说:"我就记得我小时候,曾经很喜欢画画。当时我家收藏了一些名画,我父母知道我喜欢,有时会拿出来给我细看。我心里觉得,自己长大了,也会画出这样好的画。后来,'文化大革命'来了,我家的画被人家翻出来,放在后花园里烧。我还是个小孩子,和我妹妹两个人在家,我还得带着妹妹。当时吓的不得了,直觉得自己的未来被烧掉了。"

这么说,伍江就是一个将历史和未来密切相连的人。这也正是他再也不能看到毁掉历史的内在原因。一个男人,一个官员,让他说起小时候的事不容易,那时候,这个人会因此突然显得格外真实,甚至显露出一股孩子气。这让我想起了他说的"不怕人家来破坏"。大概他从小都是怕的,但却一直不甘心。

朱志荣

1966 年的"文化大革命",不光对伍江影响深远,对朱志荣也是一样。

1966 年,朱志荣 16 岁,是上海徐汇区房地局天平房管所的一名年轻维修工,又瘦又高。那一年"文化大革命"开始,房管所里的测估员因为家庭出身问题被调离,领导在办公室里放眼一望,朱志荣初中毕业,算是维修工里面有文化的,就让他做了房屋测估员。他的工作,开始是测绘天平房管所管辖范围内收归国有的房子,为这些房子造册,后来范围扩大到全区。这个工作,他做了 25 年。他可以说,一遍遍地量过每一栋辖区内的房屋,目睹了那些老房子,那些 20 世纪初的法国式花园洋房和中西合璧的石库门里弄,那些 20 年代装饰艺术派的现代公寓和江南的深宅大院,那些 30 年代成片的西班牙式新式里弄,都铎式的英式花园洋房,以及加入了中国民族特色的建筑文艺复兴时代的现代新式里弄建筑。他的少年时代、青年时代、中年时代,从淮海中路 1754 号,到武康路 99 号,到太原路的太原别墅,到中山医院和建业里,就是在一日日地丈量这些房子,记录这些房子平面图的改变,目睹这些房子如何一日日改变了容貌，好像那些住在里面的家庭，老人如何地衰老下去，孩子如何长成了大人。他也目睹了住在那些房子里的人们命运如何随着时代跌宕起伏，在私人空间里如何挣扎着保留仅有的体面。带他入门的师傅，是旧上海地政局的老测估员，一个老单身汉。他教会他热爱那些房子，看懂这些房子的出身，同情和理解那些房子里住的人。朱志荣就是以这种细致的方式，伴随着这个街区的老房子。直到有一天，他离开这个岗位，开始做官。

我见到朱志荣时，他已是徐汇区房地局的副局长，上海市人大代表，他已鬓发斑白，站在阳光里，笑眯眯地看着大家，他要带领人大代表去徐汇区看一些老房子，让新人大代表们对自己工作的街区有更深的了解。后来我才知道，他当时带领我们去看，并为大家细细讲解的那些房子，后来在世界遗产日开放给民众免费参观，这个被称为老房子一日游的活动的推动者，正是朱志荣。他实在希望那些徐汇区的老房子被市民认同。

那时我还不知道他是1998年在人大领衔提出"关于抓紧立法以保护和利用本市优秀建筑和名人住宅的议案"的那个代表，他的议案在2002年被上海市人大常委会以《上海市历史文化风貌区和优秀历史建筑保护条例》通过，自2003年开始施行。不知道他是1999年向人大提出"关于建立历史风貌保护区的议案"的那个代表，我也不知道他主编了《梧桐树下的老房子》，那是系统介绍徐汇区范围内保留下来的老房子的图片集，他还用业余时间接着编它的续集。那时，我只想到徐汇区那些被改造坏了的房子需要政府赶快纠正，记得我一直在用质询的口气问他关于武康路那栋带阳台的房子被台湾新业主改造的问题，还有圣母大堂被改造成西餐馆的问题，以及建业里的改造计划，记得我的口气不太客气，我觉得这一切都是地方政府犯的错，而他正是地方决策者的代表。但是朱志荣却一直高高兴兴地笑着看我，一直高高兴兴地点着头，最后对我说："我看过你写的书，你为老房子留下了历史记忆，这太需要了。"因为对他的高兴感到意外，所以我记住了他的笑容。

后来，他送了我上下两册的《梧桐树下的老房子》，圣母大堂收回的时候，他马上就告诉了我。武康路的那个漂亮的小阳台终于被保留了下来，他也马上告诉了我。此时，我再回忆起他在老房子里走来走去，那种瘦高男人的轻手轻脚，那种听到居民质询时由衷的高兴，还有他一边讲解，一边用手指轻轻在护壁上擦过的样子，那种小心翼翼,是对那些垂垂老矣的房子,发自内心的爱。

"你知道,在有漂亮小阳台的武康路房子里,曾经住过我的同事。他们是一对年轻夫妇,当时带着个小孩,住在一楼。因为不满意单位加工资的方案,那女人喝了敌敌畏,死了。他们是一对恩爱夫妇,那男人渐渐就神经出了问题。他怎么也接受不了这个事实。当时我还去他们家里慰问过。所以,你小时候走过这个,看到的是一个让你想象罗密欧朱丽叶的阳台,而我走过这里,就会想起我的同事。建筑就这样,保留着人们的记忆。"朱志荣说。

"你知道,我一直怕人家说我不务正业。"朱志荣说,"我的副局长刚上任没多久,就向区领导提出,要为徐汇区的老房子做一本图片册,这样至少可以为街区留下一个历史的证据。当然这也是我的心愿。可我的本职工作当时是房地产行政管理、土地、物业和房地产市场。我的想法,就是政府应该保护这些老房子,保护街区的集体记忆,我自己安慰自己说,从大的方面说,这也是我们房地局的工作。我没想到的是,大家都很支持,经费很快就拿到了,拍摄也很快启动。我当时对老房子的知识很少,也什么人都不认识,就靠自己跑去问,可一路都得到了大家无私的帮助,没有人拒绝。比如说,我也不认识伍江,自己就跑到同济大学去找到他,他那时还在做教授,二话不说,就帮忙。"

他和伍江,就是这么认识的。与身上仍带有教授气的伍江不同,朱志荣身上带着一股来自市民温和淳朴的气息,他是一个诚恳勤勉的人,保留着一个办公室文员恪尽职守的作风。在他身上,有时我能想象他的师傅,那个老测估员从地政局时代保留下来的操守。

"我自己的体会是,我们这个城市的人真的很珍惜城市的文化。这么多年来,我接触到的人,领导、同事,说到我们要做点事情,保护城市风貌和建筑,大家都支持,都愿意帮忙。我还没被打过回票。"朱志荣笑眯眯地说。

从只敢想象做一本徐汇区老房子的摄影集,到可以主持武康路的修复,这是12个上海历史风貌保护区中第一条试点修复的永不拓宽街道。此刻,朱志荣体会到了自己人生的令人惊喜之处。他一直觉得自己的人生是平凡的、细小的,就像普通的上海市民一样,同时,它也是有意义的,有的时刻甚至有些闪光。

有一天,我与朱志荣说起他们这些从小在徐汇区长大,后来在徐汇区工作的官员们，一个是文化局的副局长宋浩杰，兴致勃勃地做徐汇区的文化遗产保护，做了黄道婆纪念馆，之后就做徐光启墓地公园及纪念馆，再做土山湾孤儿院工场出品的艺术品的收集与研究。另一个是他，房地局局长。他们两个人，说起自己手里正在干的工作，都禁不住两眼放光。与他们一起工作的年轻人，都在背后称他们"发烧友"。朱志荣笑着点头，说："也许就是因为我们从小生活在这里，对这块土地实在是有感情。"

宋副局长总是说，现在能用手里的权力做些事，就要赶紧做。朱志荣称是。他们着急要做成的，一是保护本地区的文化遗产，一是保护本地区的历史风貌。

武康路保护利用计划

"你知道，武康路被选出来作为试点，也是一个机会。城市的修复有时也需要机会的。"朱志荣说。在2007年，朱志荣跟随代表团去美国迈阿密参加装饰艺术派建筑年会，在那里，不少外国人对上海代表团的成员说，他们知道在上海保留了许多装饰艺术式的老建筑，他们想要到上海来看房子，甚至也希望将来有一届年会能在上海举行。即使是在2007年，上海对老房子的保护还是不能与迈阿密相比。就是在那时候，朱志荣开始想，要是真的有人专门来看老房子，他有什么可以拿出来给别人看。在迈阿密，他想起了武康路。

那是一条19世纪末辟筑的法租界马路，到20世纪30年代后，成为法租界内花园住宅的代表性路段。不宽，幽静，行道树丰茂，两面都是花园住宅和老式的公寓，风格多样。上海各个时期的名人住宅分散在公寓和洋房中，著名的电影演员孙道临住在路口的诺曼底公园大楼里，著名的民国总理唐绍仪被暗杀在路尾的西班牙式洋房中，著名的海派画家陈逸飞从美国归来的第一个落脚点在一条窄弄深处的80年代新公寓房里，而张爱玲的小说《色戒》中，乱世中用来偷情，那落满了细尘的小公寓，也在这里。它从前的名字，叫福开森路，一条以美国传教士的名字命名的马路。到现在，它已经有一百年，仍旧安静、雅致，带着一点岁月沧桑，在朱志荣心目中，它代表了上海的空间品质。在整个衡山路风貌保护区里，它如一条鱼骨，与华山路、五原路、复兴西路、湖南路、泰安路这五条永不拓宽的马路弧线相连，最为合适做建筑散步。

从迈阿密回来，他向徐汇区政府提出修整武康路，开辟一条建筑漫步小道的设想。他的想法再一次得到了支持,于是,文化局负责整理武康路的历史故事,旅游局负责制定路线和导览,规划局负责指定保护利用规划,房地局负责修整街景和房屋。伍江代表上海市规划局,将这个武康路的修复计划定为永不拓宽街道整修的试点。

2008年3月阴霾的下午,我在朱志荣的办公室里看到了武康路的修复规划。

如伍江解释过的规划一样,那些图纸上也密密麻麻地用各种颜色标示出不同等级的保护建筑,以及每栋建筑目前存在的问题,违章搭建、失修、设施破败、不合理使用,以及由于生活方式和文化背景等原因造成的对建筑内部和外观的改动。每一棵行道树都列出树冠的直径大小、位置,还有绿化的质量,以及每一栋房子的位置、花园的大小、围墙的样式。

然后,这个规划书里列出了整治的实施思路:

1. 全路段市政设施和公共环境的整体改善,使全路段环境质量有较明显的优化(线路下地,破败线路的整治,围墙和绿化的优化)。

2. 解决涉及民生层面的问题,力图比较根本地消除造成严重破败的原因,通过相关措施适当缩减这些破败部位的居住人口(共有七处)。

3. 通过规划和针对重点部位的主要举措奠定风貌道路今后发展的格局。

4. 通过具体改造整治项目为今后风貌道路整治其范例作用,重点在保护建筑的修缮、改造并结合功能置换,对风貌不利影响的其他建筑的内部改造和沿线开放空间和半开放空间的重塑。

在这个整治的规划里,可以仔细到对沿街窗户玻璃的材质与颜色的要求,对遮阳篷的要求,对沿街店招和门牌的式样及颜色的要求。

"那份规划真是细致啊。我还是第一次见到不重视实证的中国人做出如此精确细致而且切实可行的规划书。"我对伍江夸奖武康路的规划。他也很是喜欢,那是他的一个学生做的。伍江说这份规划书符合他对永不拓宽街道整修的想象。它突出了管理和控制,它能使不论是谁来执行,都不会因为人而走样。

"好比法规一样。"我说。

"对啊,就是这个意思。人们要做的,就是好好地执行和遵守。"伍江说。

朱志荣喜盈盈地笑着说："我们这不是像新天地那样，创造一个新街区，而是要整治一个老街区。我们想要让它保持原汁原味，所以要细致。以后，到这条路上来，可以在我们的游人接待处里借到一个 GPS 自动导游仪，你走到一栋房子前，导游仪就告诉你这栋房子的历史和曾经发生过的故事。你可以买到这条道路的小故事书，也许还可以买到明信片。要是有机会，你还可以走进一户当地人的家里，看到这条街上居民的生活。那时候，我们就可以在徐汇区开一个老建筑年会，请人来看我们的街道，我们开放的老房子、我们的城市生活了。"

"这是在什么时候呢？"我问。

"我想是 2009 年。"朱志荣说，"干完这件事，我就退休了。从 16 岁到 60 岁，我工作了超过 40 年。"

"你想象中修整好的武康路是什么样子呢？"我问。

"是我 16 岁时第一次看到它时的样子。清静、整洁、优雅。"朱志荣说。

而"有现代化的设施、建筑、合理的空间，也有优秀的历史文化建筑。在那里，人们可以得到物质生活的满足，也能看到历史，看到回忆"，这是伍江对上海的理想。

永不拓宽的街道钩沉：
武康路/p.248，华山路/p.242，淮海中路/p.239

邬大勇　福州路上的经典建筑　80×80 cm

颜永京

他是一个小个子男人。19世纪的中国男人大多又矮又瘦,他也是,但他很整洁。他双手的指甲修剪得很干净,江南的男人常常在小指上留一截恶心的长指甲,这是从古至今他们的集体习惯,那节发黄的长指甲用来剔牙缝、掏耳朵、抠鼻屎、搔头皮屑、挑指甲缝里藏的污垢,类似一把瑞士军刀,而他不这么做。

他有与瘦小的身躯不相称的声音:温和而低沉有力。他的声音温暖但是不暧昧,有力但是不强硬,这样的声音让人愿意听,愿意他对自己多说些什么,而且愿意信赖。也许这是他在俄亥俄州的建阳学院学来的声音和语调,并不是天生的。可这又有什么关系呢,他想当传教士,就得找到自己最完美的声音。他8岁到上海的第一个美国传教士文惠廉在王家码头创办的英文学校上学,那是上海的第一家英文学校;16岁时被文惠廉送到美国纽约州上中学;接着上了大学,那是俄亥俄州最早的圣公会大学。从建阳学院毕业那年,因为成绩优异,他是全美大学优等生荣誉组织 PHI BETA KAPPA 接受的第一个中国学生。离开俄亥俄州时,他的声音已变成了这样。这声音曾在建阳学院里的教堂穹顶下回荡,温柔明亮,诚挚坚定,不愧为替上帝招呼人们心灵的声音。那座教堂是中西部最早的圣公会教堂,至今还在用。当年他买咖啡豆和面包的校园小店,至今也还沿用原来的名字,但变成了建阳学院的咖啡餐厅。在学生档案里还可查到他当年的成绩单,那是 1862 年的纪录。他的导师,教名彼得。在他离开后建立了"颜永京牧师援助团",建阳学院的帮助一直持续到他去世。

他回家那一年,上海已是一个繁忙的租界,码头上到处堆放着从印度来的鸦片包,锚地里停泊着越洋而来的飞剪船。他的祖国衰败耻辱,政治专制,洋人跋扈,社会腐坏,生活动荡,人民愚昧,所以,回到中国传教是他的理想。他乘坐的美国邮船越过整个太平洋,明澄的蓝水渐渐变黄、变脏,吴淞口到了。河岸上密密麻麻发黑的木屋,是洋行的仓库;沙船港里桅杆如林;船上有难民,河岸上有难民,到处都有因太平之战涌向上海租界的江浙难民。从此,上海租界的种族藩篱被突破,变成华洋杂处之地。

他的船驶向仍旧充满泥滩气味但彻夜赶工的外滩,他如同一颗急促的雨点,从万里之高,笔直地落进泥沼里的水洼。

当年他爸爸将他带出自家的棉花铺,送进英文学校,打算让他学好英文,将来做买办,挣大钱。没想到他却随启蒙老师文惠廉信了基督教,还当了传教士。按照清廷的王法,信基督教就自动丢了中国人的身份。他爸爸没想到,当时从19世纪的上海现实为孩子考虑,却将他送上了一条不归路。

他没像唐廷枢那样去洋行当大买办,也没像容闳那样留在耶鲁大学里当老师。容闳终老在哈特福德,他的墓地成了一百年来中国留学生会特意去祭扫的地方。

那个年代,会英文的人都做生意。当了买办的,同时自己也做些生意,或者干脆从洋行里出来自己做生意;办洋务的官员同时自己也做生意;即使不肯做买办的容闳也曾做过生意;甚至像他的挚友宋耀如,在美国学习神学,回中国来当传教士,也一边传教,一边兼做商人。只有他一心只做传教士。

也许这种对思想的热衷来自遗传。他家古老的血脉可以上溯到春秋战国年代,孔子最钟爱、也是最用功的学生颜回。也许来自于对中国的使命感,他以为自己可以追随使徒时代的圣者,将福音传达到中国大地。也许来自对文惠廉的爱戴,他其实是在这个美国牧师的影响下长大的。他住在文惠廉开辟的虹口美国租界,他的长子用文惠廉的名字做教名,他继承了文惠廉的职位,在虹口的圣公会主堂做牧师,他决定要做像文惠廉一样的人。颜回的血脉成了圣公会的传教士,如此巨变,不过,书生对精神的追求还是一脉相承下来。

1881年4月上午,他站在外滩公园门前,笔直地望着人,微微张开双臂。他像那些充满温暖感情的传教士那样,很容易激起人心中的爱慕。但这种爱慕并不会真的泛滥,因为他身上还有一种凛冽的道义,它像出壳的刀锋一样静静闪烁,制止了放肆。

越过他的一侧肩膀,能看到卡提萨克号快帆船正驶进上海港口。如今它停靠在格林威治旧港湾里,已成为伦敦海事博物馆的展品。它当年沉重的白帆大多数都已降下,桅杆上纵横的绳索在浩荡春风里摇动,如颜永京在外滩时看到的一样。它是一条来往于中国和英国之间的茶叶船,19世纪时,它曾是世界上航行最远、风头最劲的远洋船,从英国出发,经过好望角到亚洲,再经过印度和太平洋,最后到上海港。它缓缓经过他的身后,船头女神雕像的嘴角用力向下拉着,面容阴沉。他回上海已经20

年了,从年轻的传道人成了上海租界有名的传教士,但黄浦江里繁忙的情景还与从前一样,鸦片包还是从南亚各地源源不断地运进港来,茶叶和丝绸还是源源不断地运往欧洲。洋行的房子比20年前气派多了,租界更像一个西方的港口城市了。

越过他的另一侧肩膀,能看到公园树影里华尔纪念碑白色的石头。那是李鸿章出资,为常胜军战死者立的纪念碑,纪念碑上刻了48个官兵的名字,长枪队队长华尔的名字刻在第一个。他是租界英雄。太平之战后,侨民里人心大定,中国人也佩服洋人的勇敢和技术,租界开始有了天长地久的迹象,妇女和孩子点缀出生活宁和而活泼的面貌,用最结实和昂贵的材料盖楼房成了外滩的风气。这时,历史的手将他像一个棋子一样,放在公园大门前。他的名字第一次出现在19世纪的工部局文件里。华尔纪念碑在1942年被拆毁,而他留在工部局文件里的抗议信,却保留下来了。

我不能肯定,他是不是穿着那种19世纪紧紧箍着胸前的西装。那种西装一点不服帖中国人的手臂、肩膀和背脊曲线,又硬又古板,在身上箍着,使身体看上去更瘦小。

清末的中国人穿西装,很有符号性。那不合身的西装标志着这个人已与传统决裂,而且此身甘于众人违,即使被骂作假洋鬼子,也要表达自己对西方的认同。而他正是这样一个人。傅兰雅主持学校教科书委员会,翻译西方科技著作到中文。委员会的传教士中有韦廉臣、林乐知、傅兰雅、丁韪良,都是当时重要的传教士,他是里面唯一的华人。圣公会在中国办了两座重要的大学,学西方科学和语言,上体育课,上海圣约翰书院和武昌文华书院,他都是主要的创办人。他不像康有为和翁同龢那样对朝廷抱着某种愿望,所以有人请他去做光绪皇帝的英文老师时,他回绝了,说自己不想给学生磕头。他年轻时只肯娶接受过新式教育的女生为妻,后来,当他的儿子们长到16岁,到了他当年离开家去美国求学的年龄,他就将他们送往美国接受教育,期望他们成为没有旧传统阴影的中国人,有能力为国家服务。日后,承用文惠廉名字的颜惠庆,成为中国重要的外交家和政治家,参加巴黎和会的谈判。颜德庆成为中国第一代铁道工程师,与詹天佑一起建造过中国的第一条铁路。他收养的侄子颜福庆,是中国最早的公共医学专家,上海医学院的创始人。甚至,在上海地方志的记载中,这三个男孩还是中国最早骑脚踏车的少年。他家的幻灯机,也是上海最早的一台美国产的"电光画片机"。

他在当时的社会中如此先锋,应该是个穿西装的。

可他更可能穿长袍马褂。宋耀如刚回上海时,到王家码头的教堂去拜访颜永京,宋耀如不会说中文,他们俩只能用英语。颜永京劝告他,把美国藏到心里去,学说上海话,留辫子,穿中国式的长袍马褂,在外貌上完全靠拢中国人。颜永京说,只有这样才能亲近中国人,才能在中国人中传播福音。早年各国的传教士为了亲近中国人,都穿中国先生的长袍马褂,说中文。他们也应该这样做。

其实颜永京的生活,也是那个时代在中国口岸城市的美国传教士们典型的生活。

1860年代,他在中国知识分子的思想饥渴中努力翻译西书。他翻译了心理学著作、美学著作、教育学著作。"美学"这个词,就是他创造的。

1870年代,他沿长江逆流而上,直到武昌。他艰苦生活和传教。这种艰苦对他来说,不光是孩子们丢石块打破了他的头,农民们一夜间拆光了他好不容易建起的小教堂。他只能接触到吃教的人,他们的冷酷挫伤他的心,不光这些,还有他的美国同事对他的猜忌和排挤,对他信仰的怀疑。他不光被中国人驱赶,也被美国人驱赶,始终是被中国人和美国人挤在中间的孤独者。

1880年代,他努力开办新学,向中国青年传播西方现代科学和世界观。在武昌他办了文华学院,在上海他办了圣约翰书院。在上海,他从英国商人手中买来地皮盖学校,自己教授数学、自然、哲学、神学和祈祷课。从前他们翻译的西书,此时大多成了新学用的第一批教科书和参考书,中国从孔子传下来的教育方式和四书五经,终于因此而走向式微。

当时,大买办也喜欢穿长袍马褂,对买办来说,它是一种身份的认证,而对基督教传教士来说,却是一种融入与引领的姿态,是在中国排除万难的基督教先驱者的标志。这么说,他会穿长袍马褂。

一驾马车经过,向英国领事馆驶去。1881年英国领事馆的大草坪后面,是带有拱廊和木头百叶窗的殖民式建筑。再后面,是伦敦会的联合教堂。那里是租界的心脏。传说那个教堂的牧师在鸦片战争期间,为英国军队递送过不少情报。传教士丁韪良曾在那里发表过"以华制华"的演说,这个演说催生了中国区别于印度的租界模式,租界制度最大程度地减轻了英国管理印度殖民地造成的负担,又能保证通商和传教的便利,还保全了中国的主权。这是一次动机被人争论不休的演说。那个教堂还为欢迎海关总税务司赫德举行过晚会,赫德比丁韪良更同情中国的苦衷,因此,他也是个虽受尊敬但极孤独的人。颜永京能够体会这种站得太靠前的尴尬处境。这种理解已超过了殖民地居民特有的对种族的不信任,他们都是穿长袍马褂的人。

在武昌时,他的美国同事怀疑他用自己对美国的熟悉和英文能力,支持中国人反对他们。那两个美国传教士最主要的工作,就是将颜永京从武昌赶出去。最终,武昌数年恶斗的结果,是美国传教士调任回国,颜永京调回上海。差会特地送颜永京去日本修养受创的身心,表示对他的安抚。但他通过这件事,已深深体会到那种身处夹缝之痛。从此以后,我想,要是他仍习惯穿长袍马褂,一样的长袍马褂,是他温暖莫名的盔甲。

这辆马车挡住了他,就像一本从徐家汇藏书楼的库房里调出的旧档案被合上了一样完全挡住了他。

1881年这一年,他代替回国养病的施约瑟主持圣约翰书院,被人称为"有地位的颜永京先生"。他是站在东方和西方交汇最前锋的中国知识分子,先是时代将他的血肉之躯放进东西夹缝里,再是他自己努力将自己深深嵌进去,将自己的孩子们也嵌进去。这夹缝在他看来却是广阔新天地,可以不计伤痛。

这一年,外滩公园已经开放了15年,从英国来的园艺师已经在公园里培育了一个漂亮的小花园,里面种着从英国带来的各种玫瑰。英国的玫瑰种其实来自中国,中国人叫它月季。月季到英国后受人热爱,渐渐变了种,成为玫瑰。此时再返上海,被人称为英国玫瑰。

旧档案里,工部局秘书向左倾斜的笔迹里出现了他的名字:Y. K. Yen。

"颜永京和其他九位华人居民和纳税人来信,抗议捕房不让他们中的几个人进入花园,并询问有关中国人进入花园的章程。

董事会的答复是,由于花园地方有限,所以显然不是所有的中国人都能进园的,但捕房已授权让所有正派的,穿戴体面的华人入园。总董说,他得知侨民一般都反对华人入园的情况后,已命彭福尔德先生不要更改捕房以前的有关不允许华人入园的有关规定。

接着与会者就有关该花园当时移交给工部局的条件进行了讨论,决定要弄清楚从法律上讲,华人是否能要求入园,同时大家一致同意写信给颜永京等人说,工部局不承认华人有使用该花园的任何权利。"

1878年的时候,在上海的报纸上已经有中国人和外国人写文章,对公园独禁华人的章程表示不满,"沪上工部局有园焉,"某人在1878年春末的《申报》上写到,"树木森然,百卉粲然,固热闹场中一清净境也。然华人独禁,不许一游,论者惜之。昨有西人某致书于晋源报馆云,工部局所造之花园,应使中西人一律进内游览云云。揣其意,大约因观在中国之衣冠中人,偶入其内,门者不遂,阻止,因请概弛其禁也。该报馆登之于报而论之曰:中国之下等人甚多,而花园又太小,设使此禁一弛,未免不便。又使仅任衣冠中人入内而下等人盖屏门外,更多窒碍,不如仍照向章如是也。愚以为香港亦有公家花园,布置极佳,向例不准华人出入,自港督易任后,以此事殊属不公,遂裁去此令。中西人士互游于园,从无滋事之举。犹忆年时该处开园,张灯作乐,与本埠相同。斯时,士女如云,无分中外,雍雍然,交让于园,致足乐也。该花园创建之时,皆动用工部局所捐之银,是银也固中西人所积日累月而签聚者也。今乃禁华人而不令一游乎,窃愿工部局一再思之。又下等人之在中国者,皆佣工及执业者居多,料亦无暇而日为此娱目赏心之事。即使有游手好闲者,则有捕房之法令在,若辈亦断不敢逞也。"而外国人对园规的反感反而直截了当:"我觉得相当难受,如果我是他们中的一个,我就杀死一些外国恶魔以求平等。"

颜永京自然不会没读到这些报纸。他早就知道上海总会不接受华人会员,外滩公园、皇宫饭店、汇丰银行和跑马场也都不接待华人。英国人可以与华人在一起工作,但不会与华人共享生活的乐趣。他很了解英国侨民对租界等级的热衷,了解侨民对印度式种族隔离的向往,了解欧洲人进入文明社会后的优越感。他也早就知道封建帝国人民对人权的无知,臣民对自尊的漠视,这一切他都懂得。他约了相熟的基督徒们一起去公园,其中还有他小学的同学,仁济医院的创办者吴虹玉牧师,也是他的儿女亲家。所以,他是故意去闯门禁的。他就为了坐实外滩公园独禁华人入内,可以正式给工部局写一封抗议信。这是公园门禁之争的档案里最早的抗议信。

1886年7月的上午,他又站在外滩公园前了,这次和他一起来的,是五个从美国完成了大学教育归国的基督教华人传教士,包括他的挚友吴虹玉和宋耀如。他们带来了《圣经》。那年他48岁,仍在圣约翰学院主持校务,仍旧教祈祷课,他仍有温厚诚笃的牧师的嗓音。

自从1881年被拒绝入园,他开始在上海的中文报纸和英文报纸发表文章,介绍什么是现代民主社会;介绍作为现代民主社会的公民,可以拥有什么权利;介绍什么是公民的公权和私权。到1885年,他又联合当时上海有名的大洋行买办和华商给工部局写信,要求向华人开放公家花园。当时和他一起签名的八个人,其中就有唐廷枢。他是怡和洋行的买办,招商局总办,中国洋务运动的重要人物。他建造了中国第一条铁路,做了中国第一条电报线,还是北洋政府总理唐绍仪的叔叔。唐廷枢的弟弟唐茂枝也在信上签了名,他也是怡和洋行的买办。他们在信中宣告,一切剥夺我们权利的事件之发生,我们都表示反对。他们还特别指出,园规偏袒日本人和韩国人,准许他们随意进入黄浦花园,而所有华人,包括高级官员和来自遥远省份的参观者都被严厉排斥在外。他们在信里建议准许华人在有某些限制之下进入公园,可以由工部局发票。

这次工部局终于采纳了1881年捕房的建议,开始为他们认为有资格进入公园的体面华人制定门票。体面的华人可以到工部局去申请一次性出入公园的门票。这仍旧是一项带有侮辱性的规定,工部局拥有判断谁是体面华人的权利,并规定必须穿西装,举止符合西方人在公众场合的礼仪才能进入公园。我以为他会拒绝,但他没有。他赞同了。

他只是立即写信给公园委员会指出,对华人的门票制度开始以后,并没有向华人公示,大多数人不知道可以到工部局申请门票。他建议,公园最好每周为衣着体面的华人免票开放一次,他认为这样做会使西人和华人之间的感情更加融洽。但他的建议再次被董事会拒绝。工部局再次向他说明,门票制度只是出于容忍,而非承认华人有此权利。

他立即向工部局申请入园门票,入园参观。

从黄浦江和苏州河两边来的风使夏天的公园很凉爽,树和草在那时都长得很好,小玫瑰园里的各色玫瑰都开了,中国南方的栀子花也都开了,临水的潮湿空气中飘荡着一股股花香。19世纪末,这个小公园是整个外滩最美的地方,这里有整个上海都缺少的雅致,让人可以联想到欧洲的悠闲。

建立不久的工部局乐队正在音乐亭前的草坡上演奏,一个姓维拉的西班牙音乐家领导着这支萍水相逢的欧洲乐师和菲律宾乐师组成的乐队,他们演奏各种舞曲,波尔卡、对舞、轻舞曲和华尔兹,以及一些序曲和进行曲,虽然乐谱特意从伦敦订购,但乐队这时还是缺乏训练,错误百出。尽管如此,音乐声还是给公园带来轻松闲适的气氛。在中国通常看不到这样的轻松,它使这个公园变得迷人。妇女们撑着长柄的阳伞,打扮得郑重其事。孩子们在爬上爬下,男人们即使在夏天,也穿着亚麻布的成套西装,他们的裤子上不得不带着落座留下的许多皱折。这个公园很容易让他想起美国的公园。纽约下城最早的公园,也是这样小,这样轻松,带有殖民地时代艰难而抖擞的梦想气息。从那里眺望南港码头,也可以看到码头上停泊的快帆船高耸的桅杆。那也是来往于纽约与伦敦的远洋船。

他看到草坡上中国阿妈们穿着白色的大襟衣服,纷纷站着。她们是园规里注明可以随侨民子女进园的华人。但园规跟着注明,公园举行音乐会时,她们不可以单独占一个座位,要是小孩不肯坐,她们也不能坐。这就是她们都站在草坪上的原因。

他看到有人牵着狗在江边散步,那时,公园还没有规定不让带狗进公园。

他看到有人诧异地打量他,他们为公园里竟然有中国人散步而奇怪。他知道有些目光是厌恶和蔑视的,那是些对工部局此项改革投反对票的侨民。他知道,他们讨厌他竟然与他们一样,一样在公园里,一样穿着整齐的亚麻西装。甚至一样站在草坡外面听乐队的演奏,而没有到草坡上找张椅子坐下来。那天公园里人多,男人们大多将椅子让给了女士们。他的行为像一个无可挑剔的绅士。然而,他竟是一个中国人。他几乎在这种排斥中生活了一辈子,所以只需短短一瞥,他就明白。他们冷冷地瞪他,是告诉他,即使他在行为举止上无可挑剔,还是个不受欢迎的外人。

但他仍旧到处走着。别人看他是在散步,而他却是在行军。

然后,他来到黄浦江和苏州河交汇处的堤岸边,在那里可以看到两股水流交汇形成的旋涡。江对岸是古旧的礼查饭店,它高大的外廊像马来亚和香港的房子一样,它临水的花园里挂着些红色的中国灯笼,这种混杂的面貌就是典型的上海。堤岸上有一把椅子面向着黄浦江,他坐了下来,并闻到木条上被太阳晒暖的桐油气味。

他不由地喜欢上这公园刻意保持的宁静与矜持,喜欢上那里的树和花,还有干净的树间小道。在趣味上,我想他与西方更亲近。他与那个时代西化的中国人一样,由衷地追求现代性,由衷地改造自己。他们觉得那是中国唯一的逃生之路,西化便是自新。而趣味上的西化,则是最地道的自新。现代化就是新生。因此,咖啡、西餐、巴赫和脚踏车,对他来说,并不是简单的物质。争取进入公园,也绝不是为了简单的平等。在这里感觉到的舒服,也不可以说只是感官的舒服。这一切,都与新生的希望有关。

他从那里眺望江面,苏州河交汇口外面的码头和更远处的远洋船锚地,那里依旧桅杆如林,在桅杆的顶端飘扬着许多国家的国旗,还有洋行自己的旗帜,小驳船像穿梭在鲨鱼嘴边的小鱼群那样成群地出没在码头和锚地之间,这平底灰色的小驳船,几乎像蚂蚁搬家一样在江面上连成一线,将印度鸦片从锚地转运到外滩的各家洋行码头。小船被堆得满满的,船舱被压得几乎接近水面。清朝政府吃了两次败仗后,鸦片贸易便在中国合法化。唯一的妥协是给印度鸦片换了一个名字,叫"洋药"。

1886年这一次,六个华人牧师带着《圣经》,要求免票进入公园宣传《圣经》。他们又被巡捕挡在了门外。这次,他们与巡捕打了起来。

要不是那些牧师里有一个青年是宋耀如;要不是在门口的混战中,有一个说法文的少女从围观的人群中高声制止巡捕打人,这对青年就这样开始相爱,共度一生;要不是他们是宋庆龄和宋美龄的父母,这段故事出现在宋家的传记中,我在别的档案里找不到对它的记录。这公园门前的短暂混战,对宋家是一段逸事,而对颜永京,却是一个证明。证明他并不满足公园对体面华人有限开放的门票制度,他想要它向所有华人平等开放。

这次因为打的是基督徒,引来了英国领事馆的官员。英国人认出了其中的颜永京和吴虹玉,他们本来就是可以得到门票的华人,所以他们被放进了公园。中国牧师用英文向公园里的侨民们传教,让人觉得奇怪。然后,圣公会、伦敦会合监理会的大牧师也被通知到公园里来规劝华人牧师。林乐知来了,小文惠廉和慕维廉也来了。在他们看来,颜永京太固执,也太政治化了。而在颜永京看来,他们明知道公园的规则是不平等的,但从未试图纠正,是违背《圣经》的。林乐知是他翻译所的同事,他在上海工作47年,上午授课,下午翻译,晚上编辑,礼拜天传教,从无休息,直至在中国去世。他是个好传教士。小文惠廉是文惠廉的儿子,出生在中国,子承父业,是颜永京武昌文华学院的同事,他是个好传教士。慕维廉是墨海书馆的创办人,他当年将西方的教科书翻译成中文,印行出版。上海当时还没有发电,无法启动他带来的印刷机,他就找来耕牛拉磨发电,上海的第一批中文西书就是这样印出来的。他也是好传

姜建忠　中山东一路上的老气象信号塔　130×82 cm

教士。他们都将中国当成可以奉献终生的地方,但他们从未和颜永京一起争取过华人在公园的公民权利。这时,他和他们在公园门口,彼此都感到尴尬和遗憾。

最后一次在旧档案里出现 Y.K.Yen 的名字,是 1892 年。那时,他准备离开上海,再回武昌发展文华学院。那是一所和颜永京在纽约州学习时一样的男童寄宿学校,他当年按照建阳学院教学楼的样子建造了它的教学楼。他终于不能忘怀年轻时的挫折,终于想要弥补和证实自己。临行前,他给工部局写信,再次建议公园应该免票向华人开放。他说,他能理解工部局的解释,公园太小,华人太多,不能接受无条件开放,他建议可以专门辟出一天来接待华人。或者应该告示公园的门票制度,让更多的华人能凭票使用公园。他终于还是不能忘记公园仍旧没有向全体华人开放。

公园委员会专门讨论了某一天向华人开放的可能性,但这个建议再次被工部局否决。"复信通知科纳先生,工部局感谢公园委员会对这一问题所进行的讨论,并同意他们的想法,即华人凭票可以入园,还不如在每周中有一天让他们免费入园更能让华人接受。而这种凭票入园的做法是颜永京先生提出来的,未必为他所有的同胞接受。董事会认为现在对此事采取行动是不明智的,他们建议通知颜永京先生,工部局已知悉他来信的内容,但他们认为并不需要改变目前的做法。董事会批准了这一信稿,并令人缮就寄出。还要通知科纳先生,他在给颜永京先生的复信中,必须十分当心,不要承认华人有要求入园的任何权利。"

此时的工部局已对颜永京充满戒心。他参加建立的留美学人会,因为就在他家客厅活动,所以大家把它称为颜永京俱乐部。当工部局的商人们了解到那些应该是最亲近西人的留美学生们讨论的,是工部局的非法性和租界的非法性,他们的心立刻就凉了。当他见到工部局扩充租界的地图后马上表示反对,他们就将他从自己人的阵营里剔除了。颜永京的所有建议都被他们滴水不漏地挡回去。

1895 年,他被差会派遣到英国和美国做巡回演讲,呼吁英美教徒支持在中国禁止鸦片。他演讲的题目是"爱人如己"。经过了鸦片战争,经过了火烧圆明园,经过那么多年和工部局的交涉,他要求向华人开放公园被他们拒绝,他要求工部局对中国青年开设免费英文学校,帮助更多华人青年学习英语被他们拒绝,他要求找出殴打小车车夫的巡捕被他们拒绝,他还真的相信可以劝说英国人要爱人如己,能放弃至关重要的经济利益,帮助中国人在中国禁止鸦片。他还真的相信这世界上有超越种族的普世真理,而且这普世真理终于有一天会被世人接受。他在美国做了一百多场演讲,在英国跑了五十多个市镇,又做了一百多场演讲,每一次他都告诉基督徒们,如果禁止了鸦片,中国就会新生。

他就这样保持着对人的信心。

三年之后,他生病去世。在虹口圣公会主堂举行追思。这是 1898 年,旧帝国正分崩离析。各国列强疯狂刮分中国,俄国要长城以北的内外蒙古、甘肃、新疆,签订《中俄密约》实际上已经丢掉了东北,继而,旅顺港被占。英国要长江流域和威海卫军港,德国要胶州湾和整个山东,法国要两广和云南,使自己在远东的殖民地一直可连通越南和柬埔寨。日本要台湾和福建。去世前,他发起了最后一次对工部局的书面抗议,反对工部局正在规划的租界扩张计划。在抗议信上签名的,都是他多年的老朋友,那些和他一起在公园门口与巡捕打架的华人牧师们,那些和他一起闯门禁的华人基督徒们,以及他小学的同学吴虹玉。

他做的最后一次演讲,是在格致学院连讲四天《世界大势》,他带去了从美国演讲时带回来的幻灯机,让上海人了解,英国和美国正在快步迈进工业时代,那生机勃勃的地方,也可以成为中国的理想。

1898 年春,光绪皇帝宣布变法维新,上海租界的报纸上一派改良春色。那时他已不能起床了,读到到变法维新的消息,他对人说,后悔当初没去做皇帝的英文老师。

他在此时,仍旧保持着对人的信心。

2002 年上海湿热的 6 月中午,他再次站在黄浦公园门口。他是一个 19 世纪古旧的鬼魂。他死去 30 年后的 1928 年,进入工部局的第一批华人董事促使工部局董事会通过决议,向全体华人开放外滩公园。为阻止苦力和穷苦流民进入公园,公园开始收费。1942 年废除租界,公园自然归属中国政府。1946 年改称黄浦公园,华尔纪念碑随即被日本人拆除。现今,他一眼就能看到门口渚红色的巨大雕塑《浦江潮》,一座斯拉夫式的雕塑,洋溢着复仇的勇猛与颠覆的快意。在它面前,他显得非常矮小。公园大门在 1982 年重建,1885 年写明"本园为上海外侨社团专有"的园规牌子早已不见,但重建的大门保留了西式的铸铁栏杆和花岗岩石块。当年苗条的银杏树,现在树干上已遍布疤痕和树洞,不过,它仍活着,绿叶婆娑。1994 年,公园免费向公众开放。

门口有一辆大客车停着，一个瘦而高、满面烟色的门房正在验证它的停车证。那正是当年缠头巾的锡克巡捕站的地方。

吉迪的小学老师正站在大门边，声音又尖又亮地提醒他，他之所以能轻松地跨过公园的门禁，是因为中国人民现在终于站起来了，赶走了帝国主义，公园回到了人民的手中。她热烈地看着他，期待他心中翻身做主人的自豪觉醒。

他踏进公园。原先沿江的堤岸现在成了一个用褐色大理石砌起来的高台，高台下面是一些打烊的小商店，沾满雨痕的玻璃窗上还留着已经褪色的各色广告，售卖柯达或者福士胶卷的、经济盒饭的，以及劣质旅游纪念品的，凌乱而潦草。

原先外滩最美的一处堤岸消失了。公园由于不能面向江面，变得更像一处洼地。

他绕到雕塑后面，雕塑后面是一小片灌木林，灌木林中有一个凉棚，凉棚中有一个干涸的圆形水池，和一些落满灰尘的太湖石。凉棚下的长凳上都是人，他们坐着，歪着，躺着，半躺着。

有人一面喋喋不休地说着，一面打扑克。也有人将随身的提包枕在头下，胳膊团团抱在胸前，直挺挺地躺在石凳上睡着了。那些敢于在石凳上睡着的人，大都是满身汗酸气的外乡人，他们将灰尘蒙蒙的皮鞋脱下来，安放在石凳前。喜欢当众脱鞋的，大多是浙江人，他们也喜欢吃瓜子并随地吐瓜子壳，一到浙江境内，大小城镇古色古香的街头巷尾，随时可能看到地上有一堆一堆的瓜子壳，软软的，细碎的，像蚯蚓在泥地里翻出的碎土堆。

还有人身上穿着有成千上万条大小皱折的睡衣裤坐在凉棚下。那是许多上海人居家的衣服。潦倒的中年人常会穿这样的睡衣出门，他们好像从床上起来，直接就走到大街上来了。穿成套睡衣抛头露面的，大多是住在老式弄堂里的上海中年男女。

情人们腻在彼此身上，有人在为对方尽心尽力地掏着耳屎，有人在旁若无人地亲热着，手在情人的衣服下移动，使对方的衣服蠕动着隆起，让他想起蛇生吞一只活青蛙时蠕动着隆起的身体。

原先微微隆起的大草坪也消失了，草坪上白色的凉亭也消失了。

他想起工部局早年与他的争执。总董将华人归结到"不开化的民族"里，认为华人在公园里举止不端，会使侨民妇女和孩子陷入不雅观的环境，历数苦力在公园里半裸而眠，华人流民和儿童任意毁坏公园花木，华人乱丢垃圾。还有一个总董认为他建议的门票制度对华人来说是不平等的,容易引发租界更多的矛盾。对园规的反对之声,大多出自受过西方教育的中国人,这些中国人认为自己是高等华人,不能容忍工部局将他们与苦力等同起来。这才是他们向工部局建议让衣着体面的华人免票进入公园的真正原因。他想起自己写过的文章,介绍公民的公权和私权,介绍公民在公众场所应有的公德意识。想起在公园水池附近他手握《圣经》说过的话:上帝面前,人人平等。

他已不认识这个公园了,但他的双脚带着他向当年坐过的堤岸边去。在那里他曾看见过苏州河与黄浦江的交汇处,经过凉棚,草坪中断,他来到了停车场上。阳光的热力被裹在潮湿的空气里,像一张湿毯子一样覆盖在停车场散发着柴油气味的地面上。

他看到停车场上停着旅游车,旅游车上靠着一个导游,她是个眉清目秀的年轻女子,戴着有阿迪达斯商标的遮阳帽,穿了白色的网球短裙,却在裙子底下穿了尼龙连裤袜。她身上有种拼命追赶都市时尚的江南小城女子的兴致勃勃。她正在打电话,正愉快地在电话里和人谈着等一下她的购物计划,公园对面的友谊商店正在拆迁大甩卖,她要去买些便宜货,离停车的地方又近。她带来的客人已经离开旅游车去外滩了。旅游车的司机正在打盹,将穿着丝袜的厚实的双脚高高翘在方向盘前面的玻璃挡板上。

还有一辆车,司机和导游正在清扫客人留在车上的垃圾,一堆堆的瓜子壳、花生壳、糖纸和矿泉水的塑料瓶从车上直接扫到了停车场的地上。清洁工人远远地叫:"喂,喂喂,苏D71199,我们这里有'七不'规范听到过伐?第一条就是不要乱丢果皮纸屑,当心罚款。"司机师傅和导游小姐扬起脸,一迭声地解释:"还没扫完呐,不要紧张呀,我们还要扫干净的。"然后,他们草草地将垃圾扫到垃圾箱附近的地上就算了事。

工人抄起扫把和长柄簸箕,慢慢走了过来。他软塌塌地走过发白的阳光,像所有这个闷热的梅雨季节打不起精神的上海人一样,垂着肩膀。他慢慢走过一辆又一辆大客车,绕过地上一摊摊客车滴下来的柴油污渍,不时将地上散落的垃圾扫进簸箕里,到垃圾箱边将自己簸箕里的垃圾倒了进去。

"匡匡,匡匡。"他在垃圾箱边上重重敲打着簸箕,一张冰激凌包装纸粘在他的簸箕上了。他不肯用手将那纸块拉下来,可怎么也敲不下来。于是,那"匡匡"的声音就像赌了气。已经回到车上的司机和导游将自己的头从车窗里伸出来,赔着笑脸,看着,仿佛为他加油。最后,那张纸终于被他手里的扫把扫了下去。"师傅辛苦,师傅辛苦。"车上的人也如释重负,一迭声地安慰原路退回的工人。他脸上已沁出一层油汗。司机从车上远远地伸出手来,要敬香烟,工人摇头拒绝:"这种天气,不吃。"不过,停车场的气氛,却因此而缓和下来。

停车场的一端有一个巨型公共厕所,另一端是高大的纪念塔,全是后来新修的。有很多花岗岩,在被雾气包裹的阳光里,散发着石头的闷热,公园到这里就算是到头了。小玫瑰园没有了,能看到两河交汇处的堤岸也没有了。

现在这里是人民英雄纪念塔,三条花岗岩的柱子直直地向天空高耸上去,这三条柱子分别象征着三个时代上海人为挣脱半殖民地半封建的命运做出的牺牲,一条象征鸦片战争以后牺牲在反帝斗争中的上海人,一条象征抗日战争时代在抗日战争中牺牲的上海人,还有一条象征解放战争时代在解放战争中为解放上海牺牲的人。三杆枪的纪念碑是如此高大,与狭长的小公园如此不协调,它原先的幽静矜持已荡然无存。

他站在一座更高大的纪念碑前,哑口无言。这一年,上海赢得了 2010 年世界博览会的举办权。美国《福布斯》杂志揭晓了"2002 年度中国大陆 100 首富排行榜",荣智健再次成为中国大陆"第一首富"。他来自一个著名的上海民族资本家家族,他的父亲曾是 50 年代上海著名的红色资本家,后来成为中国国家主席。上海国家赛车场有限公司与国际汽联副主席伯尼签署了上海承办 F1 世界锦标赛 2004—2010 年中国大奖赛的商业协议,标志着世界第二大运动 F1 比赛将正式登陆上海。上海卢浦大桥合龙成功,世界第一大拱桥在上海诞生。全球数学科学最高水平的学术大会第 24 届国际数学家大会在人民大会堂开幕。这是发展中国家第一次也是一百多年来中国第一次主办国际数学家大会。上海实行了公民护照自由申领制度。神舟三号飞船成功升入太空,又成功返回地面。表明中国已具备载人航天飞行的能力。他登上人民英雄纪念塔的石阶,小小的花岗岩半岛外,就是苏州河与黄浦江的交汇处,礼查饭店大修的脚手架正在拆除,露出它褐色的外墙,现在它叫浦江饭店了。而且,黄浦江上没看到一条鸦片船。

永不拓宽的街道钩沉:
溧阳路/p.265,大名路—中山东一路/p.225,福州路/p.229,四川北路/p.233

周加华　陕西北路初夏　90×120 cm

一束菊花的重量

同　情

2010年11月21日,阴沉的早上让人想到将要到来的冬天。起床前,我想,要是今天真去胶州路,应该穿黑的吧。

一个多月前,我家老人以97岁的高龄去世,我那套黑色衣裳是去她的葬礼穿过的,尔后就挂在玄关的衣橱深处。每次出门换衣服,都掠过它,都不想碰到它。今天是胶州路火灾那58位遇难者的第一个七天,要是去那里,应该穿黑。

我并不十分清楚自己为什么想去那里,也不知道去了又能做什么。但这个念头却总在我心中徜徨不去。

9月我家有老人刚刚过世,我的姑妈,在我50岁时。这是今生头一次永别亲人,是从出生后被我父母抱回家的那一天开始,到结婚离开家的前一夜,同睡一张大床的姑妈。直到这时我才刚刚体会到,痛失亲人的人,需要很多安慰。就好像精卫填海那样,姑妈留下的空,终究要用那些安慰填起来。

一个人成年后,有些事,唯有经历来当老师。那些恍惚的日子里,我会想起我那些已遭遇过亲人离世打击的朋友们。那时我还没体会,我不懂事,从未认真安慰过他们。但我们这些亲人,大多是寿终正寝,从未像大楼里的人那般死得凄厉。我丈夫97岁的外婆说,那些死在火里的,会在大楼里彻夜哀哭,"痛煞啦,我痛煞啦"。

我不知道,要是我家老人的灵魂夜夜这样哀哭,我会不会心疼得疯了。

听说大火是在一个秋阳灿烂的下午烧起来的,所以死的不少都是刚刚睡醒午觉的老人。老人们跑不动,也没有高楼消防的经验,又容易放弃自己,听说他们躺在家中的地板上,等死。也有年迈的女婿,搬不动瘫痪的岳母,便握住老人的手,说,我断然不能放下你自己走,我就陪你一起死吧。大火过后,全城都在谈论遇难者,谈论那些被活活烧死在自己家里的人们。听说子女们从网上得到了父母家失火的消息,个个都飞奔回家,可也都救不了。只看着父母家的窗子里亮得耀眼,那就是火光。

那些成年的子女,如我一样,一定也是夜夜无法安眠的吧。在暗夜里突然惊醒的最初,总是不知身在何处,不能相信这世界上从此再也找不到那个人了。接下来便诧异,一个再具体不过的人,你手上还留着她双手的温度,你鼻尖还能闻到她皮肤散发的气味,可她居然躲进一张柯达相纸里。我为那些子女们的处境胆战心惊:在他们的生活中,四个小时里就失去父母,甚至连父母的家一起灰飞烟灭。他们连一张照片都找不到。他们怎么办?

从前我不是真的知道,失去亲人是多大的精神打击。现在我想,我有点知道了。也许因此我想要去胶州路一次。我想去做点我力所能及的。对失去亲人的人来说,一个陌生人能做的,几乎没有。

失　安

胶州路口的那房子,曾是上海市中心再平凡不过的28层高楼。几年前我常去,因为我的孩子初中时,曾在那里补习过一年的物理。

那楼有90年代的空间观,寸土必争地节约利用,毫没有后来市中心楼房讲究的奢侈及对采光的追求。那三栋大楼形成的历史,也像许多90年代的高楼诞生历史一样,是对历史非常粗暴的拆除与覆盖。这三栋楼覆盖了原先的三栋建筑:一座1937年创办的工部局小学,陈鹤琴创办的新式小学;一座1933年由耶稣会传教士创办的教会中学,圣公萨嘎公学;以及一座历史悠久的耶稣会教堂,圣公萨嘎堂,纪念意大利圣人公萨嘎。马相伯、丰子恺和龚品梅都先后在那里做过校长,而教育家陈鹤琴则是我丈夫父母的老师。这三栋大楼的外墙,都贴着90年代流行过一阵的淡褐色瓷砖,这种式样现在已经过了时,刻薄的人,说那样的瓷砖贴面让人想起公共厕所。但是在上海市区,这种高楼真是数也数不清。

这个小区虽然是新起的高楼,但仍保持在租界时代就形成的上海弄堂传统。每天傍晚,门房都要寻一次更。从前的门房一路走一边摇铃,一边高声吟诵。现在的门房,一路走一路按电喇叭。寻更喊的,多少年来大同小异,总是要家家户户"关好门窗,关好煤气,火烛当心"。

火灾后,大家才知道,这样的高楼大多没有火警系统,本来已经非常狭小的消防通道也大多被占用了。起火时,大火从十楼的外墙烧起,裹挟着巨大的、浓黑的、怪物般急剧膨胀的毒烟,直至将紧闭的铁窗烧弯,熔化玻璃,大火扑向室内,蔓延到整栋大楼,直从下午烧到夜晚。入夜后,明火灭了,可整栋大楼仍成夜缓缓散发出怪异的白烟,它像大暑天里,正在渥热的空气中融化的一块冰。但是自始至终,28层高的楼内,竟没响过一声警铃。相邻的两栋大楼,也没响过一声警铃。

楼内空间经济的楼道里,家家装着各色各样的防盗门,按说这些防盗门,正常的时候,不过是防君子不防小人,大楼整修时,因为发生了小额财物失窃,所以家家户户都关紧门窗,即使人在家中,也锁住防盗门,以求自保。可是,在后来的火灾中,却因为它们很快就被高温烤得变形,无法打开。消防队员破开一扇烧坏的防盗门,倒要花15分钟左右,它们竟阻断了大多数死者的生路。

从前,我总在中午去接我孩子。那栋楼里,家家户户的门里面,都飘散出周日隆重的午餐气味,刚熟透的米饭冒出清而暖的白气,还有电视的嘈杂,小孩子练琴断续的音乐声。电梯间在塔式大楼的中间,即使是阳光灿烂的中午,电梯间的灯也是亮着的。电梯间里热热闹闹的,总是挤满补课结束的学生们,就好像某个中学的教学楼一样。那些半大孩子,浑身洋溢着终于放生了的轻快。发现起火时,我孩子的物理老师,以一个物理老师的清晰思路,第一关闭了家中的煤气总开关,第二拉下家中的总电门,然后赶快下楼。后来她对我说,火灾幸好没有发生在周末,孩子们从四面八方来补课的时候。要是那样,真不知道如何向这些孩子的家长交代。那时她已经有好几个星期住在安置点里,她怕走回空旷无人的大楼,她还在为那些补课的孩子后怕。

从前的中午,钟点工们匆匆提着买来的东西进门去。那是1998年建造的房子,育秀大楼和育华大楼,大都住着静安区的优秀教师,或者治校有方的中小学校长们。胶州大楼则是为了增加收入造的商品房大楼。当时能买下房子的,也都是家境殷实的人家,十多年下来,大楼里的老人很多。如许多上海老人的家庭那样,请钟点工来帮忙照料家务。那些从四川、安徽或者浙江来的妇女们,她们说外地口音很重的上海话,有人总也掌握不好在菜里放糖调味时的轻重,通常她们烧红烧的,比清炒的要更在行。我也是在看到火灾伤亡统计的名单时,看到一户人家报失踪,报了母亲的名字,下面还有"保姆"二字,想必子女只知道那时正有一位保姆也在家,却没记住她的姓名。

我这才吃惊地想起,自己也没记住家里钟点工的名字。那些靠一双手帮工吃饭的钟点工们,乡下的家里人未必一一了解她们的工作地点和工作时间。如果她们与主人家一起被烧死在公寓里,谁来说出她们的名字,谁来比对她们的DNA呢?如今我父母的起居,也靠浙江保姆照料着;我的孩子,从前也是安徽保姆帮忙带大。

这些天里,我总是在听到失火大楼的传闻时,突然感受到从前中午时分缭绕在楼道里的,新鲜米饭的清香。在看到一段私人拍摄的录相里,巨大的黑色烟雾轰然吞没整栋大楼的时候,我突然闻到的,也是某年某月,某个星期天中午,从某个格兰仕电饭煲或者三洋电饭煲的出气阀里喷射出的新鲜大米饭热烘烘的清香。在上海生活中,这种米香,能算是寻常而安稳的生活象征。这理所应当,但也不足为道的日常生活,不是什么鲍鱼鱼翅,而是一锅软硬得当的新鲜大米饭。这竟然也会被发泡剂燃烧时呛鼻的,据说也是剧毒的气味代替。那些最基本的安全感,犹如"大地是结实的"那样天经地义,竟然也会突然消失的。

这个秋天迟迟不能入冬,上海在大火后,又度过了一个又一个温暖明媚的"印地安之夏"。有个傍晚,我在自家厨房里煮饭,临窗而坐,熏风浮面,楼下绿茵茵的草地上,有小孩子结伴玩耍的声音依稀传来。我突然在电饭煲的出气阀门喷出的热气里闻到一团刺喉的乌焦之气。

合 力

我的孩子已上了大学。21日上午,我与她SKYPE,她说,"妈妈,你一定要去为亡灵献一束花。我知道很多在那里补过课的小孩,头七那天都要回去献花。你要代我送花去。"

我从不喜欢去聚众之地,也从小告诉我的孩子,不要轧闹猛。这个词,在我们家是贬义。可我的孩子说,今天,即使是人山人海,你也要去献花。

我问她如何知道那些孩子都会去,她说,是从网上。

有些年轻人凑钱买了成千上万朵白菊,自己开车运到胶州路上,在通往失火大楼的路口,向行人派发。有人制作了交通图,发到网上,方便大家找到。还有人前去大楼门房间询问,要不要志愿服务,他们可以拿出时间来做志愿者。

我孩子说,这让她想到"9·11事件"后的纽约,燃烧后焦臭未散的城市,人们突然变得可靠,人心突然变得单纯。世风突然改变,如同乌托邦故事。

美国各地的人,对纽约也一直不喜欢。多年来,人们认为它就是个冷漠势利的都市,而上海,的确是它的姐妹城市。但是,"9·11事件"后,双子塔废墟前的蜡烛和鲜花,医院门口排队献血的市民,使纽约变得令人尊敬,甚至受人爱戴。"9·11事件"时,我的孩子正在美国,我特地告诉她,那时的纽约,能看到人性的光芒。我希望她能记住这一点。记得我还说,要是这事发生在上海,不知道会怎样。我对总是在傍晚遍地垃圾,被丢弃的劣质塑料袋随风飞舞的上海,在地铁车厢门口彼此冲撞,个个奋勇争先的上海,在夜晚的僻静街道上,时时有司机撞了人却弃伤者而遁的上海,对这个城市的公德和公义,真是悲观。

我的孩子说,但愿这次上海人能做得好。不过这个"但愿",也要大家合力。所以,"妈妈,你也是一分子,要尽力。"

这大约就是年轻心灵的勇敢,愿意为改变什么而付出。我知道自己年轻时也是这样的。因为经历了失望,所以只愿独善其身。孩子有时让人感觉很老,有时又会让人感觉很年轻,热血涌动。于是,我们商量如何去送花。我们都喜欢白色菊花,因为它纯洁清苦。我们要送两束,一束给大楼里的同城亡灵,另一束给那些同样死在大楼里的外地保姆和民工。我们虽不认识他们,但我们是他们的同城人,也有同城人的责任。

在中午时分,我知道自己一定会去胶州路,我不愿意让我的孩子失望,也不能。当这些被人称为小皇帝的,或者是自私一代的孩子,当他们对你谈到责任,谈到同城人的义务,一个长辈,不和他们站在一起,又能做什么?

持菊者

21日下午两点,出发去胶州路。路过富民路口时当然堵车,这是个永远都拥堵的街口。26路公交车喘着粗气,扭歪着长长的车厢,匍匐在路中央。出租车在公交车庞大的车厢四周左奔右突,粗鲁地滴着喇叭。颤颤巍巍堆着各种超载货物的黄鱼车,走钢丝般的擦过瘫痪在混乱中的宝马车,和奔驰车,行人们则如鲨鱼嘴边成群游过的小鱼虾那样无声地经过马路。在一片混乱的街口,窄小人行道的一家小花店门前,有个穿黑色风衣的瘦高男人站着,手握一大束用玻璃纸围着的白菊花。他就像一块在水流中的石头那样醒目。

这是个典型的上海年轻男子,肩膀狭窄,身体单薄,穿着周正。他小时候大概就是大家所说的绿豆芽体型的少年吧。他脸上那副精致的眼镜,衬托出他的斯文与精明,很像某家银行的理财经理,或者某家公司的市场部经理。他的神情却是封闭的,甚至是害羞而机警的。他是为自己在今天捧着一束白菊花而不自在吧。

我不想让别人一望便知我是去胶州路,决定到附近再买花。看到那个年轻男人,我才想到,要是我手里举着花,大概脸上也是这个样子。

颜永京

是的,为表达自己心中对公共事务的责任感而害羞和紧张。

出生在上海王家码头的圣工会传教士颜永京,是我最钦佩的本地历史人物,如今,他几乎被淹没在近代史中了。他是如今能查到的史料中最早的一个抗议制止华人进入外滩公园的园规的人,当时他正在同仁医院教授心理学,在史料里却成了医院的年轻医生。那还是19世纪后期,中国还处于封建帝国的末年,上海处在租界的第一次发展高峰期,从新技术到新思想,以及没有污水四溅的街道,处处代表崭新的未来。颜永京在公园门口不得入门,向工部局申诉被搪塞,于是,他将现代城市公民的公权利和私权利的论述,从英文翻译至中文,特意发表在上海的华文报纸上。这是上海人第一次接受公民教育。

此后,上海人,从清末的道台到传教士,从小商人到世袭的买办,包括住在亭子间的文人和住在滚地龙里的青年工人,走南闯北的革命者,或者寄宿在教会学校、会客都有嬷嬷跟随的女学生,这些人从19世纪60年代到20世纪20年代,为华人在租界公共场所的纳税人权利,奔走呼号60年,直至公园成功开放。在公园即将开放时,有人特地在英文报纸《北华捷报》上发表文章,自发地向对此抵触的侨民社会承诺,中国人既能要求公民权利,也一定会遵守公民义务。这时,颜永京已经去世30年了。他当年翻译过来的"公权利",被再次翻译回英文,出现在上海的英文报纸上。

这是中国第一个接受过公民教育的城市,这是一个有城市公民传统的人民,但是,近80年后,在街上手持菊花,仍旧是令人不自在的。

这是一个由19世纪的通商口岸发展起来的中国城市,世界上并没有多少个城市的市民,像上海人那样,两百年来经历过如此剧烈的世事变迁,和从未休止过的艳羡与诟病,他们小心翼翼,却从未束手无策。这个城市鱼龙混杂,但各司其职和明哲保身,一直是大多数上海市民基本的处世之道。适当的距离感但是也能互助,适度的冷漠但是善意,是从邻里关系到同事关系皆可通用的基本模式。

持菊者们

离胶州路余姚路交界处越近,手持菊花的行人也就越多,三三两两的花贩把守在每个通往胶州路的街口上,他们脚踏车上载着的,清一色都是菊花。靠近大楼的各个街口,四面八方都封了路,公交车也早就改了道,马路突然就显得格外辽阔空旷。这时,有辆黑色的越野车缓缓开过街道,从它的天窗里,端端正正伸出一束黄色的菊花。

交通管制,警察们正在引导人群从延平路进入。延平路上已挤满了人。人们表情平静,少人喧哗。小孩子纷纷被男人们扛在肩膀上。他们肥短的双臂护着一束菊花,安静地东张西望。远远望去,他们鲜艳的衣服,好像漂浮在水面上的救生圈。年轻人穿得素淡,大多一手握着花,一手举起各种小巧的照相机或者新款的iPhone 4照相。也有人低眉敛目,只默默跟着人群前移。那些年轻人,平时总是宣称,自己只是努力吃喝玩乐,其实他们不是这样的。中年人伴着孩子,或者搀扶年迈的父母,双臂左右开弓,挂着长柄雨伞,挽着父母沉重的呢子外套,吊着鼓鼓囊囊的包包,以及阖家午餐后,从饭店带出来的打包盒,中年人拖泥带水,但臂弯里必拢有一抱菊花。

我原以为,来这里的应该大多数是年轻人,但实际上,缓缓移动的人流中,男女老少,什么年龄的人都有。我也曾猜想过,应该来的都是上海市民,但实际上有不少外地口音的男女老少。这不是什么特殊人群,这就是上海大街上,或者菜市场中,或者地铁站里,处处可见的普通市民。

长长的,等待献花和致哀的队伍,让我想起世博会场馆外的队伍。那时,上海是何等骄傲和快乐地作为东道主,将整个世界展示在众人面前啊。安静地排队,这是世博会用了半年时间培养了我们的教养,做城市的主人,这也是世博会给市民们的自信。只是没想到,这么快就在胶州路上得到检验。

　　我又看到了参加维持秩序的志愿者们,他们蓝色的志愿者名牌上,不像小白菜们挂着五花八门的徽章,而是别着一朵白色菊花。他们脸上也没有小白菜那种欢快的单纯笑容。我经过一个年轻男子身边,问他是从哪里来的志愿者。他说,是教育系统的。我告诉他,我的公公婆婆,在静安区做了一辈子老师。他向我"哦"了一声,说,那么,他们是前辈了。我真愿意相信他真是他们的年轻同仁,不是传说中的"便衣叔叔"。其实他的身份并不重要,重要的是此刻他在做志愿者的事。

　　再往前走,就能看见世博会排队时用的白色围栏拦住了三分之一的路面,前面的人群纳入围栏,在围栏里向前移动。在前面,胶州路余姚路交界处,焦黑的大楼下,已被烤焦了的梧桐树旁,菊花铺天盖地。

　　人群外有个中年男人正在卖花。我招呼他过来,向他买两束花。他说:"十块一束。"

　　我吃了一惊,忍不住责备他:"你怎么好挣这种钱。"

　　也许我的声音太尖,他的整张脸都变紫了,立刻说:"好啦好啦,那么五块钱一束。"

　　我一边付钱,一边忍不住再唠叨:"这里不可以挣钱的。"

　　他抓过那张蓝色的纸币,团在手心里,一闪,就不见了。

　　我想自己真是吓着他了。他脸红,害怕,闪人,这也是一个无证花贩子的良知吧。

　　致哀的队伍太长,有人插队。和世博园里发生的情形相似,人们习惯从围栏尽头插进来,似乎围栏是秩序,而围栏后的队伍就可以无视。我去提醒那些插队的人往后看一眼,看一看我们这些从延平路尽头排队过来的人,我们排了四十分钟才见到围栏。"难道做这件事也要插队吗?"我生气地看着插队者手里的菊花,控制着我自己的手。在20岁的小白菜们那里,我学到过志愿者的规矩,当你劝阻时,不得碰触对方的身体。但大多数人唯唯诺诺,却不肯退出去。

　　这时,在我身边一直沉默的年轻男子,轻轻向他们的背影说了一句:"如果连排四十分钟队的诚意都没有,其实就不必去献花了。"

在延平路的一根电线杆下,我看见几个年轻女子站在一张复印的"上海不哭"海报下派发菊花,每人三枝。她们应该就是网上流传的派花白领们吧。我看见有记者握着带长镜头的照相机,正试图与她们攀谈,但她们脸上都淡淡的,边敷衍着,边后退。那个表情,让我想起富民路口的年轻男子。

上海人大概真的不适应登高一呼,也不适应一呼百应。人们只是自发而来,有人说那天有十万人,有人说有二十万。后来,我渐渐知道,我的许多朋友,那天都去做了同样的事。从家里出发去延平路,排队,献花,鞠躬,然后从胶州路离场通道离开,回家。说到这么做的原因,有人是因为小时候曾在附近住过;有人是因为太太的第一份工作的办公室,曾在这附近;有人是因为同事家在这栋大楼里,出事后,同事在办公室里只说了一句话:"现在我的整个家当,就是我身上穿着的这套衣服了。"有人和我一样,家中刚刚也有老人过世,对失去亲人的痛楚感同身受;有人和我孩子一样,曾在这里补习过功课;这些都是一个个独立个体微小而真切的动力,毫无他想,不涉骚乱,只是这样。

与家人或者朋友一起来排队等待,送一束花,鞠三个躬,在警察的引导下离开,这就可以了。交响乐团的乐手们来演奏《圣母颂》,肃立,静听。一曲毕,与乐手们一起默哀,然后离开,这也是可以的。遇难者家属来到路口,先是吃惊,后来向人群鞠躬致谢。彼此泪眼婆娑,但仍旧保持静默,就是这样。

菊　愿

接近大楼了。人群越发庄重起来,没有人大放悲声,没有人东张西望,没有人抢道,静默的队伍在细雨中黑压压地向前移动。空气中飘散着成分复杂的焦臭气味,和被雨雾激发出来的新鲜菊花的清苦气味。我真不认识这个如今铺满鲜花的街口了。

我看到有人隔着围栏将自己的花递给值勤的警察,他说了一些理由,总是时间太紧,队伍太长之类的。警察大概没料到行人有这种要求,迟疑片刻,便伸手接过花来,帮他送到临时的祭坛前。那人隔着围栏连声道谢,胖胖的警察诺诺而退,他脸上似笑非笑的样子,让我再一次想起富民路上的年轻男子。

胶州路余姚路口,临时祭坛前铺满了鲜花。隆重的大花圈,是上午市里的长官们特地来送的;嵌有照片和写着一些字的花圈和花束,大多数是遇难者的朋友和亲人送的。没留下任何特殊记号的菊花束,那是普通的市民送的,整整齐齐挤在一起,盖没焦土。我的菊花像两滴落入大海的水滴那样,汇入其中。

菊花沉甸甸地落到地面上。这花是为了悼亡,为了表达同情,也是不能原谅的符号。扪心而问,我不能原谅胶州路居民楼大火的发生,也许永远不能。

但是我仍能等待。1911年3月纽约华盛顿广场附近的一家内衣厂大火,烧死125名女工。这次工厂大火,推动了此后三年时间里纽约州三十多项城市安全与工厂安全法规的诞生,甚至启动了后来的罗斯福新政。

今天,我愿意相信维持交通畅通的警察,愿意相信保障路人安全而设的重重围栏,我也有耐心等待火灾责任人得到惩罚,等待错误得到公开纠正,等待人大制定法规和法律,保障市民的安全。上海的确需要时间做这些事,比如,像它的姐妹城市纽约在99年前那样,需要三年时间。

我希望那些聚沙成塔般聚集起来的无数鲜花最终却没被辜负。希望今天的上海能像纽约一样,虽然艰难前行,但终是奋勇向前。最终,在胶州路街角处,也能找到一块与纽约下城阿许大楼前类似的纪念铭牌,铜质,风吹雨打都不褪色。

"动起来,动起来。"

11月15日的胶州路大火甫定,王菲来世博文化中心开演唱会了。11月28日,是她在上海的最后一场演唱会。我喜欢她,所以去了。

仍旧从七号地铁线耀华路站出站,入世博园。这个六号口曾是世博会时期最繁忙的地铁出口。9月,日客流79万的那天,我正好去世博会。一出这个站口,就看见汹涌的人流。人流如深潭的涡旋般嘈嘈切切、淅淅沥沥地在耀华路上排起蛇阵,向六号门的方向迤逦而去。直升机在天上突突地盘旋,监察这个路口汹涌的人流。警察们不停地高声催促人们加紧离开通道,不要造成阻塞,防止聚众踩踏,"动起来,动起来。"警察们用的词,与摇滚歌星在台上煽动情绪用的词一样。不过,他们的声音已经嘶哑了。11月21日,我在胶州路街口的火灾临时祭坛前听到了极为相似的声音。

"动起来,动起来。"也是嘶哑的声音,在细雨飘拂的街道上再次响了起来,警察们将一臂挡在胸前,另一臂笔直地伸向疏导人们移动的方向。这个动作里有一种巨大的强制的力量,我总感觉到他们在推我,迫使我快速移动,但实际上,他们从未碰触到我的身体。那时,我刚刚放下手中的花朵,还来不及直起身来,胖警察就已经出现在我跟前。"不要阻塞通道,后面的人上来了。"他渐渐贴近我,我只心急慌忙地鞠了一个躬,就离开了。

被火的热度生生烤死的梧桐树那些僵直卷曲的枝叶后面,胶州公寓通体乌黑,好像苏州河边老工厂区的一根使用多年后废弃的烟囱,它可真是浑身都烧脆了。窗上的玻璃大多数都烧爆了,露出室内灰色的天花板。经过它,我才体会到警察们那嘶哑的声音,在夏天的世博园里,其实是轻松的,甚至可以说,是喜气洋洋的。

后来我才知道,负责世博会安全的,也有从静安区来的大批警察。他们还没来得及开庆功会,就被派来维持胶州大楼火灾现场的治安。难怪他们在路口的手势也那么熟悉和礼貌。我猜那是世博会训练出来的。那些警察里,甚至还有一个是我在不到20岁就认识了的,我认识他的时候,他还是个英俊的年轻皮匠,正在追求我中学时代同学中最臭美的一个女生。正是因为他,我一直都觉得警察是一个个具体的人,不是一台机器。

上海世博会刚结束,如今,它好像一个拆了包的礼物,摊开在黄浦江边上。

说起来,我所居住的城市真是丰富生动,它是这样的鱼龙混杂,泥沙俱下,如大江东去般的浩荡前行。就在我所目睹的有限的事件中,现实生活中发生的事,已常常比诗歌更有象征意义,比戏剧更戏剧化,比小说的结构呈现出更分明的起承转合。人们比牛虻更牛虻,比于连更于连,比嘉丽妹妹更嘉丽妹妹,比邦斯舅舅更邦斯舅舅,比阿许大楼更阿许大楼。

我跟着这城里喜欢王菲情歌的人们,在深重暮色中,浩浩荡荡进入已经闭园的世博会园区,沿着世博轴,向世博文化中心而去。

"动起来,动起来。"幸好王菲从不这样煽动她的听众,也从不会在舞台上与听众热烈对话,将她手中的话筒凌空伸向一团黑暗中的听众,要大家回答她提出的傻问题。听说她在演唱会上一向只说谢谢二字。这对我来说,完全够了。

我想起披头士当年在伦敦唱的 LET IT BE。似乎每个伟大的城市都会有难以接受的灾难,生活在都市里的人,似乎就得比小地方的人神经更粗。王菲会为我们唱LET IT BE 吗?

"看见的,熄灭了。 消失的,记住了。"

原先夜夜照耀在世博园中五颜六色的嘈杂灯光,现在都已关闭,台湾馆的墙上再也看不到在大 LED 板上缓缓升起的孔明灯。现在,只有银白色灯光远远烘托着巨大幽浮似的扁圆大房子,那就是世博文化中心。它四周五个月来一直车水马龙的道路,现在空无一人、一车,甚至一只小鸟。印度馆的铜皮屋顶在夜色中若隐若现,现在它突然变得像舞台上搭建的潦草布景。从印度馆望过去,原本欢腾的世博园现在无声无息匍匐在夜色中,我四周的人情不自禁地在夜色中分辨着那些正在拆除的屋顶,韩国馆、日本馆、卡塔尔馆,人们三三两两走到围栏前,在闪光灯闪烁下,与它们最后一次合影。

是的,这里现在像拿走礼物后留下的一堆包装纸那样,这么漂亮,却没用了,有点不知如何收拾它才好。

我发现自己非常想念那些不久前还无处不在的笑脸,志愿者的笑脸,还有他们统一的手势。他们五指并拢,笔直伸向引导的方向,同时微微欠身向前,他们全都遵守着小白菜统一的手势,那真是些服务社会时<u>一丝不苟</u>的孩子。和胶州路挂着蓝色名牌的志愿者交谈后,我才意识到,在世博会时我遇到的那些志愿者,原来他们的眼睛里有着很甘美和真挚的神情。他们总是直视着你,兴致勃勃地鼓励你,现在,当我在深重的暮色中怀念它的时候,才体会到那些孩子志愿服务世博会时,他们感到的纯正快乐。

现在,这些欢乐的志愿者都已经脱下制服了。他们像水渗入土地那样,消失在人群中。

去听王菲演唱会的人群正鱼贯走过幽暗的园子上方的天桥。

在世博大道上,能看见集中在路边的白色围栏在辽阔的夜色中泛着微微的白光。那就是胶州路上用的白色围栏。踢踢踏踏的脚步声,也让我想起胶州路上执花者队伍向路口移动时发出的脚步声。胶州路和余姚路的路口永远闪烁着黄灯,街区封闭了。

我发现自己也非常想念那支沉默的队伍，想念弥漫着怪异焦臭气味和清苦菊花香气的街口。在那里，人们放下菊花后，也像水渗入土地般的，消失在人群中。

那天我没动衣袋里的照相机，只是将双手深深插进衣袋深处。那种沉默中与菊花香气混合在一起的温情是那样敏感，照相机的快门声太响了，也太粗暴了。我想起身边一个年轻女孩白净的脸，她有一对清澈的大眼睛，眼里注满泪水，令眼睛四周薄薄的、白皙的皮肤一片绯红，她的面容真是难忘。

"但愿你流的每一滴泪，都让人感动。"

最后，连演唱会也要散场了。

舞台的屏幕上，一片漆黑中，出现一朵白花。王菲愿为悼念胶州路火灾受难者加唱《心经》，不是 LET IT BE，是《心经》。终因演唱会曲目不得临时增加的演出规定，她不可现场演唱，只能播放录音。

随《心经》响起，舞台上的布景转换成一面巨大的镜子，映照出全场起立的听众。我从大镜子里看着他们，突然想到，他们中间该有不少人就是那天胶州路上的持花者吧，同时，他们也是在早上飞奔入园的那些世博会的游客吧。那些站在楼上挥舞着荧光棒的年轻人，他们也许就是在烈日下笑颜怒放的小白菜吧。他们随着音乐声缓慢地挥动颜色明亮的荧光棒，仿佛在抚慰人们。我看见镜子里有个穿蓝外套的年轻女孩，一动不动站着，满脸凄然与不甘，她也许就是上个星期在街角上举着"人在做，天在看"白纸的女孩子吧，或者也许是我访问过的一个年轻的小白菜，她制服的背后，高高兴兴写着"世界在你眼前，我们在你身边"，这曾是多么鼓舞人心的愉快呀。

真是恍然如梦。

在上个星期的胶州路队伍中，我总有自己还在世博园队列里的错觉。在这个星期前往王菲演唱会的队伍中，我又总是觉得，自己好像还是在延平路前往胶州路的献花队列里。世界大同的世博会理想，在上海人心中真的种了下来。此刻，我面向大镜子，好像置身在盛夏的蓝天白云之下，在耀华路地铁站口，目睹汹涌，带有涡旋的人流。

一个星期前的胶州路,被菊花束淹没了路面。第二天,所有上海地方报纸的头版,都与胶州路口的祭奠与鲜花有关。最终统计的结果,那一天一共有二十多万市民自发前往吊唁。早上八点,上海的重要官员就已经集体前往胶州路口致哀,并在民众堆放鲜花的地方,放下他们手中的白菊。如果是有组织的全市公祭,也不过就是如此。

尔后,处处窃窃私语,都在谈论胶州路花朵呈现出来的理性力量和温暖人情,似乎这一切对上海这座物质主义泛滥的城市来说太过美好,让人不相信。这是一次极为和平的宣示,只有鲜花,没有石块。甚至连花束都被川流不息的人们整整齐齐码在一起,彼此倚靠,花朵得以统统向上竖立。人们将这称为几十年来的奇迹。

现在回想起来,我几乎有些感谢那些不停催促人们动起来的警察,有他们维持秩序到底也是好的。大概要不是他们每夜清理掉花束,腾出地方来,胶州路的花朵会堆放不下的吧。

人们在报纸上、周刊上、网络上、微博上处处谈论上海,好像谈论一个回头的浪子。知识分子们开始探讨市民与公民之间的关系问题,他们似乎在上海找到了一个好例子。在上海生活的外地人,好像突然认同了这座城市,他们从通常的抱怨,欣慰地转向喜爱。他们的评论里,能让我感受到他们心中的如释重负,他们不得不长年生活在一个不喜欢又无法摆脱的城市中,这些花朵突然让他们找到与上海和解的理由。

但很少能看到持花者自己的评价。他们在那面巨大的镜子里立着,沉默地望着自己。王菲的一支歌这样唱过:"看命运光临,然后天空又再涌起密云。"那个夜晚,遥遥面对那面大镜子,不知会不会有镜中人也想起这句歌词。在我看来,胶州路上的鲜花和沉静的人流,与其说这是爆发,不如说这是命定的。

我觉得那个沉默的人群,看起来沉着安静,似乎并不吃惊。这是胶州路火灾死难者的二七忌日之夜,正是密云翻滚的初冬。

往　生

2011年1月2日,阴霾的、潮湿的、寒风刺骨的下午,雪正在失去形状的灰色云层中摇摇欲坠,胶州路火灾遇难者断七。从此,逝者的灵魂往生,上海闹市的生活则生生不息。在这拥挤的市中心有数不清的高楼,长得与胶州大楼一模一样。

胶州路仍旧封闭着,从世博会取来的白色围栏仍醒目地压在横道线上,胶州大楼突兀地从错落的高楼群中跃出,像噩梦一样的僵直,像尸体一样孤独,像溃疡一样令人厌恶。原先通体的乌焦颜色,经历了秋风秋雨后,如今泛出了灰烬的颜色,这是废墟般的无助。玻璃窗炸开了的内阳台里,衣架上的棉毛衫裤还静静吊在原处,和几星期前我看到的一模一样。它们倒是毫发无损地晾干了,但因为在衣架上吊得太久,它们变得格外细长,倒好像两条挽联似的。

每次看到那栋楼,我都觉得自己正向一个有嗅觉的噩梦走去,49天过去了,它的糊焦苦气未曾消退干净。通常,噩梦只有视觉,没有嗅觉,所以,它是怪异的。难怪人们晚上大都不愿意路过这里,有小孩子说看见楼里有人对他们招手,吓得他妈妈再不敢带他走这条路回家。

寒风突然横扫街头,胶州大楼上突然响起一阵淅淅沥沥的声音。那声音蹦蹦跳跳地沿着层层叠叠的脚手架、网罩、烧焦的空调外机,四散着跌扑下来,响成一片。那声音异常清脆,是坚硬之物碎落的声音,那幢楼可真是通体都烧脆了。

从2010年11月15日,到2011年1月2日,49天已经过去了。49天前,全城一起走进这个无法收拾的噩梦,至今无法醒来。

我知道这个叫陈炜的女孩子,是在火灾遇难者的名单里,她父亲报的失踪。渐渐地,从亲友们唏嘘的短文里,才了解到这女孩清白的身世。她小时候在上海电视台的小荧星艺术团唱歌跳舞,是个伶俐的上海孩子。后来长大了,早早考到英国的大学去留学,这又是求上进、运气也好的孩子通常的经历。学成归来,她做回父母的掌上明珠,可一年不到,便入了火海。

在这个下午我第一次见到陈炜的爸爸妈妈。这一对面容浮白的中年夫妇,来女儿丧生的楼下最后一次祭奠她。陈炜的爸爸反反复复叮咛,陈炜从此远去,一定要记得爸爸妈妈,来世好在一起。又说,陈炜一定希望爸爸妈妈好好活下去,为了女儿,父母也要好好活下去。可是又说,没有陈炜,爸爸妈妈这一辈子都不会有快乐了。陈炜的爸爸一直在说,陈炜的妈妈一直耐心地往火堆里放纸钱,千叮咛万嘱咐,只有一句话,"一路上当心哦,当心哦,当心哦",像每个妈妈每天都忍不住会叮咛出门的孩子那样。

一个面容白皙的年轻女孩抱着她的小狗,默默地站在我身边。我看见她眼睛里充满了晶莹的眼泪,泪水里的盐分激红了她几乎透明的眼睑。

人们这样送陈炜走向往生,但我看到的全是不舍。楼上哗啦啦地往下落着什么,忍不住抬头望,乌黑的大楼好像要劈面倒下来似的。

难　安

这里一共三栋大楼,共用一块地基。失火那栋楼是商品房,叫胶州公寓。另外两栋是静安区教育局造的教师公寓,一栋叫育华公寓,另一栋叫育秀公寓。冬至前夕,这两栋大楼的居民,在接受三万元抚慰金后,陆续搬回家。

离开冰天冻地的街口,我去楼里探望我女儿从前的物理老师,她家也从安置点搬回来了。

老师家客厅里有种大白菜肉汤的气味,熟悉的气味让我一下子就跌回到八年以前,我孩子在这里补物理课的冬天。看来,老师家的菜谱没什么变化,老师家客厅里的陈设也没有变化。甚至,在靠近厨房的餐桌上,也和从前一样摊了一桌子的试卷纸,桌前也坐着一男一女两个学生,正在补物理。那女孩瞪着云遮雾障的眼睛,一边听老师讲电容电阻什么的,一边软绵绵地点着头——像当年我孩子一样。老师说,火灾以后,补课就停了,今天刚恢复。老师说,这眼睛一眨,一个多月就过去了。

老师家窗台上,那株矮小的君子兰几乎没怎么长高。不过君子兰旁边,新摆了一盆发财竹。那短小的竹子一层层往上堆,好像宝塔一般。那是他们家搬回来那天,政府派发的礼物。

老师过来招呼我,她叫我用力闻,闻空气中那糊焦难闻的气味。窗外,黄色铁脚手架也还在,虽然那上面原先凝固的厚厚一层淡黄色发泡剂已被铲除干净。这楼里的人都在传说,这些沾得到处都是,也被喷了满墙的化学制品,不光是大火中的助燃剂,又是大火中夺人性命的毒烟和大火后焦臭气味的主要根源。老师捂着鼻子说,谁知道那里面除了劣质发泡剂,是不是还有隔壁楼里未清理干净的残骸散发出来的,或者,还有家家户户冰箱里腐烂的食物散发出来的。

老师心里害怕。她家这层楼一共八户人家,老邻居一起搬回来,说是可以彼此壮壮胆。说起失火那天,老师庆幸那天不是周末,楼里没来补课的学生,没吓着孩子。"要不,真不知怎么跟人家的家长交代呢。"老师说。

困　惑

我又站在多年前我常常站的地方,电梯间。走廊里有细小的音乐声,伴随着电视剧里异常高亢的说话声,老人的咳嗽声,还有各种家居生活中寻常的声响,电话铃声像一阵风般响起,一个清脆的女声说:"喂!"

叮的一声,电梯门打开。里面有个保姆模样的年轻女人,提着大大小小好几个装着菜的塑料袋,双手冻得红通通的。电梯关上门,往上升去。我突然想,不知道这个小保姆是不是就是26楼的。26楼的老太太99岁,失火时受惊吓而亡。当时,这楼里的人家都陆续逃出去了,老太太的女儿正在医院做心脏手术,女婿也70多岁了,一个人搬不动老太太,小保姆还没来得及回家。后来,小保姆在医院里找到老太太。老太太很快去世,小保姆自责,不肯拿自己11月的工资。她说自己没照顾好老太太,就不能再要主人家这个月给的工资。

老太太的女儿当时翻来覆去,只有一句话,该负责的人都还没出来负责,保姆倒不肯拿工资,这世上的事情就有这样奇怪。

叮的一声,电梯门又开了。电梯里面的人正在谈论楼下的祭奠,"从前我在院子里见过他,眼睛一眨,现在他老得认不出。"

"女儿总归是爹爹的心头肉,没有办法的。谁家女儿出了这样的事,日子都是过不下去的。小姑娘刚刚留学回来,一家人刚刚一起过日子。"

"那个爸爸,语无伦次,已经崩溃了。"

电梯里面的人看看我,我也看看他们。大概他们已经见过我这样恍惚犹豫,徘徊在电梯间里的人,他们只是点点头,对我说:"那么,我们先下去咯。"

电梯门合上了,箭头向下。

谁家孩子正在练习钢琴。这个城市里总有前赴后继数不清的琴童,在礼拜天下午弹奏车尔尼的音节练习。听上去机械平稳,层层递进的音节,展现出一个好像乐高玩具搭起来的空间,四四方方,平稳坚固,它是乏味的,但也有种有限却又令人感动的安宁与秩序。

我想起在网上看到的一则极短篇:

美国,午夜时分,电话响了。

"喂?"

"是妈妈呀。"

"有事吗?"

"没什么事,就是,就是妈妈很想你。"

"哎呀妈妈,告诉过你,时差!"

"你已经睡下啦?快接着睡啊,接着睡。我挂了。"

过了五分钟,电话又响了。

"又是谁?"

"妞妞,我是你舅舅,你妈妈住的胶州大楼着火啦。"

彻底惊醒过来,马上回拨电话过去:

"妈妈,妈妈,赶快接电话。"

"嘟嘟嘟嘟嘟。"

我听到某条幽暗的走廊里有个中年女人朗朗地说:"爸爸我回来啦。"是谁家的女儿回家来看望父母,在这个劫后余生的楼道里听起来,这声音里饱含着幸福。那一刻我非常想念自己的孩子,非常希望能抱一抱她的肩膀,捏一捏她的手,听她叫一声妈妈。

同　心

白色围栏外站着稀疏的围观者。原先铺满菊花的街口,这个下午只有薄薄的一排。那些菊花还是没有抬头与落款,还是端端正正靠在一起,花朵向上竖起,像手指一样指着它们上方的大楼。

陈炜一家已经离去,围栏里的空地上没有人,只有警察们守着。人们都还遵守着头七那天形成的约定,只有献花者和家属才进入那块空地,保持它的秩序。这天虽然不再拥挤,大家也都遵守着约定。

那块空地好像舞台一样的不寻常。虽然没有人在,可我能感受到空气中激荡的感情。与头七时温暖的哀伤不同,如今彻骨的寒意里,这里更多是疑问与痛心。国务院的火灾调查报告没有出来,市政府建议设立的城市公共安全纪念日没有下文,问责没有消息。默默等待中,那些花儿一束束被送来了,又一束束枯萎而去,这块空地上回荡的感情,也渐渐从"你在我心里"的哀悼,成为"我也没忘记"的承诺。

有对年轻的情人从延平路口捧来了一束菊。人们默默地看他们走近,在人群中能听到照相机快门启动的咔嚓声,还有架照相机在连拍,它发出翻动书页般规则的快门声。那对年轻人手挽手走近了,脸上很安静,既没有害怕,也没有害羞,他们并不紧张,但有一种迎着睽睽众目而来的振作。他们相跟着走进空地里,将自己的菊花靠在蓝色围栏下,抬起头来注视大楼。看上去,这是两个没有信仰的年轻人,他们没在胸前画十字,也没合掌,但他们也没有因此显得手足失措。他们安静地松开相挽的手,各自站好,端端正正地鞠躬,再转身退出。

又有一对年轻人从胶州路走过来,放下花,对大楼行注目礼,又无声地走开了。离开空地后,男孩子将手掌轻轻覆在女孩子的背上,将她挽住。那是对打扮入时,举止得体的年轻人,他们身上有种沉默的骄傲。

这些成长在全球化时代的年轻人大概是第一次这么认真地为什么人做七吧,这原本是民间习俗,有点土里土气的,但他们并不为此而局促不安,也没有必定要争个鱼死网破的峻急,他们只小心地安顿好那束花,鞠躬,再从容离开。

这块空地冰凉冷硬,如上海各处隆冬时节的寻常街口一样。但是当年轻人走进来的时候,那里就好像舞台上突然亮起灯光。他们让我感到清新,还有温文尔雅。我已经好久不用"温文尔雅"这个词了,这是个熟泡面的时代,越来越少能用上这个形容词。

这个街口在49天里渐渐变得庄严而干净,就像一句好诗。

永不拓宽的街道钩沉:
北京西路/p.259,陕西北路/p.260,富民路/p.249

别有一种忧伤和失落，像一个人遥望着那心模糊又那心美好的地方，也不知该怎儿走。女生们都喜欢这支歌，上宣口叱于瞪着班级上唱。

心仿来了一个和弦贝司，我暗吃决。她的脸在暗处亲切地问我开目光。她打开风箱扣，轻心拉出一句"冰雪覆盖着伏尔加河..."觉得脸在一阵心红上来，红上加红，我也轻心按动自己怀里的琴继续下去："小伙子你为什么忧愁，为什么低着你的头......" 的低语，和前台热火朝天的"要学那泰山顶上一青松"的现代我们俩一起拉完那支俄罗斯歌曲。在那时，这哥次半菜一种友谊它像一只手抚摸那个年代人心都有的一伤痕似的"薄命"伐么和一种背景。那是一支美好的歌。

中空赵在台口探出脸来叫："中三的同学上场。"

个不加地卷着的头发的那个漂亮女孩微样心地掩着得意的激像许多总不满足了，又不满那个，却没有什心激情的女生挑心一起，放我了。"她背好琴站了起来，将手搭在贝司的黑键上。对中三（1）班上的。"

台上冲下来刚演完节目的中四同学，高大的女孩膀这一挨，把川心身上踢散下来，路出里面水红的棉毛衫。她一定觉得很刘私了，眼里会上了眼。

附　录
64条永不拓宽的街道钩沉

64 条永不拓宽的街道钩沉

01
中山东一路（外滩）

中山东一路外滩是指从延安东路到外白渡桥的滨江大道，长度约 1100 米，临江排布了 24 幢重要的近代建筑，形成一处城市标志性景观，其中大多数建筑为新古典主义风格，代表了上海近代建筑的最高水平。外滩建筑群作为一个整体是上海近代城市文化遗产中最重要的一部分。

外滩及外滩之后区域（即今外滩历史文化风貌区）在上海城市发展过程中，无论过去还是现在，都具有重要的地位：外滩地区是近代上海最早的租界范围，最早的西方建筑落脚点，当今的外滩建筑是这个地区第三次城市化的结果，外滩及所在区域的演变历史能够非常清楚地描绘出从上海城墙外一片农田和滩涂在不到一百年时间里发展为一片可以与欧洲经典城市中心区相媲美的、极具欧洲城市特征街区的历程。在国际视野中，外滩是上海城市的标志，外滩及其周边地区始终是国际范围内"上海研究"领域的一个热点。在今天，代表上海的最典型的景观是外滩和浦东陆家嘴隔江相对的场景。外滩始终代表着上海这座城市的文化底蕴和历史积淀，是城市文明的一个象征。

1843 年 11 月 17 日，根据中英《南京条约》规定，上海正式开辟为通商口岸。依照广州海关先例，上海道台宫慕久在此设立西洋商船盘验所，征收进口货税银，这是已知外滩最早的建筑物。与此同时，英国驻上海首任领事巴富尔（George Baifour，1809～1894）同上海道台交涉划定外国人居留地界址问题，他首先看中的就是外滩这片土地。1845 年 11 月 29 日，根据上海道台和英国人拟定的《上海土地章程》，外滩被正式划入英国租界。截至年底，上海有外国人 50 名，英、美洋行 11 家，形成了一个小小的外侨社会。这些人大多从印度孟买和加尔各答两地过来，根据习惯，他们也将外滩称作"Bund"（"Bund"一词并非英语本身固有的语汇，它来源于印度语，意为"堤岸"或"江堤"）。在孟买和加尔各答港都有长长的 Bund，沿岸开设着许多欧洲人的商号，这些初来上海的商人们，希望这片新获得的 Bund 能够成为与清朝这个庞大帝国进行贸易的据点。近代上海的发展历程——这座城市的西方化过程和近代城市建设从这里开始拉开了序幕。

实际上,选择这块地作为居留地(英租界)是上海开埠一年前经过考察就已经确定的,开埠时由英国首领事巴富尔谨慎地确定了四界并通过《上海土地章程》的法律形式确定下来。这块当时在城内中国官民眼中的"一片泥滩,三数茅屋"之地,英国人却看到了它的重要性。它邻近商业发达的县城,又无城墙的限制,且有广阔的发展余地。它既可以与江南地区富裕的广大腹地相通,又可出吴淞口溯长江而上,深入中国内地。无论从政治军事上讲,还是从经济贸易上讲,它既是深入中国内地之前的立足点,又是足以扼制上海县城的咽喉,控制它则控制了整个上海。从这一点看,很容易理解为什么上海城市重心在19世纪末,开埠约半个世纪就从上海县城转到英租界。

外滩及外滩地区的城市化建设可以粗略分为三个时期,或者可以说经历了三次比较集中的城市化过程:

第一个时期建成第一批沿江建筑和外滩沿江大道。

第二个时期从19世纪六七十年代起,但比较集中的外滩地区建筑改造主要是在19世纪末期和20世纪初的大约20年间。这个时期外滩建筑有三个主要特点:一是建筑规模变大,建筑功能比较明确地集中在商业、金融和办公类建筑,建筑质量和等级大大提高;二是建筑风格完全摆脱了开埠早期的殖民地建筑样式,建筑材料和建造水平已经达到满足建设西式建筑的水平,因此这个时期建造的建筑是地道的西式建筑,尤其体现出英国安妮女王时期的建筑特点;三是外滩地区的城市空间由一片滩地上分布许多大院子,其中矗立一座四面临空的建筑物的"乡村模式",改变为建筑物沿街道依次排列布置,建筑的沿街立面成为主立面的城市性街道。

第三个时期是外滩的最后一次大规模翻建改造。始于第一次世界大战之后,从1920年至1929年的短短十年间,外滩有11座建筑拆除重建,占外滩全部建筑的近半。这一次历史上最大规模的改建和重建活动,留下了一大批标志性建筑物,在上海近代建筑史上起着极为重要的作用。30年代,又有少量建筑翻建。至此,外滩的面貌在20世纪二三十年代已基本形成。

浏览外滩历史,必须强调一点,外滩及外滩地区是近代上海"黄金时期"——上海作为远东最大最重要的经济中心城市的经济引擎,这一点决定了这个区域对上海乃至对东亚地区的重要性,也很大程度上解释了由西方人为主体建设成的这个区域,为什么与欧洲重要城市的中心区在城市空间和建筑特点上如此相像。

外滩及外滩地区,从远东和东亚的范畴看,是近代世界经济中心城市的心脏部位;从上海的城市演变历史看,它在近代历史中是作为这座城市的重心,尤其是城市功能的重心。这种大的背景,决定了外滩地区在不到一平方公里范围内,所有与上海近代历史有关的,涉及经济和城市管理方面的重要人物都在这个区域内留下了故事,是上海近代城市中,与这个城市"上流社会"有关的人文历史信息最丰富的地区。与外滩和外滩之后的街区或建筑有关的近代著名人物和机构,有哈同、沙逊等掌控上海地产的超级资本家,当时世界上最重要的十家左右的银行和保险公司,掌握上海海关和上海租界城市管理的工部局等。外滩一带过去曾设置的为数不少的纪念雕像等正是这一地区人文历史的见证。

02
南京东路

南京东路是上海市中心东西向主要干道,是闻名中外的商业大街。它东起中山东一路,西至西藏中路,与南京西路相接,长1600米,宽16~29米,其中车行道宽10~18米。

南京东路自东向西分三段筑成,是在上海开埠后由英租界不断扩张而逐渐形成的。从中山东一路外滩至河南中路一段始筑于1851年,初名花园弄(又名派克弄),以英商所辟"老花园"(即第一跑马场)而得名,是外滩通往跑马场的小道。1853年因这一带地价上涨,英商将第一跑马场土地分块卖出,1854年在今西藏中路以东、浙江中路和湖北路以西、北海路以北、芝罘路以南另辟"新花园"(即第二跑马场),道路随之向西延筑到今浙江中路,路面也随着延伸而拓宽,扩建后的花园弄称为租界交通主干道,人们称之为大马路或英大马路。1862年,跑马场再次西迁至今人民公园和人民广场处,辟第三跑马场,亦称跑马厅,号称"远东最大的赛马场",大马路又继续西筑至西藏中路。租界当局在跑马场的北面筑跑马道至静安寺,名为静安寺路(又名涌泉路)。

1865年,英工部局将大马路更名为南京路,1945年当时的上海市政府以西藏中路为界,东段命名为南京东路,西段原静安寺路更名为南京西路。第一批煤气照明路灯、第一批自来水用户、第一盏电灯、第一项道路排水系统、第一条有轨电车线路、第一家公共菜市场等,这些发生在南京路上的重大市政建设工程,紧随近代都市文明,佐证了南京东路在中国乃至整个远东地区城市中的特殊历史地位。

南京路外滩段不仅是指一条商业街,还与四川中路、江西中路和河南中路构成了一纵三横的路网结构,将南北两厢分成六个街坊,形成了外滩的一个重要核心。

南京路作为外来文化产物,经历了华洋之间在社会和空间上接触与竞争的长期适应过程。

南京路随着跑马场设置,道路拓展,商业活动也逐渐由东向西推进。开埠之初,商业活动集中在界路(今河南中路)以东。自花园跑马场成为租界游乐中心后,一批专营高档日用品的洋行门市部、西式酒店餐馆、布店药房等在附近开设。19世纪70年代,外国消费品大量涌进上海,洋杂货店日益增多,南京路商业进入兴盛时期。至20世纪初,南京路有洋广杂货、洋布绸缎、衣庄、银楼、茶食等三十余个行业的商店184家。民国三年第一次世界大战爆发后,我国民族工商业因帝国主义忙于大战而得到较大发展。随着南京路日趋繁荣,老城厢里的大纶、老九章、老九和等绸缎局,以及费文元银楼等陆续搬到南京路。在20世纪30年代初,境外的新雅粤菜馆、培罗蒙西服店、吴良材眼镜店、大昌祥绸市店等商号竞相在南京路择地造房开业,尤其是海外华侨来沪投资开设的先施、永安、新新、大新四大公司的出现,冲破了我国传统的商业模式,商业得到了进一步发展。

03
北京东路

北京东路位于黄浦区北部。东起中山东一路,经圆明园路、虎丘路、四川中路、江西中路、河南中路、山东北路、山西南路、福建中路、浙江中路、广西北路,西至西藏中路,与北京西路相接。长约1700米,宽11~24米,其中车行道宽7.5~16米。

上海开埠之初,该路是通达黄浦江的土路。1849年辟筑新路,当时筑今河南中路以东一段,以黄砂、石子、土壤拌和压平作路面。因东端附近是英国领事总署,故初名为领事馆路(Consulate Road)。1854 年向西筑至今浙江中路,改为煤渣路面。1865 年以清廷京城名命名为北京路。1876 年前,路已筑完全程,为碎石路面。1945 年更名为北京东路。

北京东路外滩段由于怡和洋行大楼和格林邮船大楼这两座典型的新古典主义建筑的侧立面(坚实、规整的花岗石建筑立面)而形成外滩地区典型的欧洲街道特点,是北京东路最精彩的部分。

04
福州路

福州路位于黄浦区中部,东起中山东一路,西迄西藏中路,与人民大道相接,全长 1453 米,宽 12～22 米,其中车行道宽 7.5～14 米。

上海开埠前,福州路原是通向黄浦江的四条土路之一。19 世纪 50 年代初筑成泥砂石子马路,当时仅中山东一路至界路(今河南中路)一段,早期称劳勃三渥克路,因附近设有基督教伦敦会传教机构,故称布道路,又称教会路。清咸丰六年(1856年)向西延伸至第二跑马场(今湖北路)。清同治三年(1864 年)筑完全程,抵泥城浜(今西藏中路),次年 12 月以福建省福州市名命名为福州路,俗称四马路。因公共租界工部局规定,货车和空车不能在南京路行驶,需改道福州路,同时,福州路受南面的广东路商业繁盛的影响,至 19 世纪后期已成为仅次于南京路的热闹大道。

19 世纪 40 年代起,租界开辟,福州路东段已有外商建屋设洋行。20 世纪二三十年代,福州路东段(今河南中路以东)又兴建一批高楼,如招商局、汉弥尔登大楼、都城饭店、花旗总会等,成为租界行政机构及中外大企业集中之地。而福州路西段(今河南中路以西)是茶楼、戏院、书局、报馆、旅社、酒肆云集之地。咸丰三年(1853 年),小刀会起义,大批华人拥向租界,原在县城的富豪商贾纷纷北移,福州路、广东路、河南路棋盘街一带,报刊书肆、笔墨笺扇、仪器文具行业相继创设,戏园、茶楼竞相峥嵘,中西菜馆、服务行业随之兴起。至 19 世纪末,福州路及其附近报馆、书局、笔墨文具店集中;戏园、电影院、茶园书场、游乐场、舞厅等文化娱乐场所密布,专业戏班演出频繁,文化街已初露端倪,商市繁荣,形成申城最早的现代热闹大街之一,且具有相当浓厚的中国传统文化氛围。

西段自河南中路至福建中路从20世纪初起已书店林立,享有"文化街"的声誉,以中华书局、世界书局、大东书局规模最大,1912年全国最大的商务印书馆发行所迁入福州路河南路口,传统的文房四宝行业老周虎臣、周兆昌、曹素功、胡开文等笔墨庄迁入福州路附近营业。大小古旧书店林立,文具用品业毗邻相连,经营日趋兴旺。而紧邻福州路的望平街(今山东中路、福州路北侧)附近,报馆云集二十余家,人称"报馆街",著名的《申报》《新闻报》《时报》三大报馆均落户于此,逐渐形成上海的新闻中心。福州路一带也成为知识分子的云集之地。

福州路是"南派"("海派")京剧的发源地。丹桂戏园在福州路开设"新丹桂",号称"丹桂第一台",确定了福州路在全国京剧界的地位,是上海四大戏园之一,颇有名气,周信芳、梅兰芳等京戏名角在此登台挂牌。最高水平的京剧艺术虽然仍在北京宫廷,但福州路的平民娱乐最为生动多样,堪称中国的戏剧中心,当时人们公认:"沪上梨园甲天下"。位于福州路701号的天蟾舞台(初名大新舞台),其规模是沪上四大京剧舞台之最。福建中路至西藏中路一段以天蟾舞台为中心,附近开设了一批酒菜馆,大鸿运、老聚兴、老正兴、王宝和等一批中西菜馆使福州路闻名于市。

05
汉口路

上海开埠前,汉口路是通往黄浦江边的四条泥路之一。开埠初,该路自外滩筑至今河南中路,因靠近江海北关,故初名海关路。1855年后,向西延筑至今湖北路。第二跑马场拆除后,又向西筑至今西藏中路,起讫点成现状。1865年后以湖北省汉口名作路名,俗称三马路。

开埠初,路两侧多为洋行和教堂建筑,1845年从广州来沪的三大鸦片大王之一的"颠地洋行"就设于路东端。20世纪20年代起,路东段主要集中为金融机构、报馆、教堂等。

解放后,道路东段的近代高层建筑多为市级行政机关和科研单位使用,主要有上海海关、上海市总工会、市卫生局、市民政局、市劳动局、市市政工程局、《解放日报》社等。汉口路不通公车,在近江西中路处辟有一花园绿地,成为闹市中的休息区。

06
广东路

广东路位于黄浦区中南部,东起中山东一路,经四川中路、河南中路、山东中路、福建中路、湖北路、浙江中路、广西北路、云南中路,西至西藏中路。全长1450米,宽9~16米,其中车行道宽6~13米。

上海开埠前,该路是一条通向黄浦江的土路。开埠初,从中山东一路至河南中路一段辟筑成马路,因临近上海县城北门,故初称北门街。后逐渐向西延伸到浙江路。今河南中路至福建中路一段,曾称宝善街,福建中路至浙江中路一段称东正丰街。清同治元年(1862年)第二跑马场拆除后,东正丰街继续向西延伸至西藏中路,新筑路段称西正丰街。同治四年(1865年)英租界当局定名全路为广州路(Canton Road),俗称五马路。因Canton在英文里既可作"广州"又可作"广东",后在中文中译作"广东",沿用至今。

19世纪中期,广东路东段多为外商洋行堆栈。中段宝善街(河南中路至福建中路),同治六年开设满庭芳茶园,这是上海第一家京剧演出场所。后在宝善街一带陆续开设聚美轩、丹桂轩、三庆、庆乐、和春等几家茶园。以演出京剧为主,间演昆、徽、梆子等戏。影响较大的戏园有丹桂、金桂、天仙、大观等,被誉为清末沪上四大京班戏园。名角来沪多为此所邀。谭鑫培、孙菊仙、杨月楼、夏奎章、熊金桂等著名京剧演员曾演出于此。19世纪70年代宝善街附近(月桂里、靖远街、满庭芳、西上麟等)一带,由于戏园、茶楼的开设,带动了这里各业兴旺,食品店、饮食店、小吃摊、小客栈等纷纷开设,还有赌台、燕子窝、妓院等出现。宝善街成为当时英租界的热闹繁华地段。20世纪初,文明大舞台、丹桂第一台等新式舞台在汉口路和福州路相继开设。30年代上海京剧四大舞台在西藏路和南京路附近一带陆续开设。租界繁华地段西移,广东路宝善街一带,娱乐、商市逐渐衰落,但仍有不少人称这里为满庭芳。东正丰街商业在19世纪末发展起来,上海第一个公用电话亭即设于此,到20世纪初,沿路两侧开设了一系列洋行、保险公司等。

20世纪30年代,广东路全路形成全市闻名的七个行业聚集地。江西中路至河南中路段是古玩业聚集点,河南中路至福建中路段是糖业和旧五金业的集散地,福建中路至西藏中路段聚集了十余家汽油灯店、十余家戏袍店,路西端是鸟笼鸟食和鸟兽专业商店。

广东路的古玩集市始于19世纪60年代,逐步形成茶楼古玩市场,因常有外国人来此选购,交易活跃,并促使这里古玩业畸形发展。至20世纪20年代,成为全市最热闹的古玩市集。1921年商人王汉良集资在广东路191号二楼开设中国古玩市场。1934年,广东路218—226号扩建成上海大古玩市场(称新市场)。抗日战争时期,旧城厢一带古玩商纷纷迁入这里,古玩商号增至近百家,形成上海古玩商品集散中心,广东路东段成为上海古玩交易街。

07
江西中路

江西中路辟筑于1855年,初名教会路,又名教堂街。1865年以我国江西省名命名为江西路,1945年更名为江西中路,沿用至今。

江西中路位于北京东路至宁波路、南京东路至广东路之间的路段为一类风貌保护道路,路段全长660米,路幅宽度12.2米。

江西中路是黄浦区南北向的主要道路之一,北段发展较早,19世纪80年代,上海第一家发电机厂和第一家自来水公司都建于此地。20世纪初开始,该路两侧陆续开设了三十余家银行,故有"银行街"之称。此外,沿线还有中华烟草公司、中国石油公司等几十家大型公司。建国后,沿线两侧经调整变迁,现福州路以南多为中小型供销经营单位,福州路以北多为政府部门及大型企业机构,如市园林局、市建筑工程局、市物资局和市医疗器械工业公司、市百货公司、市棉纺工业公司等。

江西中路段沿线历史建筑主要有福州大楼、建设大楼、新城饭店、金城银行、新康大楼等十余座,建筑样式多样,形成了街道界面多样性的特点,其建筑风格主要有西方新古典主义、装饰艺术派风格、现代式风格和折衷主义。

08
九江路

九江路辟筑于19世纪50年代,为分段修筑,当时仅有外滩至今山东中路一段,初名为纤道路、纤走路。60年代初,加筑至今湖北路,称杭州路。1865年以江西省城市名命名为九江路,俗称二马路。开埠初,东西向的北京路、汉口路等,均宽20英尺(6.1米),唯独九江路宽25英尺(7.62米),并铺以碎石路面。

九江路路幅较窄。开埠初沿线为外商住宅区,后随道路延筑,商业布局逐步由西向东推进。清咸丰十年(1860年),该路与河南中路路口开设了老介福绸缎庄及一些洋行,咸丰十二年,同治老正兴菜馆在今东海大楼问世。至19世纪70年代,商业渐趋兴旺,有洋货号、参药店、商行洋行等三十余处。20世纪初,该路段成为上海著名商业金融区,其商业布局基本保持至解放初。该路段沿线历史建筑多为建于20世纪二三十年代的钢筋混凝土结构近代高层建筑,建筑样式以西方新古典主义和装饰派风格为主,建筑立面严整,成为街道景观中的主要构成元素。

09
四川北路

上海开埠前,四川北路原为上海、宝山两县乡间无名小浜和农田。19世纪六七十年代开始,近苏州河沿线渐成道路,初称里摆渡桥北,后因与苏州河南岸四川路相连,故命名为北四川路。原北四川路仅在川虹浜以南,1869年兴建新靶子场时,租界当局修筑了一条从北四川路通往新靶子场的马路,当时称新靶子场路,后由于它是北四川路向北的延筑,故并入北四川路,也就是今天武进路以北的路段,这段北四川路为租界当局越界所筑。抗日战争胜利后,于1946年1月将北四川路改称四川北路至今。

四川北路历史上属于公共租界区,沿线多居住知识分子、各国商人、外籍职员等社会中层人士,因此具有华洋混居、多元地域文化的特点,同时又因多方管辖,政治环境复杂,故具有丰富的人文和革命历史。20世纪初,秋瑾等同盟会志士即在路侧厚德里从事革命活动,党的"四大"也在路西侧白保罗路(现新乡路)底近铁路处举行,此外沿线还设有大量中共地下机关,如安顺坊32号的中央宣传部等。20世纪20年代,因日本势力的扩张,四川北路沿线出现不少日本商店、医院及学校,后路南端西侧邮政大厦落成,商业日趋繁盛,自此该路有了上海第三条大街之称。1937年抗日战争爆发,四川北路为日军占领,沦陷期间沿线商业萧条,直至抗日战争胜利后才开始恢复。1945年5月上海解放后,该路经历一系列修筑和改造,为上海重要的商业中心。四川北路交通极为便利,沿线商业集中,还布置有众多文化体育娱乐单位、教育卫生单位、大型企业、餐饮以及第三产业等。道路沿线有三处保存较为完好的上海市优秀保护建筑。

10
圆明园路

  圆明园路所处地段位于苏州河与黄浦江交汇点的黄浦滩头,交易和守备的战略位置显要。从1849年起,英国殖民者处心积虑地选择这块位于租界边沿的地段建造总领事馆、商务和传教中心、货运及游船码头,以及成片的滨水仓栈,进而从英国领事馆沿黄浦滩向南不断扩张,形成了今日所见的外滩风景线,带动了浦江西侧腹地的纵深开发。从某种意义上说,这一地段是近现代上海城市生长和发育的摇篮,是黄浦江和苏州河沿岸商业与文化诞生并走向兴盛的起点,故被称作"外滩源"。
  圆明园路原为英国总领事署后墙西面的一条小路,1862年名为"新路",尔后以北京历史名园圆明园作为路名,1865年更名为下圆明园路(上圆明园路后改称博物院路,今名虎丘路),1943年更为今名。
  圆明园路修筑于上海开埠初期,当时这一带还是一派田园景象。自1855年英国领事馆建造在黄浦江与苏州河口之后,圆明园路一带成为外国领馆、西方各国的宗教、协会和文化机构以及洋行聚集的地方。圆明园路沿线现存所有的历史建筑均建于1900～1933年间。在这些房屋中,以洋行建筑、办公和教会大楼占了很大比例,反映了这段时期上海房产业的繁荣及对该地段的青睐。在这些建筑中不乏名师之作,如真光大楼是由著名匈牙利建筑师邬达克(L.E.Hudec)设计,女青年会大楼则出自美籍教会建筑师李锦沛之手,哈密大楼由新马海洋行设计,兰心大楼由通和洋行设计。以西方复古主义建筑、装饰艺术风格为主。

历史上圆明园路就是一条仅有单面街道立面的街,面对英领馆大绿地。这条单街面上由于每栋建筑用地都不大,且建造年代分布时间长,而平面和立面的排布既严整连续又显示多样性,使这条道路、这条欧洲味十足的街道立面给人印象极其深刻,可以真实体会到上海20世纪初至30年代的高级洋行街氛围。

11
虎丘路—乍浦路

上海开埠初,虎丘路因靠近外滩,沿线多为外商洋行仓栈。1867年北段仓栈拆除,建起兰心戏院(1929年迁出)。19世纪80年代在此处建立基督教青年会,沿线逐步形成教会文化区,分布有青年协会书局、广学会书局、上海博物馆等,上海最早的公共图书馆也设于此。1928年北端开设光陆大戏院。至20世纪30年代,因外滩金融业繁盛,洋行、保险公司、进出口公司遂延伸至虎丘路,主要有颐中烟草公司、同安进出口公司、国泰保险公司、永兴洋行、中国实业银行等。现道路沿线北段仍以近代高层建筑为主,南段为居住区。沿线历史建筑建造年代分布较长,立面排布严整,使街道空间既连续又具有多样性。建筑风格多为装饰艺术派和现代派风格,其中不乏名师之作,如虎丘路20号原亚洲文会由公和洋行设计,128号原广学会大楼是由著名匈牙利建筑师邬达克设计。

乍浦路从横跨在苏州河上的乍浦路桥开始,乍浦路开辟较早,上海第一家发电厂(光电公司)就设于此。后相继设立了上海第一家电影院(虹口大戏院)、日本西本愿寺、昆山花园、西童女书院等。乍浦路455号西本愿寺是上海遗存为数不多的日本建筑之一。其建筑外貌仿东京西本愿寺样式,同时带有印度佛教建筑特征,现为上海市优秀保护建筑。

12
北苏州路—黄浦路

北苏州路约筑于19世纪中叶,因位于吴淞江(苏州河)之北,故得此名。该路辟筑前原系芦苇滩,当时吴淞江(苏州河)上无桥梁沟通南北,全靠小舟摆渡,该路东端设有头摆渡和二摆渡。上海开埠后,先后在头摆渡、二摆渡近处先后建造了韦尔斯桥(今乍浦路桥附近)和外摆渡桥(今外白渡桥),取代摆渡。现路东首仍有明末清初所建的头坝、义渡、代笠亭遗址。北苏州河路向东接黄浦路,黄浦路约筑于19世纪中叶,因道路横卧于黄浦江北岸,故以江名命名。

北苏州路—黄浦路沿线位于河南北路至武昌路之间的路段为一类风貌保护道路,该路段全长1070米,路幅宽度16米。

北苏州路倚苏州河北岸,沿线自东向西多集中为企业和事业单位,如上海市邮政总局、上海市第一人民医院、上海电子元件研究所等。一类风貌保护道路内近代高层公共建筑较多,形成了极具多样性的沿河城市立面。其中较为著名的有百老汇大厦(今上海大厦)、上海邮政总局上海总商会等,均为上海市优秀保护建筑。建于1930～1934年的百老汇大厦现名上海大厦,由费雷泽设计,位于北苏州路20号,东临百老汇路(今大名路),是上海早期装饰艺术派风格的代表性建筑。北苏州路276号上海邮政总局建于1922～1924年,现为上海市邮政局,建筑呈现典型的古典式风格,三段式划分,立面为贯通三层的简化科林斯巨柱式,东南转角为构图中心,顶部为钟塔。道路沿线还有近代高层公寓住宅河滨大厦,建于1935年,位于北苏州路340号,由公和洋行设计,体量庞大,沿苏州河和道路呈连续转弯形布置,建筑整体为现代派建筑风格。此外,沿线还分布有少量旧式里弄建筑,黄浦路与北苏州路东部相连,地处苏州河与黄浦江交界处,沿线居民住宅较少,主要集中于道路西端。道路东首紧靠扬子江码头,故东段沿线多为大型仓库,车辆往来繁忙,是装卸储运之要道。沿线有三处保存较为完好的上海市优秀保护建筑,分别为黄浦路15号浦江饭店、20号俄罗斯领事馆以及106号海军招待所。原名为礼查饭店的黄浦路15号,建于19世纪60年代,是上海最早的近代旅馆之一,原为几幢二层高的外廊式住宅,后于1910年拆除,原地重建至 1912 年竣工。由新瑞和洋行设计，建筑为英国新古典主义风格。黄浦路 20 号俄罗斯领事馆建造于 1914～1916 年，建筑主体呈折衷主义建筑风格。建于 1911 年的黄浦路 106 号原为日本领事馆（红楼）和联合国救济署（灰楼），其中红楼为古典主义风格，灰楼则体现了早期现代主义风格。

13
香港路

香港路辟筑于 19 世纪 50 年代，初名诺门路，1865 年以香港名作路名。当时仅修筑了今虎丘路至四川中路一段，1876 年前筑完全程。

解放前，香港路东段多集中为公司写字间和教会办事处，如中华圣经会中华基督教青年会、上海银行商业同业会、大丰保险公司等。路西段多为堆栈，有瑞丰泰堆栈、英商茂泰洋行堆栈等。上海最早的自来水公司及其水塔就设在路西端与江西中路交口处。解放后，道路沿线仍以仓库、堆栈及商业批发部较多，主要有上海文体进出口公司仓库、市日用杂品公司批发部等。

14
滇池路

滇池路位于黄浦区东南部，东起中山东一路，经圆明园路，西至四川中路，全长 270 米，宽 12 米，其中车行道宽约 9 米。滇池路辟筑于清光绪二十五年（1899 年），初称仁记路，因英商记洋行迁至此路西端而得名。1943 年更名为滇池路。仁记洋行是英商于 1843 年最早来上海开设的四家洋行之一，至 19 世纪末，仁记等老牌英商洋行都发展成为进出口贸易业中的大户。历史上的滇池路是旧上海金融区的一部分，全国著名的中国银行、中央信托局就开设于此，外商的荷兰银行、古孟洋行和国人兴办的上海国民银行、中孚银行、上海工业银行、交通部国际电台等都在此设立营业机构，故当时有"中国的华尔街"之称。

滇池路在外滩至四川中路之间部分的街道极具特色，在外滩所有东西向道路中十分突出。值得强调的有三点特征：一是东段两面严整高层建筑立面所夹的高宽比远远大于1的街道空间是外滩地区欧洲式街墙特点的典型，与西段街道空间比例形成很大对比，分别代表20世纪之初和20世纪30年代的典型街道；二是近四川路的街道弯折，使仁记洋行大楼立面成为街道对景，产生了极特别的街道景观；三是四川路口几幢红砖建筑，提示了20世纪之初外滩地区最风尚的建筑风格。

15
南京西路

南京西路位于上海市中心地区，东端与南京东路相连，是上海市中心最繁荣的商业大街。20世纪30年代是南京西路发展的鼎盛时期，一类风貌保护道路沿线多为近代高层建筑，以近代商业百货、旅馆、文化娱乐等数量众多、富有特色的公共建筑围绕巨大的开放空间构成主要风貌特色。西藏中路至黄陂北路段沿线南侧分布有公共建筑，北侧毗邻原第三跑马场改建成的人民公园，形成了单面街道立面的特点。沿线公共建筑风格多样，多为现代式折衷主义和装饰艺术派风格，约有十余处上海优秀保护建筑，多为著名建筑师设计。著名匈牙利建筑师邬达克设计的170号国际饭店和216号大光明电影院均为现代式建筑，融合了装饰艺术派风格，国际饭店当时号称远东第一楼，是1983年以前上海最高的建筑。

南京西路西段还分布有近代高层公寓住宅、新式里弄住宅和少量旧式里弄住宅。其中较有代表性的有778号德义大楼、868号～882号大华公寓、962号原切尔西住宅、1025弄静安别墅等。建于1928年的778号德义大楼是上海较早设单身宿舍的公寓建筑。近年来，南京西路沿线随着道路的整修和商业网点的调整，现已成为商业、文化、娱乐等场所的集中分布区。

16
衡山路

衡山路在辟筑之前，在今高安路口以西有一所美国学校外，多为菜田、荒地、小河,居民稀少。1922年法公董局筑,原名贝当路。1943年10月以湖南省县名命名为衡山路。30年代后期,路段东段建有国际礼拜堂、法国体育会主办的网球场、游泳池,路西段建有风格各异的高级公寓、花园住宅以及新旧式里弄等建筑,曾有"小法国体育总会"之称。50年代以来,人民政府将原法国人所建的网球场、游泳池改建为徐汇区网球场和常熟游泳池。衡山路连接着徐家汇和淮海路,是一条重要的休闲娱乐街。道路平坦挺直,路旁的梧桐树高大挺立,枝叶交错,浓荫蔽路,路旁多为透视式围墙,植被繁茂,街道空间连续统一,闹中取静,环境幽雅。衡山路两侧以六七层的近代公寓为主要特色,也有树木掩映的花园住宅。两侧建筑现今多为休闲娱乐、特色餐饮、酒吧、咖啡馆等。

沿线的近代公寓最具代表性的是位于衡山路534号,建于1934年的装饰艺术风的毕卡第公寓(今衡山宾馆)。在花园住宅中较有代表性的有东平路9号(衡山路口)建于1932年的花园住宅,曾是蒋介石与宋美龄的居所。

近代曾寓居于此的名人有第十三军司令部少将参谋李宝堂、国民党中央执行委员傅汝霖、战车第一团团长蒋纬国等等。在30年代这里也是重要的休闲娱乐场所,法国体育会曾在此主持建造游泳池、网球场等。衡山路也见证了中国唱片生产的历史以及中国音乐的发展,衡山路811号曾为百代唱片公司,后为中国唱片上海公司,20世纪30年代,聂耳、冼星海、周璇等都曾在此工作。

17
淮海中路

淮海路是连接人民广场和徐家汇的主要交通干道,沿路分布有大量历史建筑,也是著名商业街区。主干部分淮海中路东起西藏南路,西至华山路。淮海中路长4995米,其中重庆路至常熟路路段为一类风貌保护道路,常熟路至乌鲁木齐路路段是三类风貌保护道路。

淮海中路始筑于光绪二十六年(1900年),历史上数易其名,1901年12月18日,以当时法租界公董局总董之名,为勃利纳·宝昌路(Avenue Paul Brunt),简称宝昌路,1915年6月,为颂扬在马恩河会战建有功勋的法国将军霞飞,更名霞飞路

(Avenue Joffre),并在 1922 年 3 月霞飞来沪访问时举行揭碑仪式。1943 年 10 月,汪伪上海特别市政府改霞飞路(今淮海中路)为泰山路。1945 年 10 月,民国上海特别市政府将宁波路(淮海东路)、泰山路(淮海中路)、庐山路(今淮海西路)统合更名,分称林森东路、林森中路和林森西路,以纪念两年前逝世的国民政府主席林森。1950 年 5 月 25 日,上海市人民政府公告更名为淮海路,纪念具有重大历史意义的淮海战役。

淮海中路是上海环境最为优美、品味最为高雅、设施最先进、风气最新潮的道路之一。路旁建筑风格多样,法国式、英国式、西班牙式、哥特式以及装饰艺术风格等等,应有尽有,呈现万国建筑博览风貌。路旁植有悬铃木,挺拔浓密,幽静深邃,鳞次栉比的商家繁华而典雅。

经过 20 世纪 90 年代的大规模改造,淮海中路重庆中路至乌鲁木齐路路段的大量旧式里弄住宅被拆除,兴建了一批高级商贸楼和商住两用楼,如永新百货大楼、久事复兴大厦、启华大厦等,形成了现在淮海中路的现代建筑和历史建筑夹杂并置的局面。

1896 年创立的南洋公学是淮海路地区最早的文化机构,1903 年开设于西江路狼山路(今淮海中路马当路)的尚贤坊是淮海路上最早的文化团体。随后,教育、医疗、学术、图书、文艺、出版等各类文化机构团体随路而兴,陆续迁设。1915 年陈其美在霞飞路渔阳里设立中华革命党上海总机关部。霞飞路渔阳里(今淮海中路 567 弄 6 号)曾是国民党中央宣传部长、考试院院长戴季陶的寓所,后来于此创设中俄通讯社,在 1920 年中国社会主义青年团成立后,次年在这里设立中央执行委员会。其与老渔阳里(南昌路 100 弄)2 号《新青年》编辑部,与中国共产党的诞生和早期革命活动关系极大。

这里不仅是各种革命活动的集中地,也是重要的文化活动场所。

18
复兴路

复兴路为衡山路—复兴路历史文化风貌区内重要的东西向道路,由复兴东路、复兴中路和复兴西路组成,其中复兴中路和复兴西路位于本风貌区内。历史上复兴路是老城厢与法租界腹地之间的最重要道路。

复兴路环境幽雅安静,诸多中外名人和社会名流曾在此居住,使得这里有着浓厚的文化气息和历史底蕴。在复兴中路居住的国民政府要员中,较有代表性的有徐州第十九集团军少将参议张密公、战略顾问委员会委员杨杰、陆军总司令部外事处处长杨昌龄等。复兴中路553弄1号曾是历史上著名的"七君子"之一史良的旧居,553弄8号是何香凝旧居,复兴中路512号是刘海粟旧居。在民国二十七年(1938年)7月,戏剧家于伶组建上海剧艺社,翌年迁辣斐花园剧场(今复兴中路1315号),上演宣扬民族正气的历史剧《文天祥》等。居住于复兴西路的名人中较有代表性的有国民政府卫生署顾问、国民大会代表汪企张、国民政府立法院院长孙科、交通部邮电总局局长何纵炎等。这里也是上海历史的见证。民国二十年(1931年)10月22日,蒋介石由南京抵上海,同汪精卫、胡汉民在孙科住宅(今复兴西路44号)会谈,商讨改组南京政府、取消广州政府等事宜。民国三十年(1941年)3月22日,汪伪沪西极司非尔路(今万航渡路)76号特务到白赛仲路(今复兴西路)江苏农民银行宿舍,集体屠杀12名银行职员。

19
余庆路

余庆路为20世纪20年代初期法公董局所筑,旧名爱棠路(以前法国驻沪总领事爱棠命名)。1943年汪伪上海政府接收租界后将其更名为余庆路,沿用至今。

余庆路呈南北走向,路侧人行道上植有浓荫蔽空的悬铃木,街道界面完整连续,建筑尺度宜人,居住气氛浓厚。道路不通公共车辆,闹中取静,宁静舒展。沿线主要为居民住宅区,住宅建筑样式多体现现代式特点,局部细节带有装饰艺术派的韵味,至今街道整体风貌特征保存较为完好。康平路以南路段花园住宅成片布置,较为密集。其中建于1936年的余庆路190号花园住宅为上海市优秀保护建筑,建筑体型简洁,立面洗练,立面细部及室内装饰则体现了装饰艺术派风格的影响。原上海市市长陈毅和柯庆施都曾在此居住。康平路以北路段多为花园住宅穿插新式里弄及公寓。代表性的新式里弄有建于1940年的余庆路146弄余庆新村,原名爱棠新村,陶行知曾在此居住。由于道路整洁,环境幽静,其沿线也有众多部队机关和市委办公厅,如余庆路康平路交口处的爱棠大院现为中共上海市委所在地。

20
兴国路

兴国路始筑于20世纪30年代,以洛云浜为路基。初名雷上达路(以前法租界公董局秘书名字命名)。1943年10月改名兴国路,以江西省兴国县名命名,沿用至今。

兴国路沿路两侧绿树成行,北段尤为幽静。兴国路湖南路交口有一处公共绿地。沿线历史建筑较少,多为近年来兴建的多层住宅,形成兴国路地区建筑群。历史建筑主要分布于湖南路以南路段,多为花园住宅,路东侧有少量新式里弄。湖南路以北路段则散布有少量高级花园住宅,集中于兴国路72号大院内,原为外国洋行大班住宅。院内三幢风格各异的欧式建筑为上海市优秀保护建筑,现为兴国宾馆1、2、6号楼。建于20世纪20年代的兴国宾馆2号楼为英国乡村式花园住宅,建筑主体外有大面积绿地,环境幽雅。

21
华山路

华山路曾是1860～1864年间英租界当局为防御太平军而修筑的七条"军路"之一。

华山路线形弯曲,呈S形,路侧人行道上植有浓荫蔽空的悬铃木,绿化覆盖率较高,使得街道空间连续,氛围幽静。其沿线传统上是住宅区,至今街道整体风貌特征保存较为完好,尤其长乐路以南路段体现了上海历史花园住宅区的典型空间特征。

两侧建筑类型多为花园住宅和新式里弄以及公寓,有十余处上海市优秀保护建筑。花园住宅主要以英国乡村式、西班牙式和现代式为主,如华山路831号、847号、919号、893号等。其中以建于19世纪末的华山路847号丁香花园最为著名,由美国著名建筑师艾赛亚·罗杰斯设计,原为李鸿章幼子李经迈住宅。主楼丁香楼是一幢面向宽阔草坪的英国乡村别墅式花园住宅,但庭院布置上中西造园要素兼而有之。解放初期,丁香花园为华东局机关所在地,陈毅、潘汉年、陈赓等先后在此居住、办公。

华山路沿线的公寓表现为西班牙风格和装饰艺术派风格相结合的样式特征,如华山路370号的海格大楼(现为静安宾馆)和华山路731号枕流公寓,周璇、《文汇报》总编辑徐铸成,越剧名演员傅全香、范瑞娟、王文娟以及文艺理论家叶以群等都在此曾居住过。

华山路沿线也有众多历史悠久的教育文化机构,如华山路1954号的交通大学(原为盛怀宣1896年创办的南洋公学)以及由宋庆龄女士于1947年创办的华山路639~643号中福会儿童艺术剧院。

22
巨鹿路

19世纪中叶,巨鹿路一带原是河网纵横的农田,建筑稀疏,所有房屋除庙宇外,概为自建自住的江南传统农舍民居。1907年,法租界越界修筑巨籁达路(今巨鹿路),以当时法国驻沪总领事巨籁达名命名,法文路名是 Rue Fatard。1943年10月8日更名巨鹿路。

巨鹿路道路线形自然蜿蜒,路侧人行道上植有悬铃木,浓荫蔽道,使得街道空间连续,氛围幽静。两侧建筑类型多为新式里弄及花园住宅,间有旧式里弄以及公寓。代表性的新式里弄有四明村和巨鹿路820弄的景华新村,适应当时崇尚西欧生活习惯的富裕阶层小家庭居住。花园住宅集中表现为英国乡间别墅样式,主要分布于富民路以西的路段。

20世纪二三十年代,这里环境幽雅,住宅舒适,吸引了大批业主、高级职员,如巨鹿路889号是当时亚细亚火油公司住宅,其他文艺界知名人士、高级知识分子也纷纷在此居住,代表人物有1935年担任上海市教育局局长的潘公展、上海中医学院和龙华医院妇科主任陈大年等。由于地处法租界的特殊条件,这里也是众多革命活动进行的地方。如景华新村22号曾是刘晓、刘长胜、沙文汉等40年代的中共上海地下组织领导人活动点,巨鹿路同福里16号是中共江苏省委旧址。

23
永嘉路

永嘉路自西向东道路蜿蜒狭长,两侧人行道上种植悬铃木。沿线传统上为住宅区,尤其路西段保留有完整的上海高级花园住宅区的空间特征,多数建筑主体不直接对外,环境幽静,相互独立。其沿线历史建筑多为花园住宅和新式里弄,至襄阳南路两侧有少量旧式里弄建筑和公寓,约有七处上海优秀保护建筑。花园住宅多带有折衷主义倾向,永嘉路沿线还有一处较为特殊的公寓式里弄,建于1947年的永嘉路58弄永嘉新村,是上海里弄发展末期的代表,功能主义倾向明显,形象简洁,建筑形式和整体环境具有独立式花园住宅的一些特征,以满足较高收入阶层的居住需求。

24
湖南路

湖南路辟筑于1918~1921年间,原为煤渣碎石路面,1964年改为灌浇沥青路面。1979年铺成沥青混凝土路面。

湖南路自东南向西北延伸,呈弓背形,道路自然蜿蜒。路旁植有高大的悬铃木,环境清幽。路旁多公寓和花园住宅,建筑沿街面较多,层数多为三层左右,建筑风格多样,造型装饰简洁。建筑规模适中,路宽适宜,尺度宜人。较多的沿街建筑和路旁排列规整的梧桐树一起形成了湖南路风貌的连续统一。

湖南路沿线的住宅建筑中以湖南路262号"湖南别墅"最为著名。建造于1931年,原为英商锦隆洋行大股东住宅,1943年周佛海买下这栋豪宅作为他在上海的官邸,门前的居尔典路也随之改名为湖南路,这栋洋房也被称作"湖南别墅"。新中国成立后,这栋"湖南别墅"成了上海市政府机关招待所,接待来沪的重要嘉宾。

湖南路环境幽静,历史上不少社会上层人士与各界名流曾寓居于此。

25
泰安路

泰安路路侧人行道上种植悬铃木,道路整体风貌特征以兴国路为界,西段为品质较高的花园里弄住宅区。花园里弄住宅带有典型的上海高级花园里弄住宅特征,庭院深幽,建筑主体不直接对外,多为西班牙式和英国乡村式的建筑风格。建于1924年的卫乐园原多为金融界上层人士租用,单栋独用,均有小花园。由于泰安路西段环境清幽,吸引了大批名人来此居住,其中现代式花园里弄住宅风格的亦村4号为贺绿汀故居。著名史学家周谷城教授长期居住于泰安路115弄6号,剧作家散文家杜宣先生、昆曲泰斗俞震飞、戏剧家黄佐临等也曾在泰安路上居住。兴国路以东的泰安路路段属徐汇区,有少量花园洋房及新式里弄建筑,市井气息较浓厚。

26
华亭路

华亭路筑于1919~1921年间,原名麦阳路(以第一次世界大战中阵亡的法国旅沪商人名命名)。路基原为农田及荒地,穿越毛家浜、狄家浜等沟浜。1943年更名为华亭路。

华亭路地处历史上的高级花园住宅区,花园住宅多有宽广的绿化园地,建筑多为四坡瓦顶,细卵石或水泥拉毛墙面,其中1号住宅为上海市优秀保护建筑,建筑整体体现地中海风格。

解放初期,华亭路成了旧货商市街,到80年代初,这里从摆地摊开始,发展成一个私人时尚服装中心。至2000年,上海市政府将华亭路整改,恢复了其交通和居住功能。

27
长乐路

长乐路是分段辟筑的。19世纪中叶,长乐路路基原为农田、村落、沟浜。1914年始筑今卢湾区境内淡水路至重庆中路一段(称淮河路)及今瑞金一路至茂名南路一段(称蒲石路,以法租界律师蒲石名命名)。1922年,路已从今淡水路通至常熟路,古拔路(今富民路)以东称蒲石路,法文路名是Bourgeat Rue;以西称杜美路,法文路名是Doumer Route。今常熟路至乌鲁木齐中路一段,原名刘家弄,长351米,至1943年前已筑成路,但路幅狭窄。1943年全路改称今名,取福建省县名,英文路名为Changlo Road。至1946前,路已筑至今华山路,起讫遂成今之规模。20世纪30年代,随着交通道路的延长,长乐路沿线逐渐成为住宅集中区。新式里弄、公寓、花园住宅相继崛起,并且大都作为业主、高级职员、文艺界知名人士、高级知识分子的住宅。解放后,花园住宅、新式里弄等住宅建筑停止建造,留存的花园住宅多为机关、学校、医院使用。

长乐路道路线形自然蜿蜒,路侧人行道上植有悬铃木,加强了街道的统一和连续。路旁众多的花园住宅的庭院植被繁茂,透过围墙和行道树一起形成了长乐路绿树掩映、幽雅静谧的氛围。建筑规模适中,尺度宜人。花园住宅以富民路至常熟路段尤为集中,环境幽雅。

28
永福路

永福路自东北向西南延伸,中部略有弯曲。路侧人行道上植有悬铃木,沿线花园住宅围墙多为实墙,加强了街道的连续和统一,氛围幽雅静谧。

永福路沿线主要为花园住宅、少量新式里弄及公寓。其中近代公寓多集中于道路交叉口,如永福路、复兴西路交口处的良友公寓,建筑整体呈现代式建筑风格,永福路、五原路交口处的公寓为西班牙式风格。沿线花园住宅建筑整体风貌特征保存较为完好,建于1932年的永福路52号是典型的西班牙式花园住宅,由哈沙德洋行设计,鱼鳞状水泥拉毛墙面,平缓的简瓦坡顶,有地下室,原为布哈德住宅。

29
延庆路

延庆路初筑时原为农田,地处荒僻,仅有小道自东湖路通至华亭路。约1919年,法公董局在原有泥土路的基础上,拓宽延伸至常熟路,成现状。原名格罗希路(以第一次世界大战中阵亡的旅沪法侨名命名)。1943年10月以北京市郊县名更名为延庆路至今。

约20世纪20年代开始,一些外侨陆续在此兴建房屋,至30年代后,延庆路已经成为花园住宅、新式里弄的集中地,是一处幽静的高级住宅区。现为上海市结核病防治所的延庆路130号住宅的建筑整体表现为法国古典式花园住宅,其局部做法和立面细部则呈现了强烈的巴洛克色彩。建于1936年的延庆路151~157号住宅,是带有西方新艺术运动风格特征的四单元四联排式花园住宅。建筑沿延庆路紧贴街道布置,每户的南面都有相当进深的独立花园,品质较高。其平面布局体现了20世纪30年代后期,租界在充分城市化的状态下,为平衡土地价格与高品质住宅之间的矛盾而做的开发策略的调整。1992年,延庆路151号住宅的转让成为上海市花园住宅转让中实施土地有偿出让的第一例。

30
岳阳路

岳阳路两侧人行道上植有高大的悬铃木,环境清幽。道路沿线以花园住宅和新式里弄为主建筑,沿街面较多,层数多为三至四层,建筑风格多样。

岳阳路、东平路、桃江路相交处有三角花园,内有俄国诗人普希金纪念碑一座。沿线优秀保护建筑较多,主要分布于永嘉路以南。其中以145号法式花园住宅和320号原上海自然科学研究所较为著名。建于1928年的岳阳路145号法式花园住宅曾为宋子文住宅,其盔式瓦屋顶,用红、褐色鳞片形瓦铺成鱼鳞状屋面,较为罕见。岳阳路 320 号建于 1930 年,现为中国科学院上海分院生理研究所。其建筑平面呈日字型,围成两封闭院落,立面强调竖向线条,带有哥特式风格,同时受装饰艺术派风格的影响。中科院院士、著名历史学家李亚农曾在此居住。由于道路整洁,环境幽静,其沿线有众多科研和文化机构,如中国科学院上海分院、上海科学院、中科院上海生物研究所、上海中国画院、上海市老干部局、上海市老干部大学等。

31
武康路

武康路位于上海市徐汇区西北部,呈南北走向,在 1100 米长度上由北向南联系了华山路、安福路、五原路、复兴西路、湖南路、泰安路、兴国路和淮海中路共八条风貌道路,形成网状道路格局。武康路居于中心位置,是该区域内部最重要的南北向联系,也是上海衡山路—复兴路历史文化风貌区内重要的一类风貌保护道路。武康路宽约 15 米,车行道宽 7 米,全线共涉及 10 个街坊,83 个地块,主要建筑 138 栋。

武康路原名福开森路,由曾任南洋公学监院的美国人福开森(John C. Fergusor)捐资辟筑,是近代上海法租界西区内历史最久远的城市道路之一。筑路初期,武康路区域多为菜地、村落和坟丘,河浜纵横,散有众多自然村落,是一派乡村田园风光。当时南洋公学所聘请的教授们大多住在租界里,自 1897 年福开森担任了南洋公学监院以后,为改善师生员工的交通状况,他出资修筑马车道,从东北蜿蜒至西南徐家汇的南洋公学,初为泥土路,路段大多沿着旧有村宅边、田埂或河岸的走向。这一新辟的道路非常便捷,因此很受欢迎。由于汽车时代的迅速到来,上海原来的路面大多数均无法适应汽车行驶的要求,故法租界市政当局将这条已经颇为知名的福开森路修整取直、拓宽并铺成了煤屑路,还将它和西面的徐家汇路打通,大致上形成了如今的走向。1943 年汪伪政府"接收"上海法租界,将福开森路更名为武康路,沿用至今。

武康路区域是第一次城市化进程的产物,体现了当时中高层社会的理想居住模式。沿线各花园住宅的用地规模基本相当,建筑物居中布置、周边绕以围墙(当时多数为竹篱笆围墙)、院内绿化丰富,建筑物形式丰富,品质相当,是近代法租界高级住宅区内的精华区。沿线建筑以西班牙式、英国乡村住宅样式和装饰艺术风格为三种最突出的风格样式特征,其他历史建筑总体表现为折衷主义风格,立面略有细部装饰。

20世纪二三十年代,武康路上的居民大多为英法企业中的经理阶层、高级职员及中国社会的高级阶层,如正广和洋行大班、著名实业家莫觞清、著名收藏家张叔驯、银行家贝祖诒(贝聿铭父亲)等,之后的战乱和动荡带来了武康路的人口变迁,也留下了众多历史名人的痕迹。抗战时期,这里发生过民国第一代总理唐绍仪的命案;孤岛繁荣时期,有许多演艺界人士居住于武康路南端的武康大楼;1945年国民党接收上海后,武康路成为国民党军政要人的市郊居住地,代表人物有陈立夫、陈果夫等;解放后,武康路上许多宽敞的住宅和花园也经历了改建和扩建,作为政府部门的宿舍或者办事机构;在"文革"期间,由于抢房风波又给武康路带来了新一轮的人口变迁。武康路也是众多文人学者的聚居地,巴金、著名学者王元化、国学大师顾颉刚等都曾安家于这里。

32
富民路

富民路是历史建筑较密集的住宅区,主要为新式里弄住宅,在富民路长乐路交口处有少量花园里弄住宅,环境幽静。富民路、长乐路、东湖路汇集处有三角花园绿地,植被繁茂,内有著名剧作家田汉纪念雕像。

33
太原路

太原路呈南北向直线延伸,两侧植有茂密的悬铃木,加强了街道的统一和连续。道路沿线多为三至四层的新式里弄及花园住宅,为传统的住宅区,建筑风格多为西班牙式。优秀保护建筑较多分布于道路北端,其中以太原路160号太原别墅最为著名。它由一幢主楼、四幢副楼及花园组成,主楼建于1928年,原为狄百克洋行住宅,解放前曾为美国政界人士马歇尔的公馆。建筑主体为法国晚期文艺复兴式花园住宅,室内装饰带有新艺术派特征,被誉为上海法式建筑的经典之作。

34
思南路

思南路初筑时为农田,间有村落。道路始筑于1914年,1926年向北延筑至霞飞路(今淮海中路),向南延筑至贾西义路(今泰康路),为现状。1914~1943年间原名为马斯南路(以法国著名音乐家的名字命名),1943年以陕西省兰田县命名为兰田路,至1946年以贵州省思南县命名为思南路迄今。

思南路是当时法租界南北向的主要道路之一。道路线形细长,自然蜿蜒,路侧人行道种植悬铃木。其沿线住宅自20世纪20年代诞生,于30年代初具规模,其群体所形成的环境和氛围,尤其多个花园形成的共享绿化空间极为独特。由于思南路环境幽雅,住宅品质较高,在此居住的多为西欧侨民、金融界上层人士及政府要员,文艺界知名人士也纷纷来此居住。如思南路73号住宅,是1946~1947年中共代表团周恩来寓所,现为市级革命历史保护单位"中国共产党代表团驻沪办事处"纪念馆,即周公馆。思南路87号住宅则是著名京剧表演艺术家梅兰芳先生的寓所,斋名梅华书屋,为西班牙式花园住宅。此外还有61号薛笃弼故居、91号李烈钧故居等。

35
康平路

康平路沿线为传统上的高级住宅区,两侧种植悬铃木和槐树,树木繁茂,绿化率较高。余庆路以西和宛平路以东沿线主要为花园住宅。沿线花园住宅多由围墙与外界分隔,掩隐在茂密的树后,建筑较少直接对外。路段沿线少有商店,环境静谧肃穆。此区域原居住者多为高级知识分子和资本家,解放初期,沿线建筑多为市政府机关所用。

36
香山路

香山路筑于1914年,以法国17世纪著名作家莫里哀的名字命名(原译为莫利爱路)。初筑时系碎石路,路基原系农田、村落。1946年更名为香山路(以孙中山先生原籍广东省香山县名命名)。

香山路路幅较小且道路短,一类风貌保护道路沿线无道路交叉口,两侧种植悬铃木,沿线主要为花园住宅,建筑密度低,绿化覆盖率高,体现了上海传统上的高级花园住宅区的典型特点。沿线花园住宅多掩映于树木后,围墙与行道树一起体现了街道连续、统一的特点,环境幽雅宜人。香山路沿线有众多名人政要的故居寓所,其中以香山路7号的孙中山故居最为著名。香山路7号是孙中山先生生前最后的寓所,他在此完成了《孙文学说》、《实业计划》等重要著作。1961年3月,故居被国务院列为首批全国重点文物保护单位,2003年被上海市人民政府命名为"上海市爱国主义教育基地"。此外中国共产党创始人之一陈独秀、进步人士何香凝、柳亚子,还有文化艺术界泰斗级人物刘海粟、林风眠、赵丹等也曾在香山路短暂居住。

37
皋兰路

皋兰路路幅较小且道路短,两侧种植高大悬铃木,闹中取静,环境清幽。沿线历史建筑较多,主要为花园住宅,绿化覆盖率高,是传统上品质较高的花园住宅区。花园住宅多掩映于树木后,院内植被繁茂。现道路沿线有少量餐厅和酒吧,规模适中,风格低调。皋兰路上分布有一些较有特色的建筑,如皋兰路16号东正教分会教堂,建于1932~1934年,原名圣尼古拉斯教堂,是一座典型的俄罗斯式东正教教堂建筑。皋兰路1号的西班牙式花园住宅,原为赵一荻旧居,立面高低错落。楼前有大面积花园,种植各式树木。这两处建筑现均为上海市近代优秀保护建筑。

38
高邮路

高邮路因地处原法租界高级住宅区的边缘地带,故沿线历史建筑较少,有少量新式里弄和花园住宅。沿线花园住宅主要分布在道路东侧,建筑风格多受现代式影响。解放后,高邮路上一些宽敞的住宅经过改建和扩建,成为上海市政及科研部门的办事机构。沿线有上海电力建设局、华东电业管理局招待所、上海科华生化试剂实验所等单位。此外,高邮路5弄25号花园住宅曾是著名作家、杰出的爱国主义者郑振铎先生的寓所。

39
高安路

高安路与繁华的淮海中路、衡山路相接,路侧种植高大悬铃木,浓荫蔽空,闹中取静,环境宜人。高安路与衡山路、永嘉路交口处有三角形绿地,沿线历史建筑较密集。花园住宅多掩映于树木后,院内植被繁茂,具有上海传统高级住宅区的特点。

道路靠近淮海中路的路段沿线住宅经扩建改建,沿街面多用作商业用途。高安路沿线建筑主要受现代派建筑风格的影响,建于1940年的高安路6弄1号住宅,建筑体型简洁自由,阳台强调水平线条,平项薄檐,大面积玻璃窗,呈现出典型的"国际式"现代派风格,在上海花园住宅中不为多见。同样具有现代建筑特征的还有18弄20号花园住宅,建筑强调水平线条,多处采用弧形阳台和楼梯间,部分横向长窗两边亦以弧形收头,呈现出20世纪三四十年代的"流线型"时代特征。该住宅原为我国著名实业家荣德生的私宅。此外,沿线还有一些较有特色的花园住宅,如高安路63号励家花园,建于1930年,具有地中海式建筑风格,同时建筑细部受到中国传统建筑风格的影响。高安路沿线较有代表性的新式里弄有高安路1弄高安新村、建于1940年的高霞新村、1948年的瑞安新村等。沿线的公寓住宅多为高层,其中建于1941年,原名为阿麦伦公寓的14号高安公寓,是上海市优秀保护建筑。建筑体现为现代派风格，造型简洁，强调立面的横向线条，以横向长窗、水平带状阳台来表现现代建筑的特征。

40
乌鲁木齐南路

乌鲁木齐南路两侧种植高大悬铃木，道路中段与衡山路、永嘉路相接，北段与桃江路、东平路成丁字形相接，道路交叉口较多。道路沿线为传统上的高级住宅区，多为外侨、外资洋行公司职员居住。历史建筑主要分布于衡山路以北，以新式里弄和花园住宅区为主。有英国乡村式花园住宅，美国殖民地式，灰色瓦顶，横向木板条外墙并刷成浅色，在近代上海花园住宅中，这样的墙面处理手法较为少见。还有一处较为著名的公寓住宅，176号安康公寓，是带有装饰艺术风格的现代式公寓住宅。

41
东平路

东平路路幅较小且路距较短，不通公车，路侧人行道植有茂密的悬铃木，闹中取静，氛围幽雅。道路整体风貌特征保存较为完好，沿线建筑密度低，多为二至三层独立式花园住宅，是传统上品质较高的花园住宅区。道路沿线现以衡山路为界，衡山路以东的花园住宅多经修缮改建为酒吧餐饮等场所，衡山路以西仍保留其居住性质，环境较为幽静。由于东平路地处高品质住宅区且环境宜人，这里汇集了大量资本家、企业家、政要和名人。其中沿线十余幢花园住宅，曾是当年孔宋家族在上海的别墅群。最为著名的是东平路9号蒋介石与宋美龄的故居，建于1932年，是具有法国风格的花园住宅。屋面采用暗红色法国平板瓦，墙面为水刷卵石。此建筑为宋美龄陪嫁之物，后蒋介石题名为"爱庐"，现为上海音乐学院附中使用。与东平路9号相毗邻的7号、11号住宅，都曾是孔宋家族的寓所。现均已改建为商业用途。此外，建于1936年的东平路1号席家花园，原为苏州席家席德柄住所，后曾作为上海音乐学院附中的校长办公楼，现为席家花园酒店。

42
桃江路

桃江路环境幽静,道路两端各有街心花园,其中桃江路、岳阳路、东平路相交处三角花园内有俄国诗人普希金纪念碑一座。桃江路沿线历史建筑密度较低,多为花园住宅,建筑风格多体现为英国式,具有典型的上海高品质住宅区的特点,原多为名人政要、富商大贾的府第。其中桃江路45号花园住宅曾为宋庆龄故居,她于1945~1949年间在此居住。该建筑带有英国都铎风格特征,自由的红色屋顶,高低错落的双折屋面相互交叠。此外还有一些具有代表性的花园住宅,其中桃江路25号花园住宅建于1927年,原为中科院院士周仁先生的住宅。建于1923年的桃江路39号独立式花园住宅,曾为国民党高官俞济时在上海的寓所。现桃江路沿线部分花园住宅经修缮改建为酒吧餐饮等场所。2008年,徐汇区将桃江路整修,恢复其弹硌路(小方石铺就)路面的特色,并将其改为步行街。

43
汾阳路

汾阳路筑于清光绪二十八年(1902年),为法租界越界所筑,原名毕勋路(以当时法国驻华公使的名字命名)。1943年10月改名汾阳路,以山西省县名命名。

汾阳路地处徐汇商贸中心区域,多为乐器商店、音乐茶座、餐厅等,闹中取静,环境幽雅,商业气息较为低调。道路沿线建筑风格多样,以法国文艺复兴式、西班牙式和折衷式为主。建于1898年的汾阳路9弄3号住宅为现存最老的独立式花园住宅之一,建筑的最大特征是外墙采用水平向的木板条满铺,看似中国井干式建筑,其余建筑细部均受中国古建筑的影响,反映了上海建筑中西融合的特点。此外,整幢建筑主体底部被架空了约一米也是其重要特征。汾阳路45号和79号住宅均由著名建筑师邬达克设计。其中汾阳路45号住宅建于1932年,是西班牙式花园住宅,原为上海海关副总税务司丁贵堂宅邸,现为上海海关专科学校办公楼。该宅花园占地面积达

1.7公顷,这在上海实属罕见。汾阳路79号住宅建于1905年,是一座法国文艺复兴式花园住宅,同时建筑细部又带有新艺术运动的风格。该建筑原为法租界公董局总董官邸,现为工艺美术研究所,是上海市文物保护单位。汾阳路150号住宅,建于1932年,由于建筑外墙与直上二楼的大理石螺旋形楼梯都呈白色,故人们习称其"小白宫"。该住宅最初为法国富商所有,40年代为国民党高级将领白崇禧宅邸。新中国成立后,曾为上海中国画院,60年代又成为培养越剧新秀的越剧院。汾阳路沿线还有上海最早的高等音乐学校——位于汾阳路20号的上海音乐学院,由蔡元培先生和萧友梅博士于1927年共同创办。

44
东湖路

东湖路与繁华的淮海中路相接,沿路两侧人行道种植悬铃木,浓荫覆盖。建于1934年的东湖路70号东湖宾馆,原为杜月笙住宅杜公馆。该建筑形体简洁,比例恰当,受现代建筑的影响,住宅的花园则为中国庭院式。近年来,东湖路沿线部分花园住宅经修缮、改建为酒吧餐饮等场所。

45
雁荡路

雁荡路筑于1902年,原路基为农田。初筑时名为军营路,后改称华龙路。1943年以浙江省雁荡山命名至今。

雁荡路路距较短,路侧植有棕榈树,北端与商业繁华的淮海中路相接,南端至复兴公园,完成了喧嚣到静谧的过渡。该路段自20世纪30年代以来,名店迭出,沿线商业较著名的有董竹君创设于1936年的锦江茶室、以独创花色蜚声沪上的金龙绸缎公司、上海最大的绒线零售店仁昌绒线店以及名列特级的中原理发厅等。1997年,雁荡路启动休闲步行街建设,按历史文化风貌进行沿街外立面的整修、景观设计以及街道铺设彩色方石路面等。

46

新乐路

新乐路筑于1932年,由法国公董局填没白洋河筑成。初筑时为泥土路,几经分段修筑成现状。原名亨利路,以1900年在北京被义和团击毙的法国军人名命名。1943年10月改名为新乐路。

新乐路毗邻淮海中路,路距较短,两侧人行道种植高大的悬铃木,形成了街道界面的统一和连续。道路沿线最著名的建筑为新乐路55号的新乐路大堂,原称圣母大堂。该教堂建于1936年,由俄国协隆洋行建筑师利霍诺斯设计,为拜占庭式建筑,体现了俄罗斯东正教堂的建筑特征。该教堂外形线条简洁,主体部分接近简单的多面体,主穹顶高达35米,有四个小穹顶拱卫,浑圆饱满。1962年,圣母大堂停止了宗教活动,现为上海市优秀保护建筑。由于该路段闹中取静,环境幽雅。20世纪30年代,影星胡蝶、张织云以及高占非等均曾居住于新乐路上。

47

广元路

广元路约筑于1918~1921年,由法租界当局所修筑,原名台斯德朗路(以曾任职中国邮政总办多年的台斯德朗名命名),又译铁士兰路。1943年10月改以四川省县名命名。

广元路东端与衡山路、建国西路、宛平路交叉口相接,路侧人行道种植悬铃木,沿线建筑尺度适中,高大繁茂的行道树使得街道空间连续,环境宜人。

48

宛平路

宛平路筑于1922年,由法公董局所修筑。该路在辟筑前,北段有许家弄等自然村落,南段有建于乾隆年间的顺直会馆,南端有架在肇嘉浜上的谨记桥,余多为荒地。原名为汶林路(以第一次世界大战中阵亡的旅沪法侨汶林的名字命名)。1943年10月更名为宛平路,以河北省县名命名至今。

宛平路位于淮海中路和衡山路之间的路段为一类风貌保护道路,该路段全长650米,路幅宽度15.2米。

宛平路沿线花园住宅是20世纪20年代至40年代陆续建造的,建筑主体多掩映于高大繁茂的行道树之后,院内植被繁茂。此外,宛平路沿线还分布有一些公寓住宅,多在道路交叉口处,如宛平路和衡山路交口处的衡山路534号衡山宾馆,原名毕卡地公寓,于1934年竣工,建筑整体呈现代派建筑风格,为上海市优秀保护建筑。现宛平路沿线建筑经过改建,分布有少量酒吧、餐饮等商业场所。

49
建国西路

建国西路于1912年为法公董局越界所筑。旧名靶子路,亦称打靶场路,1920年改称福履理路(以第一次世界大战中战死的旅沪法侨福履理的名字命名)。该路原先只修筑至高恩路(今高安路),1922年后又向西延筑至汶林路口(今宛平路),成现状。1943年改名为南海路,至1945年12月改名建国西路。

沿线为传统上的居住区,历史建筑类型较多,高安路以西多为新式里弄和公寓住宅,高安路至乌鲁木齐南路之间主要为花园住宅,乌鲁木齐南路以东则分布大面积的新式里弄和旧式里弄建筑。道路沿线建筑风格主要表现为现代式、西班牙式和折衷式,同时建筑细部多受装饰艺术派风格的影响。沿线约有6处上海市优秀保护建筑。

建于1936年的建国西路398号,是美国殖民地壁板外墙式花园住宅,由沪上著名建筑师奚福泉设计。建国西路618号原王时新住宅,是一座现代式花园住宅,立面简洁,现为波兰共和国驻沪领事馆。竣工于1924年的建国西路620号、622号住宅,由赉安洋行设计,是德国青年风格派花园住宅,叠檐式山墙和折线形屋顶为其显著特征。此外,沿线还有众多较著名的新式里弄,如建国西路440~496弄的建业里、506弄的懿园等。竣工于1930年的建业里,由法商中国建业地产公司投资建造,故取名建业里。其中,东弄、中弄为早期石库门里弄住宅,西弄为新式石库门里弄住宅。该建筑群最大的特点是采用了江南民居传统建筑特色的马头墙,同时建筑细部带有装饰艺术派特征。

50
五原路

五原路筑于 20 世纪 30 年代,原名赵主教路(赵主教是旅华法国教士玛勒斯卡,取汉姓赵)。1943 年 10 月改名五原路,以原绥远省县名(今在内蒙古自治区境内)命名。

五原路路距较短,路侧人行道种植茂密悬铃木,不通公车,环境幽静。路段沿线历史建筑多为花园住宅和新式里弄住宅,以乌鲁木齐中路为界,以西为品质较高的花园住宅区,以东多为新式里弄及商铺,市井气息较浓厚。五原路 289 弄 3 号住宅建于 1933 年,是具有英国乡村式风格的联立式花园住宅,现属于湖北、江西、浙江三省天主教会。此外沿线还有一处现为上海市优秀保护建筑的近代高层公寓建筑,五原路 258 号的自由公寓,于 1933~1937 年间建造,是一座现代点式公寓住宅,建筑立面具有装饰艺术派的特征。现五原路沿线分布有众多社会机构,如五原路 251 号的商务部驻沪办事处,以及 314 号由宋庆龄女士创办的中国福利基金会等。

51
安亭路

安亭路筑于 1930 年左右,为法公董局所筑。初名国富门路,后改名亚田南路(亚田是法籍沪上地产商)。1943 年 10 月改名亚田南路,1946 年以嘉定县安亭镇改为今名。

安亭路路幅较小且路距较短,沿路两侧种植乌桕、樟树等行道树,街道空间既连续又具有色彩多样性,氛围幽静。路段为传统的花园住宅区,沿线历史建筑多为花园住宅,间有新式里弄及公寓。花园住宅的建筑风格主要表现为西班牙式,建筑细部则多带有巴洛克风格。

52
北京西路

上海开埠初,西藏路(今西藏中路)至长沙路一段,原已有路。1887年工部局将该路向西延筑,1899年筑成北京西路,初名爱文义路,1914年时,路段东起派克路(今黄河路),西至赫德路(今常德路)。当时派克路(今黄河路)至西藏路(今西藏中路)之间的路段称为平桥路,赫德路(今常德路)以西尚未筑通。1918年,平桥路并入爱文义路,1922年延筑至今万航渡路,道路起讫点成今之规模。1943年以山西省县名改称大同路,1945年更名为北京西路。

北京西路位于胶州路和江宁路之间的路段为一类风貌保护道路,该路段全长1160米,路幅宽度21～32米。

北京西路是上海中心地区东西向交通干道之一,解放前,道路东段繁荣较早,有近200家店铺厂商,计四五十类行业,如五金、食品、自行车店、药店、旅社、诊所等。解放后商业网点进行调整,沿线仍以商业为主,还分布有住宅、仓库和单位办事机构等。道路东段沿线建筑多为二至三层西式楼房,西段以旧式里弄为主,间有新式里弄和花园住宅,与胶州路交口处有街头中心绿化,供行人休憩。北京西路沿线建筑风格多样,建于1930年的1220弄2号望德堂,是西班牙式花园住宅,建筑体量较大,立面组织自然随意。1932年竣工的1320号上海医药工业研究所,原名雷士德医学院,由雷士德与德和洋行设计,立面对称,竖向构图,为现代式建筑,同时主入口、壁柱、窗裙墙等细节又体现了装饰艺术派风格。由著名建筑师邬达克设计的1341～1383号爱文公寓又名联华公寓,1932年竣工,呈现现代派建筑风格。位于北京西路、铜仁路交口处的吴同文住宅,是上海首家装电梯的私宅,由著名建筑师邬达克设计,于1938年竣工,是典型现代式花园住宅,室内装饰具有装饰艺术派风格。

53
茂名北路

两侧人行道植有悬铃木,沿线不通公车,环境幽静。道路沿线住宅以新式里弄为主,南段分布有少量旧式里弄。其中较有代表性的新式里弄有茂名北路200～290弄震兴里、荣康里和德庆里,该建筑群建于1923～1927年,是新式石库门里弄住宅群,规模较大,呈行列式排列,沿街立面均采用古典装饰,强调线脚各异的三角形山墙,弄口均有巴洛克式门楼,形成了街道风貌的连续性。沿线有一处重要的市文物保护单位,即茂名北路120弄5～9号毛泽东旧居,原门牌号是茂名北路(慕尔鸣路)甲秀里318号。该老式石库门住宅是毛泽东早期来上海居住时间最长,也是他和杨开慧一起开展革命活动的一个住所。

现茂名北路沿线住宅多经改建,分布有酒吧、餐饮等商业。

54
陕西北路

陕西北路位于上海市中心区中部,与商业繁华的南京西路相交,两侧人行道植有悬铃木,环境幽静。沿线住宅以新式里弄为主,北京西路至新闸路之间有公寓住宅,康定路以北分布有少量旧式里弄。

路段沿线在南京西路到新闸路之间密集地分布了二十多处名人故居和历史遗迹,文化深厚。其中较为著名的是建于1918年的186号荣氏老宅,原为旧中国著名民族资本家、棉纱面粉"双料大王"荣宗敬早期在沪的花园住宅,由陈椿江设计,其建筑立面具有法国古典主义的特征,平面布置及室内装饰则融合了中国传统特色。建于1906年的宋家老宅,是英国乡村式花园住宅,宋美龄婚前曾在此居住了近十年。375号慕恩堂,是上海知名的基督教堂,1910年始建于溧阳路,曾三次搬迁,后迁至此。建于20世纪20年代的457号何东公馆,原为英国商贾何东的旧居,建筑主体呈简化的古典样式,带有意大利文艺复兴时期风格,现为上海辞书出版社所在地。建于

1920年的西摩路会堂,是由当时上海犹太富商沙逊家族第三代大班亚可布·沙逊为纪念亡妻捐款建造的,是较早的犹太教堂。

55
新华路

新华路原名安和寺路(Avenue Amherest,也称阿美士德路),是为了纪念英国公使阿美士德勋爵和最早闯入上海的"阿美士德"号商船,由公共租界工部局修筑于1925年,系越界筑路。1943年汪精卫政府"接收"租界时,改名为察哈尔路。1947年以其北端通法华镇而改名为法华路。1965年改名新华路。

筑路初期,工商业者以此区域地价低廉,交通便利,大兴土木,建造别墅与新式里弄。新华路沿线以独立式花园洋房为主要建筑类型,形成低密度、高品质的住宅区,即旧上海的高档住宅区——哥伦比亚圈(Columlbia Circle),现名新华别墅,是上海较早的花园住宅区。该地块划分为若干小块进行招商,每幢洋房根据客户要求单独设计,其中多座别墅由著名的匈牙利建筑师邬达克设计。邬达克是上海近代一位非常有影响的外籍建筑师,曾设计了上海的国际饭店、大光明电影院等闻名世界的老上海标志性建筑。新华路593弄的梅泉别墅,由中国地产商吴其大达投资建造,内有二层砖木结构花园洋房20幢,坐西朝东,由中国著名建筑师奚福泉设计,每幢小楼都有汽车间和花园,呈现独立式花园住宅的庭院格局和风貌。

在两侧茂密的梧桐树掩映下的新华路,沿线建筑尺度和类型统一。尤其是整个"哥伦比亚圈"别墅区总体规划得体,内部呈环路格局,每幢住宅风格样式各异,有西班牙风格、英国乡村别墅式、荷兰式、德国式、装饰艺术风格和现代建筑风格等,且花园面积较大,植被茂盛、环境幽雅,如同闹市里的桃源,形成一个特别的城市风貌区。由于当时的住户大多为外国驻沪领事馆或商务机构的高级管理人员,有"外国弄堂"之称。代表性的人物有近代著名传教士——"尚贤堂"堂主李佳白,瑞典驻沪总领事官邸、西班牙公使、中国近代烟草工业的先驱金润庠、盛宣怀后代等。太平洋战争爆发后,上海的英美侨民遭返回国,哥伦比亚圈的部分住宅被日军政要占用,部分变卖。解放后,大部分房产成为部门宿舍和机构驻所等。新华路附近还有著名的文化教育机构——复旦中学和东华大学。复旦中学原为复旦公学中学部。复旦公学系由爱国教育家马相伯等人创办于1905年,1917年创办大学本科,大学部迁址江湾,即复旦大学,中学部留于现址。

56
舟山路

舟山路筑于20世纪20年代,以浙江省舟山名命名。该路南端原名七埭头,中段为蔡家浜,向北为田野村舍,道路逐渐由南向北延伸成今貌。

舟山路位于虹口提篮桥地区,20世纪30年代,这里曾为大量犹太人在沪的避难所,属于"虹口犹太人隔离区"之内。沿线住宅、学校、商铺等建筑物仍具有鲜明的历史特色。由于当时居住在此的犹太人多为建筑师、工程师等技术人员和艺术家,舟山路沿线的建筑在功能和形式上都达到了相当高的水平。道路西侧的建筑多为维多利亚式风格,东侧则以装饰艺术派风格的建筑为主,风貌特征保存较为完好。沿线最著名的建筑有舟山路长阳路交口处的摩西会堂和舟山路东侧的提篮桥监狱。摩西会堂建于1927年,在战时成为犹太人重要的精神支柱。位于舟山路东侧长阳路147号的提篮桥监狱于1903年启用,建筑规模宏大,曾被称为远东第一监狱。

57
霍山路

霍山路处于风貌区内,建于1895年,1913年向东延伸了220米至兰州路。曾名汇山路,1943年改以安徽省霍山县名命名。

20世纪30年代,由于当时上海具有特殊的地理和政治条件,所以有大量犹太人来沪避难,多数安置在虹口区。至1941年末,日本侵占公共租界,为了和盟友德国合作,设立"虹口犹太人隔离区",提篮桥地区正处于这一区域,是犹太人在上海的居留地。

霍山路宽不足十米,但直到今天仍保持了宜人的街道尺度和丰富的居民生活,两侧建筑物均为当时典型的建筑样式。霍山路沿街在20世纪初建造了多幢外廊式三层欧洲古典式公寓住宅楼,立面清水红砖墙。霍山公园是当年居住在虹口的犹太人主要的室外休闲集会场所。

58
惠民路

惠民路于20世纪20年代辟筑,初以外籍人名命名为倍开尔路。1943年改以山东省惠民县名命名至今。

惠民路靠近黄浦江,属于当时"虹口犹太人隔离区"的边缘,故受犹太难民的影响较小。道路西段沿线建筑以旧式里弄为主,反映了当时上海中低收入居民的生活和居住状况。路段东部近临潼路分布有少量花园住宅,由于此处靠近海关,故成为当时海关职员的主要居住地,居住品质较高。保存较为完好的有惠民路165弄、118弄花园住宅等。惠民路历史上曾出现过两处较为特殊的建筑,分别为倍开尔路(今惠民路)73号和惠民路694号建筑。位于提篮桥倍开尔路(今惠民路)73号的精武新会馆设立于1916年,是由霍元甲等人在上海创办的精武体操会开设的,后精武体操会正式易名为精武体育会,促进了中华民国期间中国武林各派的联合,全国武术协会由此创立。建于1928年的惠民路694号和平堂,由虹口区圣心堂法籍神父主持建造,外观为哥特式教堂,内部则为罗马式,"文革"后因年久失修,拆除重建。

59
愚园路

愚园路所在区域原为西郊的一片农田,有若干小河浜纵横其间,于清宣统三年(1911年)由公共租界工部局越界填浜筑路而成,以路东端常德路口的著名园林"愚园"命名。"愚园"建于清光绪十四年(1888年),是营业性私园,开园初期营业状况尚好,后因该园离闹市较远,其后数度停业,至民国五年(1916年)园废,原址现为商店、住宅。愚园路的西端是上海著名的近代公共园林中山公园,原为英商霍格兄弟的乡间别墅,因霍格经营兆丰洋行,亦称兆丰花园。1914年,上海公共娱乐场基金会向公共租界工部局建议,购买兆丰花园一带土地,建成租界西部花园。同年3月20日,在原有树木和绿地的基础上进行改建,易名为极司非尔公园,亦称兆丰公园。由于愚园路一带区域东邻市区,西通郊区,交通便利且地价低廉,又西临兆丰公园(今中山公园),中外达官商贾以及一些公司、银行纷纷在此择地建造洋楼别墅,使愚园路一带成为沪西高级住宅区之一。

愚园路除住宅建筑外还有公共建筑和教育建筑。代表性的有愚园路、万航渡路口的百乐门(The Parament),由中国商人顾联承于1932年投资兴建,由当时极负盛名的设计师杨锡镠设计,装饰艺术派风格,建成后即成为上海当时最著名的综合性娱乐场所,有"远东第一乐府"之称。同时愚园路上还有配套的高质量的教育机构,如民国十年(1921年),愚园路建有一座三层混合结构的学校建筑——工部局西侨女校(今上海第一师范学校),民国二十一年(1932年),工部局在愚园路建造了西侨男中(今市西中学)。在愚园路附近还有以著名的圣约翰大学和中西女中为代表的教育建筑群。

掩映在绿树丛中的花园别墅、公寓住宅,既融入了近代西方建筑思想和建筑风格,又体现出上海的地方特色,同时它们也是上海城区建设发展的历史印证。诸多中外名人在此居住和生活所留下的生动的历史故事,为今天的愚园路积淀了丰富的历史人文景观。20世纪二三十年代,愚园路的居民为社会中上层人士,代表性人物有中国政治家、思想家和教育家康有为、著名实业家严庆祥、国民党政府交通部长兼任上海大夏大学校长的王伯群等。抗日战争爆发,愚园路成为汪精卫伪国民政府的高级官员聚居地,汪精卫、李士群、周佛海等纷纷安家于此。愚园路还有许多重要的革命旧址,如《布尔塞维克》编辑部旧址、农工民主党上海市党部和市党部机关旧址、中共中央上海局副书记刘长胜故居等。愚园路也因众多文人的落户而被赋予了浓厚的人文气息,如著名新西兰作家路易·艾黎(Rewi Alley)、中国现代派文学开山大师施蛰存、钢琴家顾圣婴、翻译家傅雷,以及著名的海派作家张爱玲等。

60
武夷路

武夷路筑于1925年,是由公共租界工部局越界所筑。原名悖信路,后曾称同新路。1943年10月以福建省武夷山名改名至今。初建时沥青路面约占三分之二,泥土路面约占三分之一(供外国侨民和少数中国人遛马之用)。解放后多次修筑路面,1954年向西延伸,筑沪杭铁路至中山西路一段。武夷路位于定西路和延安西路之间的路段为一类风貌保护道路,路段全长780米,路幅宽度20米。

武夷路沿线花园住宅较多,集中体现了上海西区近代华人高级住宅区的风貌特征。沿线历史建筑以西班牙式、英国乡村式和简化的装饰艺术派风格为主。武夷路127号比利时驻沪领事馆,是武夷路保存较为完好的花园住宅,为假三层法国式住宅建筑,园内有大面积草坪,环境优美,为上海市优秀保护建筑。武夷路汤山村建于1911年,是由5幢联立式西班牙风格的花园住宅组成的,建筑主体立面对称布局,形式简洁,屋顶富于变化。

61
溧阳路

溧阳路始筑于1889年,旧称狄思威路。该路从虹口港南端的黄浦江边开始,向西北沿俞泾浦东岸至嘉兴路原英租界时的"熙华德线"交界处。1912年又越界向北延伸至欧嘉路(今海伦路),1918年再次延伸至北四川路。1943年改名为溧阳路。

溧阳路两侧有成片风格极其统一的并立式花园住宅,在与四川北路相交处有着多层的公寓建筑。祥德路—山阴路—溧阳路沿线的住宅区有着不少的名人故居,如大陆新村9号的鲁迅先生故居,东照里12号瞿秋白同志的旧居,以及溧阳路上著名作家郭沫若的故居等。

62
山阴路—祥德路

山阴路—祥德路沿线风貌特征,体现为近代各不同类型的住宅建筑所拼合形成的街道界面,街道空间感觉统一连续。道路线形蜿蜒,树荫浓密,路景优美。建筑风貌保护相对较好,面貌完整。建筑沿街面较多且高低起伏。沿街建筑立面分区段呈现不同特色,同一住宅群落在某一区段形成统一协调的风格,不同风格材质的住宅建筑群毗连设立使得沿线沿街面呈现一定的节奏性,在山阴路上体现得尤其明显。山阴路与长山路相交的转折处的四达里沿街面呈现弧线,风格独特。在这里山阴路转而东西向,但四达里转角之后沿着长山路仍有连续的沿街立面。长山路两侧仍有保存较为完好的里弄建筑,与山阴路上的连续统一。

这里的建筑类型主要包括新旧式里弄建筑、花园式住宅和多层公寓。旧式里弄有代表性的有恒丰里、四达里等,新式里弄住宅有祥德村、大陆新村、文华别墅、千爱里、东照里等;独立式花园住宅有山阴路274弄8—11号、山阴路181号、山阴路191号等;并立式花园住宅有溧阳路花园住宅共49幢、山阴路299弄、山阴路275弄等。沿线亦有多层公寓住宅。在溧阳路临近四川北路的南侧的"北端公寓"(今长春公寓)和溧阳路与四川北路转角处的英式"狄思威公寓"(今溧阳公寓)。

63
甜爱路

清光绪二十二年(1896年),租界购进位于当时宝山县内五百余亩土地,兴建打靶场、公园和其他运动场所。甜爱路原为该新建靶场内的小路,约1920年,筑成煤屑路,初名公园靶子场路。约20世纪30年代时,因与施高塔路(今山阴路)的日侨住宅区"千爱里"相通,又称千爱路,1948年改名甜爱路。

甜爱路沿线为历史上公共租界花园住宅区,路两侧种植高大的水杉,道路干净整洁,氛围幽静。沿线花园住宅多体现了英式和日式建筑特征,院内植被繁茂,多有围墙,使街道空间既连续又具有多样性。道路北段毗邻鲁迅公园,园内有位于甜爱路200号的鲁迅纪念馆,该馆为新中国成立后的第一个人物性纪念馆。近年来,路侧围墙修筑成由28首中外著名爱情诗篇组成的"爱情墙",颇具特色,被誉为上海"最浪漫"的道路。

64 虹桥路

虹桥路地处西郊农村,环境幽静,沿线物质环境有明晰的城市化过程的特征。该区曾为上海城市发展史上的顶级别墅区,居住者身份的特殊性形成了其城市地位的特殊性。虹桥路沿线初为传统的自然乡村,后逐渐成为西方人周末乡村别墅区,到民国时期,沿线兴建了大量豪华花园住宅群,成为中外富绅与军政显贵的周末度假别墅区,形成了鲜明的乡村别墅式风貌特征。20世纪80年代后逐渐演变为别墅、花园住宅群、居民新村及大面积自然绿化相混合的风貌特征。

沿线历史建筑众多,风格多样,虹桥路1430号原为宋氏住宅,是二层英国式乡村别墅,屋顶部分高大,整个二层都设于屋顶层内,以两坡老虎窗采光,特色鲜明。建于同一时期的虹桥路1440号原为陈氏住宅,由11幢西班牙式花园住宅组成,整个花园住宅区相对保持完整,据说8号楼曾为当年"飞虎将军"陈纳德与陈香梅在上海的寓所之一。竣工于1932年的虹桥路2409号原沙逊别墅,由公和洋行设计,坡顶陡红瓦屋面高大,白粉山墙露黑色木构架,为典型的英国乡村式别墅。现为龙柏饭店1号楼,是上海市优秀保护建筑。约建于20世纪30年代的原泰晤士报别墅,位于虹桥路2419号,建筑风格体现为英国乡村式,现为龙柏饭店2号楼。

虹桥路沿线还有一些较著名的公共建筑,如创办于1850年的徐汇中学(原名徐汇公学,又名依纳爵公学),校内建筑崇思楼,位于虹桥路68号,具有法国文艺复兴建筑风格,同时建筑细部装饰又带有巴洛克的韵味,现为上海市优秀保护建筑、徐汇区文物保护单位。此外,虹桥路南侧还有著名的万国公墓(初名薤露园),筹建于1909年,至民国三年(1914年)建成。在此墓葬者有清朝、国民政府的达官显贵和富商巨贾,还有辛亥革命以来的社会名人和进步人士,民国二十五年(1936年),鲁迅逝世后也安葬于此(后迁至虹口公园)。1981年后陆续迁葬、安葬了抗日将领谢晋元、复旦大学创始人马相伯、宋庆龄的亲密战友杨杏佛、"三毛之父"张乐平、京剧大师周信芳等。

跋

　　这本书的新版,来自一件往事。还是差不多十年前,我和当时还在上海市规划局工作的伍江教授吃茶清谈,得知上海就要颁布永不拓宽的街道法令,永久性地保护上海旧区的街道和街区景观。那天我们还谈了些什么,现在都已淡忘,但那几个词却一直留在我心中——永不拓宽的街道——好像有种来自时光深处的诗意。

　　所以,当出版社建议出版一本我的上海故事选集时,这几个词立刻就跳到我眼前来,似乎这是一直等待着我的书名。

　　书出版了。我的一个朋友读到了它。他正好那时在上海一家艺术品拍卖公司工作,准备收集中国当代油画。他用这本书里的故事和永不拓宽的街道的名录向生活在上海的油画家们征集作品,邀请画家们来画一画这些上海最为珍爱的街道,用最郑重的方式——架上油画。

　　后来,这批画在上海开了一个画展,画展的题目也叫《永不拓宽的街道》。

　　我的书得到了一次新版的机会,我想在增添新内容的基础上,使用当年的那批油画。吴菲菲女士的华萃画廊全力支持了这批油画的创作。承蒙吴菲菲女士慷慨应允,我得以在书中使用一部分油画作品,作为街道面貌的呈现,因此我记录下来的这些街道往事,终于在这本新版书里与这些油画作品相逢璧合。

　　许多人珍爱自己长大的地方,那里有点像自己的父母那样,总有一种被庇护并包容的感受。尤其在长大后,离开自己从小生长的地方了,那些街区渐渐成为一种乡愁,似乎关乎古老的哲学问题,因为它向人们解答了"我从哪里来"的问题。这在沧海巨变百年不息的现代中国,对中国人来说,最是现实中首要的问题,更是切肤的心理问题。我以为,这就是永不拓宽街道的意义。